权威·前沿·原创

皮书系列为
“十二五”“十三五”国家重点图书出版规划项目

四川蓝皮书
BLUE BOOK OF
SICHUAN

四川社会发展报告
(2017)

ANNUAL REPORT ON SOCIAL DEVELOPMENT OF SICHUAN
(2017)

主　编／李　羚
副主编／张祥荣　张雪梅

社会科学文献出版社
SOCIAL SCIENCES ACADEMIC PRESS (CHINA)

图书在版编目（CIP）数据

四川社会发展报告. 2017 / 李羚主编. --北京：
社会科学文献出版社，2017.6
（四川蓝皮书）
ISBN 978-7-5201-0742-6

Ⅰ.①四… Ⅱ.①李… Ⅲ.①社会发展-研究报告-
四川-2017 Ⅳ.①D677.1

中国版本图书馆 CIP 数据核字（2017）第 088086 号

四川蓝皮书
四川社会发展报告（2017）

主　　编／李　羚
副 主 编／张祥荣　张雪梅

出 版 人／谢寿光
项目统筹／郑庆寰
责任编辑／薛铭洁

出　　版／社会科学文献出版社·皮书出版分社（010）59367127
地址：北京市北三环中路甲 29 号院华龙大厦　邮编：100029
网址：www.ssap.com.cn
发　　行／市场营销中心（010）59367081　59367018
印　　装／北京季蜂印刷有限公司

规　　格／开 本：787mm × 1092mm　1/16
印 张：18.25　字 数：272 千字
版　　次／2017 年 6 月第 1 版　2017 年 6 月第 1 次印刷
书　　号／ISBN 978-7-5201-0742-6
定　　价／79.00 元

皮书序列号／PSN B-2008-127-3/7

四川蓝皮书编委会

主编简介

李　羚　1966年8月生，布依族，硕士研究生。长期从事政治学、社会学研究。现任四川省社会科学院社会学研究所所长、研究员，硕士生导师。担任中国社会学理事、中国青少年研究会理事、四川省委组织部特邀研究员，四川省学术带头人和技术带头人、成都社会治理改革创新评委。独立承担3项省社科规划课题，参与和主持国家社科基金课题3项。曾在中共中央党校《学习时报》、《毛泽东思想研究》、《经济体制改革》和《中华文化论坛》等报刊上发表专业论文40多篇。多篇文章被《人大复印报刊资料》转载，多项对策建议被中央及省委省政府采纳，获得四川省政府社会科学规划奖三等奖2项。主要代表作：《城乡统筹视角下基层党建新格局》《贺麟及五凤村落的社会学发现》《费孝通乡土中国及现代价值》《李安宅民族社会工作历史遗产与开发研究》。主要研究领域为政治社会学、社会学史和文化社会学等。

张祥荣　四川省社会科学院社会学研究所副所长，青少年发展研究中心主任，中国扶贫基金会青少年心理健康和乡村教育项目高级技术顾问，北京师范大学学生会心理顾问，中国心理学会会员，四川省婴幼儿早期教育行业协会副主席，四川省心理咨询师协会会员，四川团省委、省青联、省学联、省少工委青少年工作决策咨询库专家。四川省妇联、成都市妇联、成都市家庭教育指导中心专家，出版有《中小学生心理健康》等16部著作，获中国儿童书籍出版最高奖——“中国冰心儿童图书奖”、四川省教育科研成果一等奖、中国心理学会心理普及教育工作先进个人奖、四川省哲学社会科学优秀成果奖等。

张雪梅　博士，副研究员，四川省社会科学院青少年发展研究中心副主任。近年来主要在非营利性组织发展、社会治理和青少年发展等方面开展研究。先后获得国家部委优秀科研成果二等奖1项，省级优秀科研成果二等奖2项；发表论文10余篇，合作出版专著5部；主持或参与各级政府委托课题10余项，多项科研成果转化为对策建议被省委省政府各级部门采纳应用。

摘　要

《四川社会发展报告（2017）》是四川省社会科学院社会学研究所主持编撰的年度报告，由四川省社会科学院社会学研究所联合省相关政府部门、高校、科研机构相关专家撰写的关于四川社会发展的研究成果。

本书共收录文章19篇，分为总报告、治理篇、实践篇、借鉴篇四个部分，不仅从社会治理的内容和体制机制上讨论了社会发展的关键问题，着重对政府职能、公共服务购买、社会组织建设、公共卫生、养老制度、户籍制度改革、群团组织建设、未成年保护、社会保障和基层民主协商等方面进行研究，还结合国内外社会发展的经验研究，探讨了社会发展的阶段性重大问题。本书注重案例研究，对城市化进程中社会发展的热点难点问题进行了深入研究，如社区居家养老、城市义务教育、女性就业、养老保险、社区营造等。

四川社会发展是一个不断适应和深入发展的过程，有许多社会治理经验。但不可否认，四川社会治理依然面临着户籍改革、社会分层加剧、城市就业不足、文化观念和组织诉求更加多元化的问题，这些问题加大了实施社会建设的难度，给构建经济与社会协调发展提出了更大的挑战。

要进一步提高四川社会治理与社会发展水平。“十三五”规划提出的创新、协调、绿色、开放、共享发展理念为社会发展指明了方向。社会治理激活社会发展，我们期待着四川社会治理在创新研究中不断获得好的进展。我们必须持续不断地改进四川社会治理工作方式，不断推动社会领域制度创新，全面调动社会保障、社会资源参与社会治理，加快形成科学有效的社会治理体制，确保四川社会安全有序、民生发展、充满活力。

目 录

Ⅰ 总报告

Ⅱ 治理篇

Ⅲ 实践篇

Ⅳ 借鉴篇

皮书数据库阅读使用指南

总 报 告

General Report

B.1 2016~2017年四川社会发展新趋势

四川社会发展课题组*

摘　要： 2016年是四川省“十三五”规划的开局之年。“十三五”时期，全面加强社会建设、深化社会体制改革、加快社会治理创新是社会发展的总趋势。总体来看，四川社会发展取得很多成效：促进政社互动；推进依法治省，深化社会信用体系建设；创新社会综合治理；改革人民团体社会化工作体系；加强留守儿童妇女等特殊人群服务机制管理。四川社会发展呈现许多新变化：精准扶贫促进社会结构的平衡，体现社会治理精细化；“天府新区”的建设催生城市空间社会治理新领域；生育政策促进家庭结构的改善，家

* 课题组组长：李羚，四川省社会科学院社会学研究所研究员，硕士生导师。课题组成员：张志英，四川省社会科学院社会学研究所副研究员；马原、裴斯怡，四川省社会科学院在职研究生。

庭关系纳入社会发展的重要内容；以公共文化为重点注重人的全面发展。2017 年四川社会发展呈现出以下新趋势，以乡镇街道服务能力建设为重点，深化政府社会治理能力；以社会建设为重点，更注重社会治理量化指标建设；以社会心态为重点，更注重人的社会心理建设。

关键词：四川社会发展　新变化　治理能力

2016 年是四川省“十三五”规划的开局之年。“十三五”时期，全面加强社会建设，深化社会体制改革，加快社会治理创新，是深入贯彻落实“五位一体”总体布局、“四个全面”战略布局和“五大发展理念”的必然要求。四川经济和社会进入协调发展的新阶段。

一　2016年四川社会发展成效

第一，促进政社互动，形成党委领导下的政府治理和社会调节、居民自治、良性互动格局。进一步深化相对集中的行政许可权改革，按照“精简、统一、效能、便民”原则，着力创新行政审批体制，完善相关工作机制，进一步提高行政审批效能，提升服务水平，激发市场和社会活力。一方面，将简政放权延伸至基层，建立上下对口联系机制，明确下级行政审批部门和主管部门承接上级下放事权。① 另一方面，创新城乡社区治理与服务。推进政社分开，深化社区减负工作，加快推进农村社区基本公共服务设施和网络、农村居民活动场所建设，创建一批不同类型的省级农村社区建设示范点。推进落实社区减负工作，督促各地出台社区减负工作具体实

① 四川省人民政府：《关于印发〈四川省 2016 年推进简政放权放管结合转变政府职能工作方案〉的通知》，川府发〔2016〕33 号。

施意见，制定完善社区“两委”依法依规履行职责事项和依法协助政府工作事项“两项清单”，建立社区工作准入制度①。加强对城乡基层社区治理的政策支持、财力物力保障和能力建设指导。

第二，推进依法治省，深化社会信用体系建设。将“法律七进”纳入各级党委、政府依法治理和综合治理目标考核并加大分值权重。利用新媒体普法，实现省与市两级普法网有效对接和门户网站与普法网有机结合②。增强与网民的互动，提升法治宣传教育的时效性。提出制定政府部门信用体系建设的考核办法，对各部门社会信用体系建设相关工作进行定量考核，同时对信用工作建设情况进行定性评估。以市场需求为导向，将“产业培育”列为培育和形成市场诚信的重要工作，在工程建设、政府采购、重大项目管理、招投标等重点领域等扩大信用信息的使用范围和信用评级工作，有序、有力、有效推动信用建设③。

第三，创新社会综合治理。加强和创新社会治安综合治理，大力培育多元调解组织，广泛动员行业性、专业性人民调解组织和各种社会力量参与第三方调解，推动“三大调解”力量和各类调解资源有机衔接、融合联动，进一步突出多元调解的针对性和实效性。推进公共安全视频监控联网基础工程。农村主要抓“建”，推动把“雪亮工程”纳入各地幸福美丽新村和脱贫攻坚的建设规划；城市主要抓“联”，充分利用城市公共安全视频监控系统和智慧小区、“三无”院落整治的现有资源，加快实现联网应用。支持发展公益性、互助性社会组织和行业协会商会类社会组织，充分发挥其在参与社会事务、维护公共利益、救助困难群众中的独特作用，形成破解社会治理难题的合力。要充分发挥自治公约、市场机制、传统文化的约束激励作用，激发广大人民群众参与社会治理的责任感、荣誉感和归属感，培育共建共享新格局④。

---

① 四川省民政厅：《2016年全省民政工作要点》，四川省发改委网站，2016年2月26日。

② 《四川省“法律七进”工作要点》，《四川日报》2016年3月22日。

③ 《四川省社会信用体系建设工作实施方案》，四川省发改委网站，2016年9月6日。

④ 《夯实根基——建设更高水平的平安四川》，人民网，2017年1月25日。

第四，改革人民团体社会化工作体系。加强顶层设计，推行项目化、社会化等工作方式、打造“枢纽型”工作体系，逐步构建起整体联动、开放多元和常态拓展的“大群团”工作格局。目前，全省已建成21个市级、166个县级惠民帮扶中心，934个乡镇（街道）惠民帮扶工作站，1675个社区（村）惠民帮扶工作点，统筹大病帮扶、困难救助等八大类151个公益项①。既开辟了一条党委政府联系广大群众的重要渠道，又为群团组织社会化工作体系搭建基础平台。

第五，加强留守儿童妇女等特殊人群服务机制管理。四川是留守儿童较多的省份，将农村留守儿童关爱保护工作作为创新社会治理和落实民生政策的重要内容，将救助保护机构、儿童福利机构、社区儿童服务场所建设、寄宿制学校纳入“十三五”国民经济和社会发展规划以及相关专项规划及重点民生工程范围。坚持家庭尽责、政府主导、全民关爱、标本兼治原则，强化家庭监护主体责任，落实县、乡（镇）人民政府和村（居）民委员会职责，建立健全强制报告、应急处置、评估帮扶、监护干预的救助保护机制②。

二　四川社会发展的新变化

2016年是四川经济社会发生变化最深刻的一年，深入把握社会发展的阶段性特征，对于我们深化社会治理有重要的指导意义。

第一，精准扶贫促进社会结构的平衡，体现社会治理精细化。此次精准扶贫与过去扶贫最大的不同是从经济向社会转型。以社会治理实现精准扶贫目标，成为转型中国促进权利平等与社会公平、提升民生质量、实现最后7000万贫困群体彻底脱贫的必经之路。③ 2016年紧扣年度“实现5个贫困

① 钟振宇：《四川“大群团”工作格局释放大活力》，《四川日报》2016年4月15日。

② 《四川省人民政府关于进一步加强农村留守儿童关爱保护工作的实施意见》，川府发〔2016〕56号。

③ 张玉：《在社会治理中实现精准扶贫》，《光明日报》2016年5月8日。

县摘帽、2350个贫困村退出、105万贫困人口精准脱贫”这个目标开展工作。锁定年度脱贫摘帽目标，逐年、逐级、逐项分解分配脱贫摘帽任务，高质量编制好全省“十三五”脱贫规划及专项规划。协调推动“五个一批”“十个专项方案”年度工作计划以及工业、旅游、就业和科技扶贫等若干单项计划。有效衔接国家实施的教育扶贫、健康扶贫、金融扶贫、劳务协作对接等脱贫攻坚行动。编制实施“四大片区”脱贫攻坚规划和年度方案，持续用力推进藏区“六大民生工程计划”、彝区“十项扶贫工程”和十七条政策落实，加快秦巴、乌蒙片区脱贫攻坚，大力发展特色增收产业，夯实基础设施、公共服务等发展条件。

第二，“天府新区”的建设催生城市空间社会治理新领域，促进区域经济社会一体化的阶段性嬗变。以空间作为治理的切入点，有利于推动整个城市治理水平的不断提升，达到城市善治。2014年10月，四川“天府新区”正式成为国家级新区。“天府新区”居“一城六区”的中心，规划总面积119平方公里。城市化发展进程中，既有传统的问题，如人口膨胀、交通拥堵、环境恶化以及缺乏产业支撑等一系列问题，也呈现区域产业结构的调整与升级、区域大中小城市群与小城镇的发展、区域经济社会一体化发展“三位一体”要素的耦合特征①，从城市空间社会治理角度来认识和处理是非常必要的。城市空间不仅是经济要素，而且集社会性和政治性于一体，这就要求我们重视城市空间的社会价值，以城市空间治理推动整个城市社会的发展。

第三，生育政策促进家庭结构的改善，家庭关系纳入社会发展的重要内容。家庭问题是关系国家经济和社会发展的重大问题，也是每个城乡居民人生幸福的核心所在。实施“全面两孩”政策后，四川新增可生育二孩的目标人群约880万人，但其中40~49岁高年龄组人群比例高达60%，20~29岁生育旺盛年龄组人群比例约占18%。预计全省户籍总人口将在2020年达

① 唐亚林：《产业升级、城市群发展与区域经济社会一体化——区域治理新图景建构》，《同济大学学报》（社会科学版）2015年第6期。

到峰值，约9600万人，2023年户籍总人口进入下降通道，2030年降至约9400万人。[①] 从宏观角度来说，家庭户均规模缩减幅度大、下降速度快，出生人口将呈现先升后降态势；从微观角度来说，家庭发生了许多变化，在家庭结构、家庭功能等方面都呈现明显的地方特点。家庭人口结构呈现多样性。

第四，以公共文化为重点注重人的全面发展。文化治理的使命就是通过公共文化活动培养群众参与公共事务的责任感，使其致力于服务社会。“十三五”时期，四川省将加快构建现代公共文化服务体系。建立健全政府向社会力量购买公共文化服务机制，鼓励和支持社会力量参与公共文化服务体系建设，大力推进民办文化机构实体化发展，探索开展公共文化设施社会化运营试点等。面向四大片区的特殊群体有针对性地开展多主体的专项文化服务，提升文化艺术素养、普及文化艺术知识[②]。

但我们也注意到，当前社会发展还存在以下问题：社会治理法治建设有待加强，从我国城乡发展的实际情况看，发展过程中资源过多地集中于城市，农村的资源要素明显匮乏，严重制约着城乡统筹发展的进程；社会治理工具单一化，主要是规制性工具和经济性工具，专业化和多样性不足；社会组织发展在城乡之间发展不平衡，公共服务城乡差距拉大。

三　2017年四川社会发展新趋势

第一，以街道社会治理为重点，深化政府社会治理能力。乡镇街道是具有鲜明中国特色的基层治理环节，乡镇街道的改革关乎国家治理能力建设。在全省统筹推进面向基层、由基层实施更加方便的事项下放试点基础上，四川提出深化基层乡镇街道服务能力改革，增加街道统筹社区发展职能。实行社区公共服务准入制度和社区减负制度。完善乡镇街道治理体制，依法赋予

① 石小宏、张立东：《省卫生计生委：“二孩政策”不会造成出生人口井喷》，《四川日报》2016年1月23日。

② 《“十三五”四川文化建设开启新征程》，中国文明网，2016年3月3日。

乡镇街道城市管理综合执法权，推动区县综合执法力量下沉街镇，推动街道（乡镇）把工作重心转移到做好公共服务、公共管理和公共案例上来，转移至为经济社会发展提供良好公共环境上来。强镇管社区建设，做实基本管理单元。完善村级村治理体系，加强居民村民自治机制建设。建立居委会、村委会依法协助行政事项的清单和准入机制①。

第二，以社会建设为重点，更注重社会治理量化指标建设。同经济发展一样，社会治理也需要有一套科学的量化标准和评价指数，社会建设也要有量化标准，不仅要有问题导向、需求导向，还要有目标导向。这样既可以避免陷入问题主义，也可以防止陷入“高福利主义”陷阱，更可以按时间表、路线图、任务书、标准仪抓落实。在四川省实践和借鉴全国经验基础上我们认为要从社会服务、社会管理、社会动员、社会环境、社会关系、党的建设等方面，进一步提出“十三五”时期社会治理发展指标②。这既便于考核评价，又可以增强社会感知度，让百姓有更多获得感。

第三，以社会心态为重点，更注重人的社会心理建设。党的十八届五中全会提出“健全社会心理服务体系和疏导机制、危机干预机制”。社会心态体现社会文明程度，影响社会和谐发展。随着社会转型和经济增速加快，人们工作、生活节奏加快，社会竞争加剧，一些人焦虑感增加，不良情绪潜滋暗长，社会心理更加复杂敏感，失衡心理在特殊群体中积累蔓延，给社会公共安全带来严重挑战。鉴于社会心态内容的复杂性，“十三五”期间，全面启动社会心态培育和社会心理建设将成为今后很长时期内社会治理的重要手段和目标。政府重点研究社会救助、城乡社区服务平台、社会工作人才队伍和社会志愿服务队伍在“健全社会心理服务体系和疏导机制、危机干预机制”制度框架内的重要作用。通过全社会的努力使社会心态环境不断改善，满足社会需求，实现人的身心和谐发展，尊重公民的价值和尊严，致力于民众幸福感的实现。

---

① 《四川关于全面深化改革加强基层群众自治和创新社区治理的通知》，《四川日报》2014年8月15日。

② 《北京市“十三五”时期社会治理规划》，北京政务网，2016年11月23日。

治理篇

Governance Report

B.2
四川医养结合养老模式研究

黄进　何玉梅*

摘　要：“医养结合”将医疗资源与养老资源整合，是创新养老服务模式的重要形式，医养结合的关键在于“医”和“养”的政策创新。本报告深度描述了四川省医养结合养老模式政策创新的积极成效及存在的问题，并对下一步政策创新的思路和重点提出建议。

关键词：医养结合　养老模式　政策创新

* 黄进，四川养老与老年健康协同创新中心（Collaborative Innovation Center of Elderly Care and Health）首席专家，四川省社会科学院社会学研究所研究员；何玉梅，四川省社会科学院社会学在读研究生。

一　研究背景与调研方法

养老问题已经成为我国社会的重大现实问题，积极推进医养结合，是解决老年人养老难题的一条重要出路，也是四川应对人口老龄化的重要举措。

（一）研究背景

2015 年 11 月，国务院出台了《关于推进医疗卫生与养老服务相结合的指导意见》。2016 年 3 月，中央政府工作报告提出，要“开展养老服务业综合改革试点，推进各种形式的医养结合”。四川省也于 2016 年 8 月颁布了《关于加快推进医疗卫生与养老服务相结合的实施意见》，提出到 2017 年要实现医疗卫生与养老服务初步融合，到 2020 年，实现医疗卫生与养老服务深度融合。目前四川省医养结合的现状如何、存在什么问题、下一步该怎么办，成为社会各界关注的问题，对此我们展开了调研。

（二）调研方法

课题组于 2016 年 9 月对四川省 6 个市 25 个区（县）的 46 个养老机构和社区开展了深入调研，包括问卷调查、深度访谈和实地考察。首先根据各市（州）经济社会发展程度，在省（市、州）相关部门的推荐下，选取成都、攀枝花、资阳、广元、雅安、泸州等地作为调研地点。然后开展调查问卷，与当地卫计、民政、老龄委等政府部门召开座谈会，与养老（医疗）等机构负责人和工作人员以深度访谈的方式展开调研。对老年人我们全部采用“访问员当面提问、被访者当场回答”的填答方式，保证调查结果的真实性和准确性。最后，对访谈资料进行定性分析，对问卷数据使用 SPSS 软件进行统计分析。

二　四川省医养结合政策实施的积极成效

自 2013 年以来，四川省实施了一系列医养结合政策，取得了积极成效。

（一）积极有效地推动政策实施

2015 年，四川省政府有关部门完成了对全省大部分地区养老服务与老年健康事业的调研工作，基本摸清了全省医养结合现状。四川省卫计委专门召开了全省医养融合发展专题座谈会，专题研究全省推进医疗卫生与养老服务融合发展的问题。举办了多场医养结合的国际、国内交流活动，加强了经验交流与科研合作，助力医养结合的协同创新和健康发展。2016 年，攀枝花、雅安入选第一批国家级医养结合试点城市。积极筹建四川省健康服务业投资基金，充分发挥财政资金的引导和放大效应，培育和发展健康服务业股权投资市场，推动健康产业的结构调整和转型升级。

（二）探索多种医养结合模式

四川省各市（州）结合本地实际，通过政府试点、机构探索和社会协作等方式，初步形成了医养结合的多层次养老服务体系。

1. “联合运行”模式

医疗结构与养老机构合作，建立双向转诊机制。医疗机构承担医疗服务的职能，养老机构则负责病后康复期的护理服务和治疗后的生活照料，这是目前四川省医养结合的主导模式。当下，全省共计有 2114 个养老机构与医疗机构建立了合作协作机制。[①] 特别是“公立医院牵手养老机构”，其设立医务室、门诊，为入住老年人提供了一般的医疗、护理、健康检查等服务，效果比较明显。

2. “单一机构”模式

由单一养老机构或医疗机构提供医养结合服务，包括医疗机构内设养老机构、养老机构内设医疗机构两种具体方式。一是“医中设养”，以医疗为主体，增加养老功能。四川省医疗资源丰富，部分医疗机构开始开展老年护

---

① 四川省人民政府网：《〈四川省人民政府办公厅转发省卫生计生委等部门关于加快推进医疗卫生与养老服务相结合实施意见的通知〉解读二》，http：//www.sc.gov.cn/10462/10464/13298/13301/2016/8/11/10391633.shtml。

理业务，增强养老服务功能。一些二级以上综合医院，建立了老年医疗护理中心，打造“前院看病、后院养老”的“养老、医疗、护理”三位一体化新模式。二是“养中设医”，以养老机构为主体，增加医疗服务功能，但是大部分养老机构缺少优质医疗资源，医疗服务的质量较低。

3.“社区家庭”模式

由政府主导，依托社区卫生服务机构与社区养老服务设施（如日间照料机构）为社区老年人提供居家养老服务，具体包括：社区卫生服务中心开设老年护理病房或老年人关爱中心；为辖区 60 岁及以上老年人建立健康档案，并提供健康管理服务；开展家庭签约服务，为签约的辖区老年人提供上门巡诊、定期体检、家庭病床等服务。

4.托管模式

托管模式包括两种类型：一是医疗卫生机构托管养老机构（如乡镇卫生院托管敬老院）；二是养老机构托管医疗机构。从我们走访调研的情况看，托管模式的运行效果比较好，但是受制于政府分管主体或资金来源的不同，在实践中很少见。

（三）服务对象的认可度较高

虽然“医养结合”是一个新名称，但是当访问员向老年人解释后，大多数老年人对这种服务方式表现出极大的兴趣，并认为这是一种很好的养老方式。调查结果显示，14.5% 的被访老年人认为当地医养结合开展情况很好，34.0% 的老年人认为较好，13.8% 的老年人认为一般，持较差和很差观点的老年人仅占 11.0%，也有 24.8% 的老年人对医养结合模式还比较陌生，对该模式的开展情况不甚了解，或者根本没有听说过。

为了进一步了解医养结合的实施效果，我们对正在接受或曾经接受过医养结合服务的老年人进行了问卷调查，具体情况如下。

1.就医更加方便

调查数据显示，73.3% 的老年人认为在医养结合机构，就医更加方便了（包括“方便很多”和“方便一些”）；24.1% 的老年人认为“没有变化”；

仅1.8%的老年人认为“差一些”和“差多了”。在医疗服务水平方面，高达80.1%的老年人认为医疗服务水平有所提升（见表1、表2）。可见，医养结合模式确实能突破养老和医疗分离的困境，为老年人提供更加方便、快捷的医疗服务。

表1　认为就医（检查、诊断、治疗等）是否更加方便的统计

单位：人，%

变化程度	频数	有效百分比	累积百分比
方便很多	127	16.1	16.1
方便一些	451	57.2	73.3
没有变化	190	24.1	97.3
差一些	11	1.4	98.7
差多了	3	0.4	99.1
不清楚	7	0.9	100.0
总计	789	100.0	

表2　认为医疗服务水平是否更好的统计

单位：人，%

变化程度	频数	有效百分比	累积百分比
好多了	166	21.1	21.1
好一些	463	59.0	80.1
没有变化	105	13.4	93.5
差一些	43	5.5	99.0
差多了	6	0.8	99.7
不清楚	2	0.3	100.0
总计	785	100.0	

2. 治疗康复效果更加明显

被访老年人认为在医养结合机构治疗康复效果更为明显。约有80.1%的老年人认为治疗康复效果“好多了”和“好一些”；也有13.4%的老年人表示由于上了年纪（年龄大了），康复并没有什么效果；认为康复效果不如以前（差一些、差多了）的比例仅为6.3%。在本人健康状况是否得到改善方面，大多数（74.0%）老年人认为身体健康状况有所改善（见表3、

表4)。究其原因，可能是由于在医养结合模式下，一旦老年人突发疾病，往往能在第一时间得到专业的、便捷的、及时的发现和救治，从而赢得最佳救助时间。对于老年慢性病，医院的专业人员可以对老年人进行定期健康体检、康复指导和康复护理等，对慢性病控制得较好。

表3　认为治疗康复效果是否更加有效的统计

单位：人，%

变化程度	频数	有效百分比	累积百分比
好 多 了	166	21.1	21.1
好 一 些	463	59.0	80.1
没有变化	105	13.4	93.5
差 一 些	43	5.5	99.0
差 多 了	6	0.8	99.7
不 清 楚	2	0.3	100.0
总　　计	785	100.0	

表4　认为本人健康状况是否改善的统计

单位：人，%

变化程度	频数	有效百分比	累积百分比
好 多 了	105	13.3	13.3
好 一 些	478	60.7	74.0
没有变化	184	23.4	97.3
差 一 些	17	2.2	99.5
不 清 楚	4	0.5	100.0
总　　计	788	100.0	

3. 家庭负担减轻

统计结果表明，老年人家庭的经济负担是否减轻表现出差异性，但照料负担明显减轻。在家庭经济负担方面，约67.3%的老年人认为家庭开支并没有因入住医养结合机构而发生变化；8.1%的老年人认为减少了家庭开支，原因是入住机构后不需要再请保姆（机构有护士、护工），反而减少了支出。不过，也有23.9%的老年人表示家庭开支有不同程度的增加，这主要是比较健康的或者没有请保姆照顾的老年人，但是他们也认可享受的服务比以前增多了（见表5）。经济负担是否减轻取决于老年人在家请人照顾的支出和老年人入住机构的收费情况。在家庭照顾负担方面，接近一半（48.7%）的老年人认为减轻了家庭的照顾负担；还有40.7%的老年人（主要是身体较好的老年人）感觉没有变化（见表6）。总体来看，老年人认为入住医养结合机构以后，减少了家人的操心和操劳，“子女获得解放”，可以有更多的时间和精力去挣钱。

表5　您或您家庭的开支是否因您入住机构发生变化的统计

单位：人，%

变化程度	频数	有效百分比	累积百分比
减轻很多	17	2.2	2.2
减轻一些	46	5.9	8.1
没有变化	528	67.3	75.3
增加一些	161	20.5	95.8
增加很多	27	3.4	99.2
不适用	6	0.8	100.0
总计	785	100.0	

表6　家庭对您照顾的负担是否发生变化的统计

单位：人，%

变化程度	频数	有效百分比	累积百分比
好多了	80	10.2	10.2
好一些	303	38.5	48.7
没有变化	320	40.7	89.3
差一些	44	5.6	94.9
差多了	6	0.8	95.7
不适用	34	4.3	100.0
总计	787	100.0	

4. 精神状况更好

大部分老年人认为，住到医养结合机构后心情更加愉悦。21.1%的老年人表示心情“好多了”，59.0%的老年人表示心情“好一些”。主要原因是医养结合机构开展各种文体活动，有人聊天解闷。我们曾经担心老年人入住机构后，可能与子女的关系疏远，但是统计结果表明：绝大多数老年人入住医养结合机构后，与家人（主要是子女）的关系没有发生太大变化甚至有所好转，65.6%的老年人认为与子女（家人）的关系没有发生变化，17.9%的老年人认为“好一些”，10.8%的老年人认为关系“好多了”（见图1）。我们分析这主要是因为老年人入住机构后，减轻了家人的照顾负担，老年人得到较多的服务，双方的互动频率虽然减少了，但是关系更加和谐，这从侧面说明医养结合机构替代传统的家庭功能发挥了积极的正面效应。

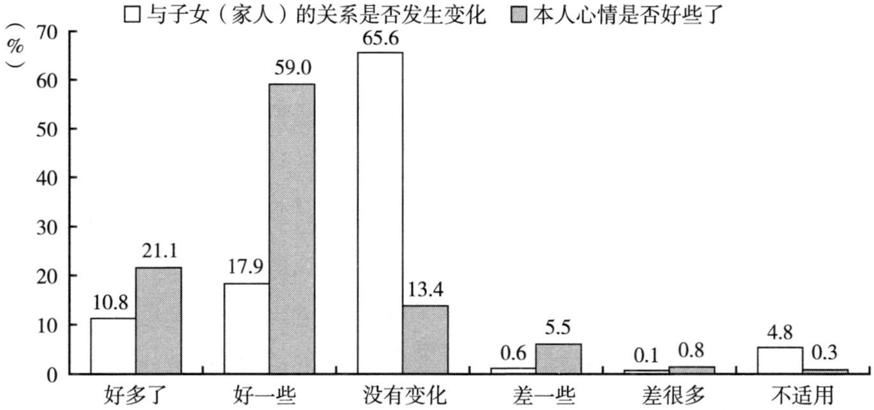

图1　您的心情及与家人的关系

三　医养结合政策创新及其实施中存在的问题

尽管四川省颁行了鼓励医养结合的有关政策，在实施中也取得一定的成效，但仍然存在一些问题。调查数据表明，高达78.3%的被访者认为医养结合政策在实施中存在较为严重的问题（“很严重”、“严重”和“比较严重”三者之和）（见表7）。

表7 政府、机构等工作人员对医养结合问题严重程度的评价

单位：人，%

严重程度	人数	有效百分比	累积百分比
很严重	71	17.7	17.7
严重	119	29.7	47.4
比较严重	124	30.9	78.3
轻微	70	17.5	95.8
没有问题	17	4.2	100
总计	401	100.0	

（一）“医养结合”的需求大，政策创新不足

随着家庭规模逐渐减小，核心家庭和空巢家庭的比重在不断增加，家庭居住方式发生了较大变化，子女与老年人同居的比例呈下降趋势，子女对老年人的照顾往往力不从心，这都不利于家庭养老，同时，也带来老年人自我养老、社会养老的需求不断增加。家庭养老作为我国传统的养老方式，仍将是老年人养老主观意愿的首选方式。但受客观条件限制，老年人不得不做出社会养老的选择。根据我们的调查，47.20%的老年人希望未来住医养结合机构，17.52%的老年人希望与家人（包括配偶和子女）一起住，13.44%的老年人希望与子女一起住，15.41%的老年人希望独居或与配偶居住（见图2）。[①]但是，真正能够提供医养结合服务的机构非常少，可能在医疗机构中不到10%，在养老机构不到20%。调查数据表明，从医养结合服务的工作人员角度看，高达89.9%的被访者认为未来五年急需解决“医养结合”问题，要求政策创新的力度更大。

随着2014年国务院及各部委密集出台养老政策，四川也随之出台了相

① 在访谈过程中，访问员会询问：“您行动不便的时候，您更希望哪一种居住方式?”当被访者回答：“住医院或住养老院”时，基于部分老年人对“医养结合”机构不熟悉、不了解，访问员会追问：“是普通的医院、养老院，还是医养结合机构的呢？这种机构既可以看病又可以养老。”在这种情况下，一些被访问者仍会坚持原来的选择；也有些老年人会表示：“既能养老又能看病的地方更好啦!”这时，访问员将选择“住医养结合机构”。

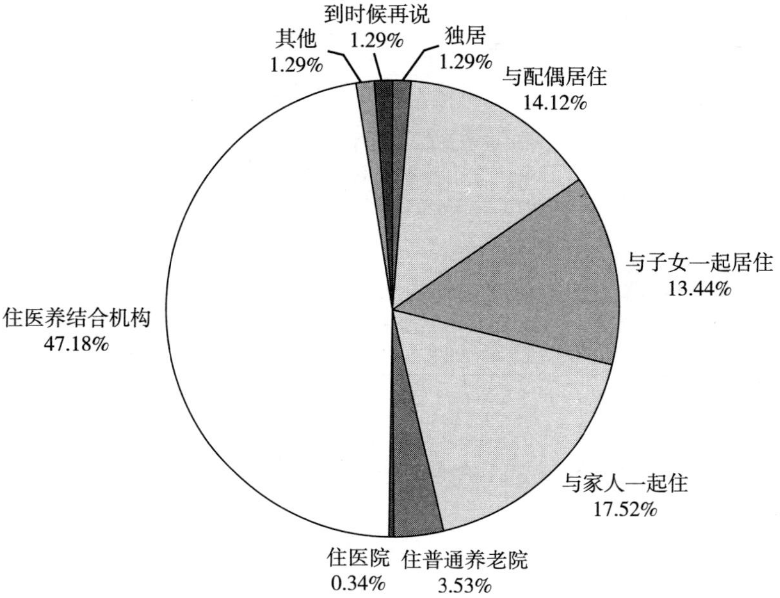

图 2　您行动不便的时候更希望哪一种居住方式

应的养老政策，在这些政策中“医养结合”被正式提出。从四川出台的医养结合养老政策看，基本是对中央政策的亦步亦趋，创新点较少（见表 8），与老年人的需求和机构工作者的愿望形成较大反差。

表 8　国务院及各部委和四川医养结合政策比较

国务院及各部委的主要政策	四川的主要政策	医养结合内容的差异比较
《国务院关于加快发展养老服务业的若干意见》(国发〔2013〕35 号)	《四川省人民政府关于加快发展养老服务业的实施意见》(川府发〔2014〕8 号)	四川简化了国务院的表述,增加了“鼓励医疗机构转型或增设老年护理机构,支持社会力量举办护理院、康复医院和提供临终关怀服务的医疗机构”的内容
《国务院关于促进健康服务业发展的若干意见》(国发〔2013〕40 号)	《四川省养老健康服务业发展推进方案》(川办发〔2014〕90 号)	四川把养老健康服务业定位于现代服务业的重要组成部分,作为四川五大新兴先导型服务业之一
	《四川省养老与健康服务业发展规划(2015～2020 年)》(川办发〔2015〕96 号)	进行了细化,增加了省内九大区域的规划

续表

国务院及各部委的主要政策	四川的主要政策	医养结合内容的差异比较
《国家"十三五"规划》:推动医疗卫生和养老服务相结合	《四川省国民经济和社会发展第十三个五年规划纲要(2016～2020年)》	四川增加了"加快发展养老健康服务等新兴先导型服务业。大力发展居家养老和社区养老服务,推进医疗卫生与养老服务相结合,培育康复医疗、营养保健、健身休闲等新业态",更加强调服务业的特征
《关于推进医疗卫生与养老服务相结合的指导意见》(国办发〔2015〕84号)	《加快推进医疗卫生与养老服务相结合的实施意见》(川办发〔2016〕57号)	四川增加了"大力发展中医药健康养老服务"的内容,其他内容大同小异

（二）微观管理和宏观政策存在一定问题

在微观管理上，存在对医养结合机构的设置标准、考核要求或者行业准则不明等问题，致使服务质量标准不统一，服务水平参差不齐。例如，老年人在医养结合机构"伙食""照料""收费""医疗护理专业人才"等方面意见较大。33.9%的老年人表示，伙食不好，不能满足入住老年人的多样化需求；14.5%的老年人认为"照料得不好"；13.4%的老年人认为"收费不合理"，比较贵；11.7%的老年人认为"缺乏医疗护理专业人才"（见表9）。还有的老年人认为没有实行民主管理，不征求他们的意见，也不听他们的意见。

表9　医养结合机构老年人认为所在机构存在的主要问题

单位：人，%

项目	频数	响应百分比	个案数百分比
没有医疗服务	18	3.6	5.1
治疗效果不好(即使有医疗服务)	33	6.6	9.4
照料得不好	51	10.2	14.5
缺乏医疗护理专业人才	41	8.2	11.7
收费不合理	47	9.4	13.4
康复项目没有纳入医保	37	7.4	10.5
跨地区医保报账困难	32	6.4	9.1
环境比较差	33	6.6	9.4
其他问题	89	17.8	25.4
伙食不好	119	23.8	33.9
合　计	500	100.0	142.5

注：由于答案可以多选，因此个案百分数超过了100%，以下同。

政府官员和养老机构、医疗机构的工作人员对医养结合的政策了解比较多，对政策存在问题的认知比较清楚，他们认为医养结合政策存在的最主要（排在前5位）问题依次是："没有建立长期照护制度"、"政府部门合力不够"、"康复项目没有纳入医保"、"长期照护服务难以延伸到社区和家庭"、"缺乏医疗护理专业人才"（见表10），这些主要涉及宏观政策问题。

表10　政府、机构等工作人员认为医养结存在的主要问题的统计情况

单位：人，%

项目	频数	响应百分比	个案数百分比
政策难以落地	206	9.5	51.0
政府部门合力不够	266	12.3	65.8
没有建立长期照护制度	286	13.2	70.8
康复项目没有纳入医保	253	11.7	62.6
跨地区医保保障困难	237	10.9	58.7
缺乏医疗护理专业人才	244	11.3	60.4
长期照护服务难以延伸到社区和家庭	245	11.3	60.6
养老机构开展医疗服务的成本很高	200	9.2	49.5
在基层工作的全科医生太少	204	9.4	50.5
其他	26	1.2	6.4
合　计	2167	100.0	536.4

（三）机构分化较为严重，中小机构发展困难

调研发现，不同的医养结合发展模式有不同的优势和劣势，但是土地、资金和医疗资源是制约机构医养结合发展的最主要因素。虽然国家投入了大量资金，但只有政府扶持的公办养老院或高端私营养老机构才有条件引入较好的医疗资源，进而开展真正意义上的医养结合服务。规模较小、资金有限的私营养老机构往往会受到各种条件的限制，开展医养结合的路程困难重重。托管模式效果较好，但是实践中的数量很少，这与有些部门"抓住资源不愿意放手"的观念分不开。

（四）政府部门合力不足，政策落地较难

医养结合养老模式涉及多个部门，医养结合机构需要与卫计、民政和医保等相关部门等打交道，但各部门审批各自范围的事项，多头管理，配合不力，致使医养服务的优惠政策难以真正落地。医养结合机构要获得建设补贴、营运补贴，进入医保的程序多、时间长。由于多个部门主管，每个部门的管理目标不完全一致，导致项目实施过程中发生冲突，难以协调。例如，国务院和四川省都有“鼓励民间资本对企业厂房、商业设施及其他可利用的社会资源进行整合和改造，用于养老服务”的政策，但在实践中，由于是旧建筑，往往存在“消防设施无法改造”的问题，而消防部门始终坚持消防不完全达标不验收，在这种情况下，绝大多数闲置建筑不能被用于养老服务，该项政策难以落地。

（五）医护人员素质较差，政策的人才支撑不足

医养结合的人才缺乏，特别是养老机构难以吸引医护人才、留不住医护人才。医养结合机构的护理人员多为 45 岁以上的农村妇女，文化程度低、技能差，部分护理人员服务态度较差，失能、半失能老年人对其形成严重的依赖。面对恶劣的态度、较高的收费、较低的服务质量，一些老年人只能选择忍气吞声，严重影响老年人的心理健康。11.3% 的老年人认为缺乏医疗护理专业人才（见表 10）。课题组发现，在一些养老院，院内仅设立了一个简单的医务室，常年由一位医生和护士为老年人开一些简单的药物，远远不能满足身体条件较差的老年人的需求。相比之下，医护人员较多的医院发展医养结合更能满足老年人的需求，但是公立医院往往动力不足，主要原因是“看病都忙不过来”；民营医院的兴趣虽然较大，但普遍感到“靠这个赚钱困难”，因而观望者较多。

（六）长期照护政策缺失，个人支付能力不足

长期照护没有纳入社会保险的报销范围是最突出的问题，基本上由个人

全部承担。从理论上讲，医养结合机构里的大多数老年人应当是多种慢性病患者或临终关怀的老年人，需要长期照护，但是由于费用不能报销，这些老年人便想方设法进入医院。有的老年人即使在医院度过了急性治疗期，也长期“押床”，许多大医院老年科的病床长期不流动，严重浪费医疗资源。

还有 13.4% 的老年人明确表示医养结合机构的收费不合理，主要是收费高（见表9）。虽然政府出台了相关政策来规范养老机构服务收费，但我国老年人收入水平普遍偏低，特别对一些收入较低的失能、半失能老年人而言，无力支付高昂的护理费用。

四　关于进一步创新医养结合政策的建议

针对四川省医养结合方面存在的六大问题，我们从政策需求、服务业发展、资金支持、人才支撑、监督落实等方面提出创新医养结合政策的思路和重点任务。

（一）抓住老年人的核心需求，加强政策创新

1. 把握满足照护需求的政策核心

居住形态是老年人的一种个人选择，老年人是否能够安度晚年取决于其基本需求的满足程度，而非居住方式。① 现有制度把居家养老设计为自理老年人的养老模式，然而事实是住在家中的失能、半失能老年人依旧很多，仍然需要专业的护理服务，但居家养老和社区服务难以提供此类服务。虽然现有制度把机构养老设计为服务于半失能、失能老年人，但居住形态与老年人功能状况和服务需求没有形成必然联系，因此，仅从居住形态的视角构建起来的养老服务体系难免会割裂老年人的服务需求和服务供给。因此，应当改变以居住形态固定服务供给的政策模式，回到满足老年人“照料和护理”

① 姚俊：《“多支柱”社会养老服务政策的理念与设计研究——基于服务递送的视角》，《现代经济探讨》2015 年第 7 期，第 50 页。

（医疗护理、康复护理和生活照料）的核心需求。

2. 建立适度普惠性的老年护理制度

通过梳理老年人的基本需求并进行排序，可以找到老年人需要优先满足的基本需求。根据第四次中国城乡老年人生活状况抽样调查结果，老年人需要照护服务的比例持续上升，从2000年的6.6%上升到2015年的15.3%；2015年，城乡老年人的居家养老服务需求项目排在前三位的分别是上门看病、上门做家务和康复护理，其比例分别为38.1%、12.1%和11.3%。这是因为随着我国老年人口高龄化的趋势加快以及疾病谱系的变化，最急需的是医疗护理、康复护理和对失能半失能老年人的生活照料。同时，老年人的个人支付能力有限，因此应当加快建立带有适度普惠性的老年护理制度。

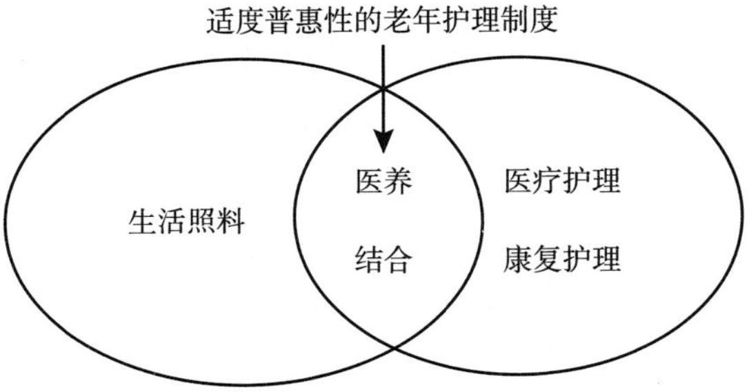

图3　老年人的核心需求与医养结合示意

目前，国家层面和四川省级层面都没有建立适度普惠性的老年护理制度，需要加强政策创新，这包括：积极开展政策性长期护理保险试点，为全省积累经验；推广长期护理商业保险产品，将商业保险作为长期养老护理项目的重要补充；建立长期照护项目内涵、服务标准、质量评价等行业规范和体制机制，探索建立从居家、社区到专业机构等比较健全的专业照护服务体系，细化管理，提高服务质量，保障老年人长期护理服务需求。可喜的是，成都作为全国15个长期护理保险城市之一，已经开始探索这一项创新制度。

3. 发挥资源整合效应

医养结合的根本在于将现有的医药卫生资源和养老资源进行整合，而非另起炉灶，科学合理的整合才是医养结合的关键。一方面，需要做好顶层设计，加快医疗机构和养老机构建设规划的有机衔接，完善医疗、养老布局规划，科学布局医养建设用地规划。另一方面，需要明确卫生计委、民政、人力资源和社会保障等相关部门的职责，充分发挥在资源整合过程中的监督指导作用。如卫计部门应按照医疗机构管理办法等法律法规要求，对养老机构设立医疗机构并符合条件的，予以受理并给予行政许可；对养老机构设立医务室的，应加强对工作人员护理、保健、康复等专业知识和技能的培训。民政部门对由医院转型为护理院的，并符合养老机构设置许可条件的，应受理并给予行政许可；符合养老机构条件的，应落实养老床位建设和运营补贴等相关政策。① 指导监督审核的重点应当突出是否满足老年人长期照护的需要，而不是一般性的医疗或者养老。

（二）拓展深化养老健康服务业，全方位开展医养结合服务

四川省已经把养老健康服务定位于新兴先导型服务业，作为重点发展的现代服务业，一定要利用好这一战略机遇，继续拓展深化养老健康服务业，全方位开展医养结合服务。

1.继续构建“一区两片三带”医养结合发展格局

在保障基本养老健康服务全覆盖基础上，依托现有发展条件，把握未来发展趋势，继续构建特色鲜明、布局合理、创新发展的“一区两片三带”养老与健康服务业发展格局②，大力支持10～20个养老与健康产业园区（或康养小镇）建设，因地制宜打造一批医养结合的养老服务特色示范点或

① 王素英、张作森：《医养结合的模式与路径——关于推进医疗卫生与养老服务相结合的调研》，《社会福利》2013年第12期，第14页。

② 根据《四川省养老与健康服务业发展规划（2015～2020年）》，“一区”是指以成都为核心，由德阳、绵阳、遂宁、乐山、眉山、雅安和资阳等组成的创新发展核心区；“两片”是指依托泸州、南充的优质医疗资源，构建由泸州、内江、自贡、宜宾组成的川南融合发展示范片，以及由南充、广元、广安、达州、巴中组成的川东北融合发展示范片；“三带”是指依托独特自然资源、民族特色文化，构建以安宁河谷为主体的攀西阳光康养服务业发展带，以大巴山脉为主体的秦巴生态森林康养服务业发展带，以藏羌地区为主体的川西民族特色康养服务业发展带。

示范区。

2. 加强医疗资源向养老服务领域全面渗透

目前，亟须通过制度建设，培养和吸引服务老年人的全科医生、社区医生和专业护理人员。鼓励基层医疗机构为老年人提供上门服务，开展日间照护、半托、全托等多种形式的老年人照料服务，力争将专业护理服务延伸至社区、家庭。充分发挥社区卫生服务中心、乡镇卫生院的医疗康复功能，为社区老年人提供基本医疗康复服务。鼓励个人兴办灵活方便、贴近普通群众需求的医养结合机构。在农村，可以探索将公办养老院委托给乡镇卫生院管理和经营。

3. 搭建医养结合的信息平台

进一步加强民政、卫生、社保、老龄办等职能部门的信息联系，打破信息孤岛和信息分割，整合老年人的信息系统。充分利用"互联网+"手段，探索在线健康数据传输、多方会诊、转诊预约、引导建立"社区卫生站—二级医院—三级医院"的多层居家养老健康诊疗模式。

4. 借鉴国外医疗服务外包模式

养老机构外包医疗服务是发达国家的一种通常做法，值得我们学习借鉴。日本的养老院极少设置真正意义上的医院，因为医院与养老院的执业许可完全不同，而且养老院的管理团队很难胜任医院的管理，因此，养老机构一般设置长期护理、康复训练和简单急救等服务项目。真正的疾病治疗（特别是严重疾病的治疗）则外包给周边医院来解决，这类医院往往与养老机构有长期的合作关系，可以随时提供优先服务。这种模式既可以让养老院和医院专注于自己擅长的领域，又可以实现互利互惠、优势互补，提升专业化水平和效率。①

5. 探索连锁化、嵌入式、集成化经营

鼓励养老服务机构和小型医院深入社区，建立连锁服务点。通过政府购买服务的方式，嵌入社区之中，可以与社区日间照料中心整合，承担入户照

① 张璐：《"医养结合"之借鉴篇》，《四川劳动保障》2015年第8期，第23~25页。

料、健康管理、社区养老、老年人文旅、金融服务等职能，形成居家养老、社区养老和机构养老一体化的经营模式。充分利用专业性的养老资源，实现老年人根据自身需要在家庭护理、社区照料和机构养老之间的连续切换。

（三）多元化资金投入，着力解决融资瓶颈

目前，四川省已经有一批社会资金进入医养结合领域，但更多的资金仍在观望，鉴于医养结合服务是一个投资大、回报时间长、回报率较低的领域，必须进一步加大优惠政策的支持力度。

1. 鼓励社会资本举办医养结合服务机构

鼓励社会资本自主决策举办营利性或非营利性医养结合机构，落实医养结合机构的民办公助政策，明确机构建设的财政补贴额度。一方面，各级政府可依据民办非营利性机构的床位数或实际入住老年人数，给予一次性开办补助或床位补贴等优惠政策，或者通过收购兼并、合资合作、融资租赁等形式参与公立医院的改制重组。另一方面，进一步整合各职能部门的相应资金（如新农合、医保、养老床位补贴经费等），形成统一的支付体系，对医养结合机构给予专项资金扶持。

2. 设立医养结合基金

与现有的养老基金会共同构建医养结合专项基金，或与银行合作增加对医养结合型养老机构建设项目的信贷支持，使多股力量共同为医养结合服务。培育和发展医养结合服务业股权投资市场，推动医养结合产业结构调整和转型升级。通过建立城镇基本医疗保险统筹基金划拨支付以及个人正常缴费机制、发展商业健康保险等方式，筹集医养融合服务基金。

（四）加强人才建设，全面保障医养结合服务能力

1. 加强医养结合型专业人员的培养

在医学类院校和职业院校增设养老护理专业，加快培养社会养老、社区托老、康复护理、临终关怀等多种养老专业人才。同时，组织开展医养护理专业人员职业培训和职业资格认证工作，落实养老护理员职业资格和持证上

岗制度，确保服务人员掌握老年人医疗保健、康复辅导等基础知识。对养老机构内从事生活护理的从业人员实施准入管理，规范服务内容与服务行为，提升老年护理服务质量。

2. 稳步提升养老护理人员工资福利待遇

对高等院校、职业院校和培训机构老年护理和服务类专业的毕业生，实行入职奖励补贴制度。同时，将养老护理员纳入公益性岗位范畴，为养老护理员设立政府特殊岗位补贴，稳步提升养老护理人员工资福利。改善养老护理员工作条件，依法缴纳社会保险费，调动服务人员的工作积极性和创造性。鼓励医疗机构内的执业医师和护士到养老机构开展轮岗服务。

3. 实施医养结合人才“123”工程

在医养结合服务领域，每年培养造就10名领军人才，符合条件的享受人才引进政策，示范带动健康养老服务业发展。在为老服务的社会工作者、志愿者和其他社会组织中，每年培育20个金牌团队，优先给予政府购买服务的资格，开辟分支机构登记备案的“绿色通道”。在全省各类养老服务机构中，每年培养选拔30名优秀医养结合方面的护理员，提供在城市（服务所在地）居住落户、住房保障、子女就学等一系列扶持政策。

（五）加强政策监评，敦促政策落地

1. 加强政策监测评估

按年度和区域细化任务分解，加强对医养结合政策实施的督促检查和阶段性评估。建立医养结合服务质量评价和监测体系，采取自查、督察、社会第三方评估并举的方式，开展服务满意度调查、年度评估检查。建立医养结合服务准入标准和退出机制，健全医养结合机构等级评定、评估制度，发挥“登记、培育、评估、执法、年检”五位一体的综合效应，做到简化登记、注重培育、跟踪评估、执法有据、进出有序。

2. 保障政策落地

养老服务业是微利产业，需要全面贯彻落实一系列的优惠政策和制度保障，将优惠政策纳入政府督办目标。切实完善社会力量兴办医养结合机构的

扶持政策，鼓励社会资本以独资、合资、合作、联营、参股、租赁等市场化方式兴办医养结合机构。落实规划、土地、税费、信贷、购买服务等优惠政策，加大产权管理和投资者收益分配支持力度，建立完善财政扶持办法，加大金融扶持力度，创建公平竞争环境，充分发挥社会力量在医养结合养老模式中的作用。

B.3
健康四川：四川省公共卫生现状、问题及对策调研报告

栾荣生　王曙光　赵建伟　孙晓蒙　卓玛拉措　贺亚萍*

摘　要：在坚持预防为主、加大公共卫生投入、有效控制健康危险因素的公共卫生实践中，2015 年四川全省公共卫生工作取得了基本公共卫生服务扎实推进、重点人群健康水平进一步提高、重大疾病防治取得重大进展、爱国卫生运动深入开展的显著成效。然而，也面临着公共卫生服务需求增加、机构建设有待加强、慢性病防治任务艰巨、传染病防治需进一步加强等问题的挑战。此研究旨在通过对四川省公共卫生现状、问题及对策的调查分析，为更有效地预防及控制传染病和慢性病，减少影响城乡居民健康的主要危险因素，进一步提高全省居民健康水平提供政策发展的依据。

关键词：四川省公共卫生　现状和挑战　发展策略

一　引言

公共卫生作为全民健康的基石，是关系一个国家人民大众健康的重大公共事业。四川省公共卫生事业在党和政府的领导及地方各级医疗卫生部门的共同努力下，已经取得了显著成效。然而，随着当前省内各地城镇化建设和

---

* 栾荣生、孙晓蒙、卓玛拉措、贺亚萍，四川大学华西医科大学公共卫生学院；王曙光，四川省社会科学院社会学所研究员；赵建伟，四川大学公共管理学院教授。

工业化发展的快速进程、人口老龄化趋势问题的日益突出，以及在此基础上出现生态环境、生活方式、疾病谱的迅速变化，使一些影响健康的因素和问题凸显出来。分析和认识目前影响人群健康的各种风险因素的新趋势、新特点，是公共卫生事业在对于省内各类人群面对疾病与健康问题所出现的新挑战的情况下，能够持续有效地推动人民远离疾病、降低疾病风险、促进公共卫生健康深入发展全民健康战略、统筹医疗卫生服务必要开展的研究工作，以能够及时地为支持公共卫生政策的发展提供不断更新的科学依据。

研究利用文献分析的方法，系统查阅了四川省公共卫生相关的既往资料。与此同时，课题组采用现场调研的方式，走访了四川省卫计委、省疾控中心等 18 个政府相关机构，并对这些机构的关键人物进行了访谈。访谈采用开放式访谈提纲，对四川省人口发展现状、公共卫生服务体系建设情况、居民健康现状、主要健康问题等进行了个人访谈交流。研究也通过个案研究、小组座谈方式，对全省公共卫生服务工作的关键点进行了回顾，分析了四川省公共卫生工作的执行效果，发现和讨论了四川省公共卫生面临的各种挑战，以及应对挑战的各种对策建议和看法。

二　四川省公共卫生工作现状

（一）公共卫生服务体系及基本公共卫生服务

1. 公共卫生服务机构与部门

公共卫生体系中的部门与机构主要指各级卫生行政部门与专业公共卫生机构。专业公共卫生机构是在卫生行政部门领导下，向辖区内提供专业公共卫生服务，并承担相应管理工作的机构，公共卫生机构实行按行政区划，分级设置，基层卫生服务机构是公共卫生服务的具体执行者。四川省公共卫生部门机构设置情况见图 1。

2. 公共卫生人力资源现状

截至 2015 年底，四川省共有公共卫生人员 266876 人，全省每万人口公共卫生人员数为 5. 66 人。其中，男、女人数相当；年龄构成以 50 岁及以上

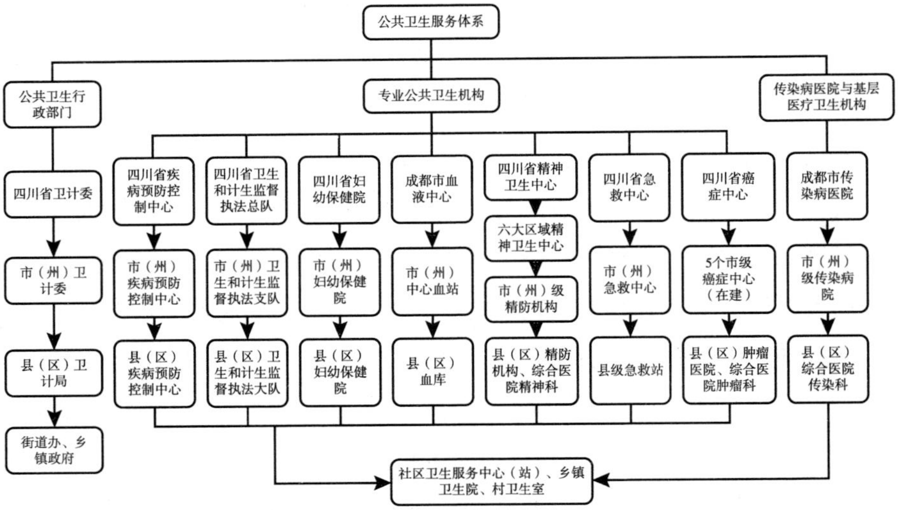

图1　四川省公共卫生服务组织体系

为主，占总人数的30.38%；超过90%的公共卫生人员学历为大专及以下；职称构成方面，副高及以上者仅占1.80%；人员类别方面，以非卫生技术人员为主，占41.34%（见表1）。

表1　2015年四川省公共卫生人员情况

单位：人，%

指标	具体情况		指标	具体情况	
	人数	构成比		人数	构成比
性别构成			职称构成		
男	135204	50.66	副高及以上	4795	1.80
女	131672	49.34	中级	23576	8.83
年龄构成			初级及以下	238505	89.37
<30岁	46881	17.57	人员类别		
30~39	64116	24.02	医师	65410	24.51
40~49	74805	28.03	护理人员	44236	16.58
≥50岁	81074	30.38	医技人员	7568	2.84
学历构成			其他卫技人员	39343	14.74
大专及以下	242531	90.88	非卫生技术人员	110319	41.34
大学本科	23114	8.66	合　计	266876	100.00
研究生及以上	1231	0.46			

注：人员类别中非卫生技术人员包括其他技术人员、管理人员、工勤技能人员、乡村医生和卫生员。
资料来源：四川省卫生和计划生育委员会信息中心。

3. 基本公共卫生服务开展现状

（1）基本公共卫生服务项目内容及经费补助

四川省自2009年启动基本公共卫生服务项目，目前开展的项目包括建立居民健康档案、健康教育、预防接种、儿童健康管理、孕产妇健康管理、老年人健康管理、慢性病患者健康管理、严重精神障碍患者管理、结核病患者健康管理、中医药健康管理、传染病和突发公共卫生事件报告和处理、卫生计生监督协管十二大类，其中结核病患者健康管理为2015年新增项目。

2009年人均基本公共卫生服务经费补助标准为15元，2015年增至40元，2016年已提高至45元。四川省基本公共卫生服务项目按照“中央财政承担80%，省级财政解决10%，市、县两级分摊10%”的办法保障经费。截至2015年底，省财政共配套基本公共卫生项目经费13.49亿元，其中2015年配套3.24亿元。

（2）2015年基本公共卫生服务绩效评价

①居民健康档案管理：全省居民健康档案规范率为75.95%，使用率为55.34%。②儿童健康管理：全省抽查儿童系统管理率为77.70%。③孕产妇健康管理：全省抽查孕产妇健康管理率为53.56%，产后访视率为93.93%。④老年人健康管理：全省老年人健康管理率为70.34%，老年人体检表完整率为53.55%。⑤高血压患者健康管理：全省高血压患者管理率为43.74%，规范管理率为63.27%，实测血压控制率为40.39%。⑥糖尿病患者健康管理：全省糖尿病患者管理率为40.11%，规范管理率为61.61%，实测血糖控制率为53.77%。⑦重性精神病患者管理：全省重性精神病患者检出率为3.65‰，规范管理率为61.50%，稳定率为8.64%。⑧中医药健康管理服务：全省0~3岁儿童中医药健康管理服务率为66.87%，老年人中医药健康管理服务率为78.44%。⑨群众对基本公共卫生服务工作评价：群众满意率为96.06%。

（二）人口发展现状

1. 人口数量及结构

截至2015年11月1日零时，四川省常住人口为8204.0万人，2000~

2015 年四川省常住人口数呈波动变化；截至 2014 年 12 月 31 日，全省户籍人口为 9159.1 万人，2000～2014 年，四川省户籍人口数不断上升（见图 2）。

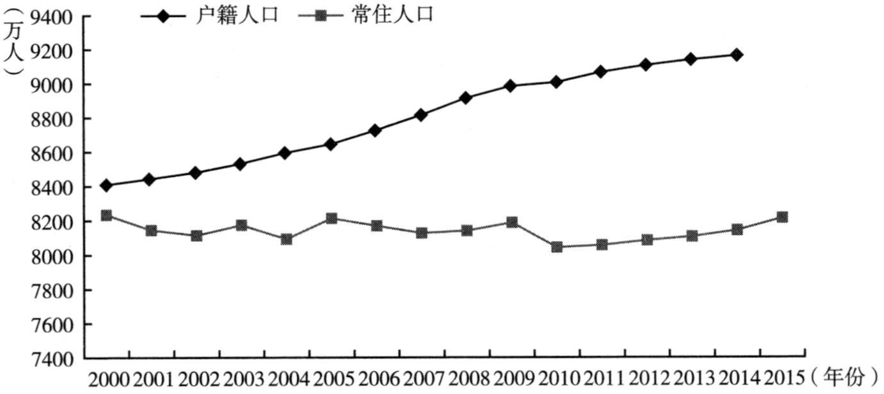

图 2　四川省常住人口及户籍人口数变化情况

资料来源：1. 2000～2014 年常住人口和户籍人口数来源于《四川省统计年鉴》；2. 2015 年常住人口数来源于四川省统计局《四川省 2015 年全国 1% 人口抽样调查主要数据公报》。

近年来，四川省性别比呈下降趋势。2015 年，四川省常住人口性别比为 100.88，2014 年，户籍人口性别比为 105.88，处于均衡状态。2010 年人口普查结果显示，四川省已进入老龄化社会，截至 2015 年，四川省 65 岁及以上人口所占比例达到 13.44%，老年负担系数为 19.07%，老龄化进程进一步加剧。同时近年城镇进程进一步加快，2015 年，四川省城镇化率为 47.69%。

2. 人口自然变动

2000～2010 年四川省人口出生率稳步下降，2011～2015 年有所回升，2015 年达到 10.30‰；死亡率整体变化较为平稳，每年均在 7‰左右波动。2000～2004 年自然增长率下降较为明显，2005～2015 年呈波动变化，达到 3.36‰。目前四川省已进入一个“三低”时期，即低出生率、低死亡率、低自然增长率（见图 3）。

3. 人均期望寿命

截至 2015 年，四川省人口平均期望寿命为 76.42 岁（男性 73.77 岁，

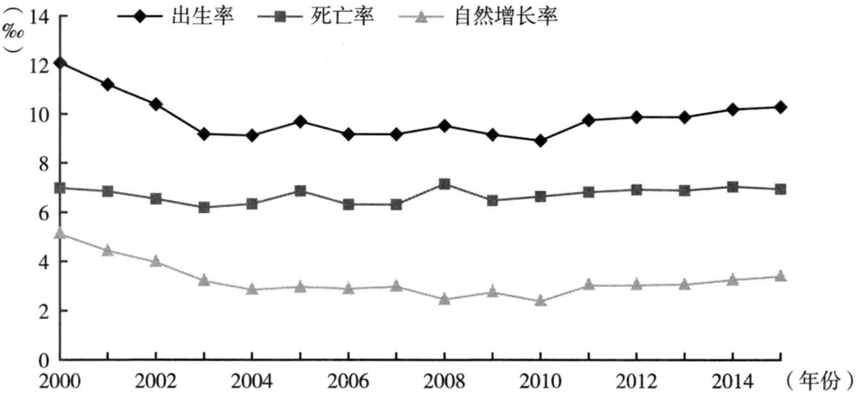

图 3　四川省出生率、死亡率及自然增长率变化趋势

女性 79.62 岁），相比 2010 年普查结果提升 1.67 岁，高于全国水平的 76.34 岁。2000～2015 年，四川省人均期望寿命呈逐年上升趋势（见图 4）。

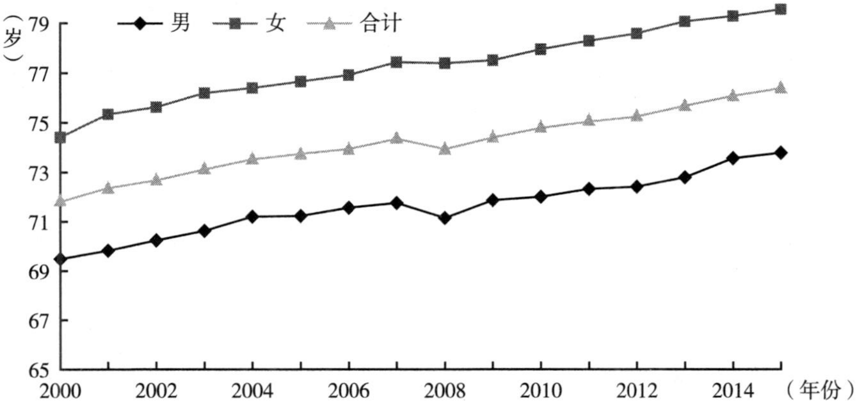

图 4　四川省人均期望寿命变化趋势

资料来源：四川省卫生计生委员会疾控处。

（三）妇幼人群健康现状

1. 妇幼人群健康状况

2015 年全省孕产妇死亡率为 21.68/10 万，与全国平均水平差距逐渐缩小；2001～2015年，全省婴儿死亡率和五岁以下儿童死亡率呈下降趋势，已连续15年低于全国平均水平，2015年分别为7.80‰、8.92‰；全省出生缺陷发生率为162.57‱，总发生率接近全国平均水平（见表2）。

表2　2001～2015年四川省妇幼人群健康状况

年份＼分类	孕产妇死亡率（1/10万）	婴儿死亡率（‰）	五岁以下儿童死亡率（‰）	出生缺陷发生率（1/万）
2001	66.52	25.50	35.30	—
2005	75.14	14.48	18.63	103.53
2010	39.66	12.02	16.93	172.86
2014	24.40	7.99	9.55	144.60
2015	21.68	7.80	8.92	162.57

资料来源：妇幼卫生监测。

2. 妇幼保健服务能力

2001年以来，四川省住院分娩率显著提高，逐渐接近全国平均水平，尤其是民族地区住院分娩率大幅度提高。2015年全省住院分娩率为98.13%，民族地区和三州地区住院分娩率分别达90.97%、85.22%。但是民族地区（尤其是藏区）仍与全省平均水平存在差距（见图5）。

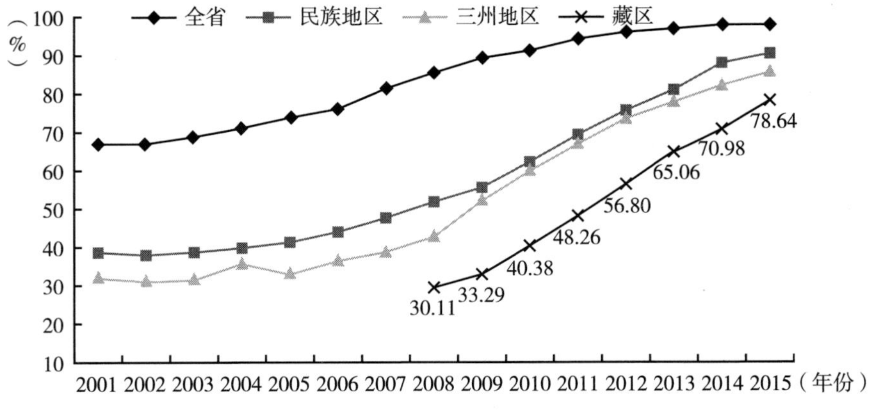

图5　2001～2015年全省各类地区住院分娩率变化趋势

资料来源：妇幼卫生监测。

2001 年起，全省孕产妇产检率、产后访视率、孕产妇系统管理率均呈上升趋势，2015 年，分别达到 96. 03%、95. 20%、93. 90%（见图 6）。

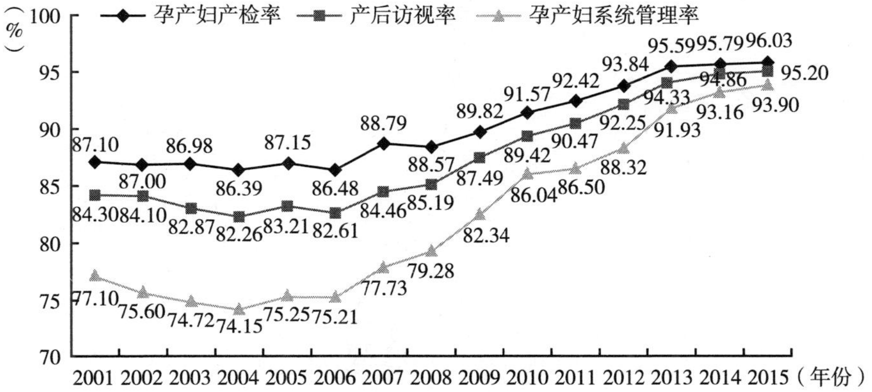

图 6　2001～2015 年孕产妇保健服务利用情况

资料来源：妇幼卫生监测。

四川省自 2014 年实行自愿免费婚前医学检查政策，全省婚前医学检查人数和婚前医学检查率快速增长，2015 年全省婚检率达到 67. 29%。

四川省于 2008 年开展新生儿疾病筛查，2015 年，全省新生儿疾病筛查量为 73. 93 万人次，新生儿疾病筛查率达到 93. 92%。

全省常规儿童保健与基本公共卫生服务项目中的 0～6 岁儿童健康管理已经有机结合。自 2006 年起，全省新生儿访视率、3 岁以下儿童系统管理率和 7 岁以下儿童保健管理率呈逐年上升趋势。2015 年，各项指标分别达到 94. 98%、93. 86% 和 93. 11%。

（四）职业病防治现状

1. 职业病危害因素分布

目前，四川省申报单位申报的职业病危害因素达到一百余种。2015 年全省共 31814 家用人单位进行职业病危害项目申报，接触职业病危害因素总人数为 835028 人，总人次数为 1086984 人次，接触职业病危害因素分布情况见图 7。

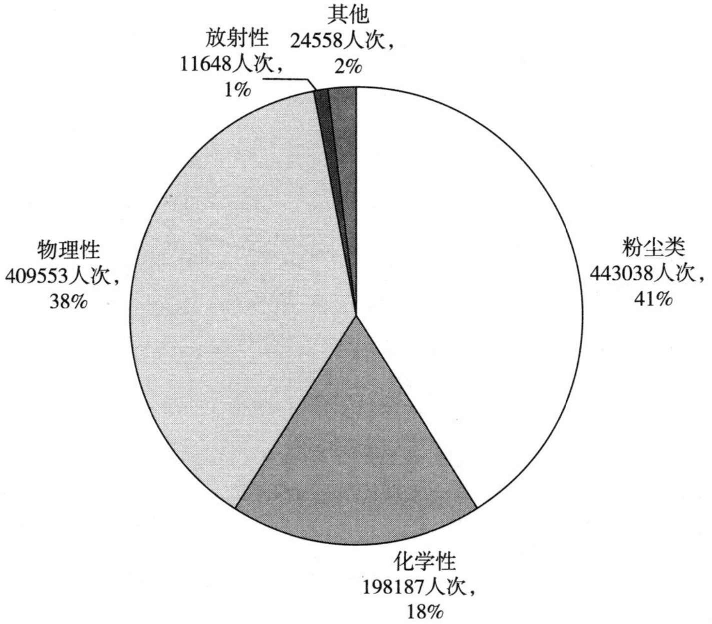

图7　2015年四川省接触职业病危害因素分布概况

资料来源：四川省安全生产监督管理局职业病危害项目申报系统。

2. 职业病报告数

2011～2015年，四川省共报告确诊职业病22219例，主要以尘肺、慢性职业中毒、物理因素所致职业病、急性职业中毒为主（见表3），其中报告尘肺一直维持在较高水平。

表3　2011～2015年四川省新发职业病报告人数变化情况

单位：人

年份	尘肺	慢性职业中毒	物理因素所致职业病	急性职业中毒	其他职业病	总计
2011	3668	12	2	46	2	3730
2012	3724	27	1	96	60	3908
2013	4509	36	21	43	69	4678
2014	5240	26	0	16	52	5334
2015	4419	20	3	5	122	4569
合计	21560	121	27	206	305	22219

资料来源：中国疾病预防控制信息系统——职业病与职业卫生信息监测系统。

（五）重大疾病流行与防治现状

1. 重大传染病流行与防治现状

（1）艾滋病疫情上升幅度减缓。目前四川省艾滋病防治已形成“七位一体”艾滋病综合防治工作体系，防治能力显著提升。截至 2015 年 12 月 31 日，四川省累计报告 HIV/AIDS 共计 101298 例，其中艾滋病病人 35843 例，死亡 23037 例（见表 4）。2011 ~2015 年新报告 HIV/AIDS 呈缓慢上升趋势，但与 2007 ~2010 年相比上升幅度有所减缓。

表 4　2011 ~2015 年四川省 HIV/AIDS 数及死亡数报告疫情

单位：人

年份	新报告		累计报告		死亡情况	
	HIV/AIDS	AIDS	HIV/AIDS	AIDS	年报告	累计报告
2011	13057	2331	48357	12114	2877	8304
2012	13468	2693	57856	16230	3252	11458
2013	13894	3458	70155	21835	3763	15101
2014	16198	3942	84911	28174	3890	18876
2015	18202	4745	101298	35843	4326	23037

注：由于存在人口流动，故 2011 ~2015 年历年累计报告 HIV/AIDS 例数不等于该年新报告例数与上一年累计报告例数之和。

资料来源：四川省疾病预防控制中心国家艾滋病网络直报系统。

（2）结核疫情平稳下降。2011 ~2014 年各年度发现并治疗管理的肺结核病例、各年度登记的新涂阳肺结核患者逐渐减少，每年新涂阳病例治愈率均达到 93% 以上（见图 8）。各年度对新登记涂阳肺结核患者的密切接触者筛查率均达到 99% 以上，总体追踪到位率达到 85% 以上。

（3）乙肝发病率、死亡率逐年降低。针对乙肝的流行，四川省实施了以预防接种为主的综合防控策略，包括保证高水平的疫苗接种率，对孕妇进行乙肝血清的筛查，加强监测和综合干预等一系列措施，取得了显著成效。2010 ~2014 年，四川省乙肝发病率逐年下降，2014 年降至 47. 72/10 万，死亡率下降至 0. 03/10 万（见表 5）。

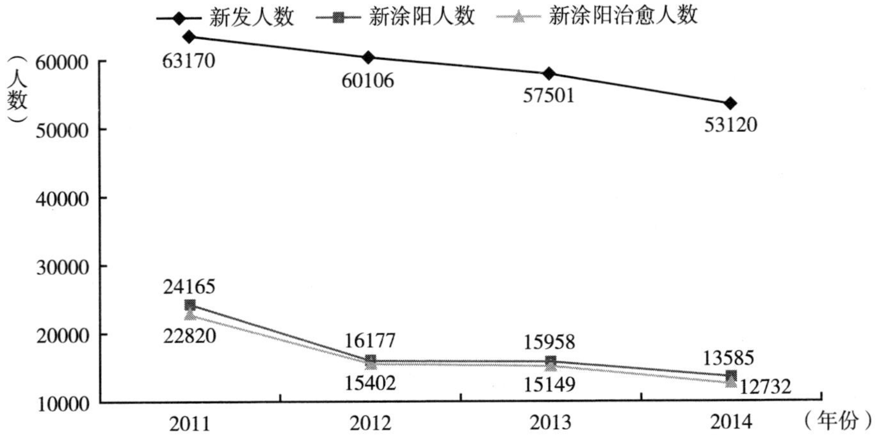

图 8　2011～2014 年四川省肺结核疫情变化情况

资料来源：《四川省结核病防治评估报告》。

表 5　2010～2014 年四川省乙肝发病与死亡情况

年份	发病人数（例）	发病率（/10 万）	死亡人数（例）	死亡率（/10 万）	病死率（%）
2010	56327	68.82	34	0.04	0.06
2011	55315	68.78	46	0.06	0.08
2012	51591	64.09	47	0.06	0.09
2013	42627	52.78	25	0.03	0.06
2014	38686	47.72	24	0.03	0.06

资料来源：2011～2015 年《四川省统计年鉴》。

（4）麻风病疫情呈下降趋势，但部分地区疫情仍较严重。截至 2015 年底，四川省麻风病现症患者 482 例，累计治愈康复者 14141 例。2011～2014 年麻风病新发病人数逐年下降，但 2015 年稍有上升（见表 6），2015 年 15 个市（州）的 47 个县均有新发病例，其中凉山州新发病例 45 人，疫情最重。

2. 重点寄生虫病流行与防治现状

2008 年四川省已达到血吸虫病传播控制标准，2015 年全省达到血吸虫病传播阻断标准，疫情控制在历史最低水平。截至 2015 年 12 月 31 日，全

表6　2011～2015年四川省麻风病流行情况

年份	现症人数(例)	患病率(/万)	新发人数	Ⅱ级畸残人数	Ⅱ级畸残率(%)
2011	927	0.11	157	40	25.48
2012	727	0.083	127	28	22.04
2013	654	0.075	106	22	20.75
2014	525	0.06	90	17	18.89
2015	482	0.058	97	21	21.65

资料来源：四川省皮肤病研究所。

省共完成查螺44936.11万平方米，灭螺28717.43万平方米；查病218.47万人次，治疗病人58.29万人次。

四川省包虫病现有病人12534人，自2006年全省启动包虫病防治项目以来，病人检出率逐年降低，2015年为0.68%；目前正在接受免费治疗的包虫病病人达1.2万余人；流行区中间宿主（牛羊等）、传染源犬患病率均呈逐年下降趋势，2015年分别为2.37%、0.61%。

疟疾曾是四川省的主要传染病之一，经过多年防治，流行范围逐渐缩小，流行强度逐渐减弱，全省于2011年起已经没有本地感染的疟疾病例。

3. 重大慢性病流行与防治现状

全省死因监测数据显示，2015年四川省慢性非传染性疾病（以下简称慢性病）占总死亡的88.16%。常见的慢性病如高血压、糖尿病、心脑血管疾病、恶性肿瘤、COPD等发病率、死亡率均逐年上升，已成为四川省居民健康的主要威胁。

近年来，四川省不断完善慢性病监测系统，开展了多项慢性病健康教育和干预工作，对慢性病病人做到及时发现和进行管理、治疗和干预，以期最大限度减少慢性病的危害。

4. 严重精神障碍流行与防治现状

截至2015年底，四川省累计登记录入系统的严重精神障碍患者330130例，现存活患者317459例，病种以精神分裂症为主，占74.82%（见图9）。患者检出率为3.92‰，居全国第六位。2015年，全省参加社区管理的严重精神障碍患者271685人，管理率为85.58%，规范管理率为58.38%，服药率为54.57%。

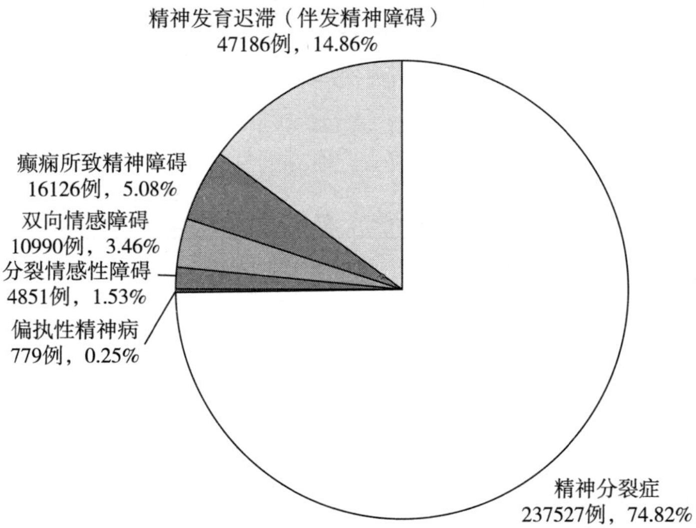

图 9　2015 年四川省在册严重精神障碍患者疾病诊断情况

注：2013 年未对严重精神障碍患者治疗情况进行统计，故数据缺乏。
资料来源：四川省精神卫生中心。

5. 伤害流行与防治现状

成都市青羊区是我国伤害监测系统的城市监测点，米易县是农村监测点。监测数据显示，2012～2015 年四川省监测点伤害发生总数达到 163034 人，死亡人数所占比例虽然不到 1%，但其绝对数较大，2012～2015 年死亡人数达到 356 人（见表 7）。

表 7　2012～2015 年四川省监测点伤害发生情况

单位：人，%

年份	伤害发生总数	住院或转院	死亡人数
2012	37184	6320(17.00)	43(0.12)
2013	41591	5323(12.80)	31(0.07)
2014	41658	4406(10.58)	47(0.11)
2015	42601	2474(5.81)	235(0.55)
合计	163034	18523(11.36)	356(0.22)

资料来源：四川省疾病预防中心。

6. 地方病流行与防治现状

四川省的地方病主要有碘缺乏病、地方性氟中毒（包括燃煤污染型、饮水型和饮茶型）、大骨节病和克山病。近年来，四川省通过食盐加碘、改炉改灶、改水降氟、推广低氟砖茶、易地育人、易地搬迁、更换粮食、饮水安全、社会保障、移民安置、调整结构、卫生防治、科技攻关等综合治理措施，全省地方病基本达到消除水平。

（六）健康促进及健康环境建设现状

1. 全民健康生活方式行动

四川省自2008年启动全民健康生活方式行动，行动包括建设健康支持性环境、创建无烟环境、开展全民健康教育等。2015年，四川省全民健康行动县区覆盖率为67%，有21个市（州）124个县（区）开展了全民健康生活方式行动，三州地区县区覆盖率实现零突破。

四川省于2012年开始开展居民健康素养问卷调查，从基本健康知识和理念、健康生活方式与行为、基本技能三个维度评估居民健康素养水平。2012年四川居民具备健康素养的比例为6.49%，低于国家平均水平（8.80%）。

2. 促进全民健康行为开展现状

四川省通过国民营养计划、全民健身运动、控烟履约行动、保持心理平衡、减少药物滥用及减少不安全性行为六大行动促进居民健康生活方式及行为的养成，以达到健康促进的目的。

（1）国民营养计划。四川省通过国民营养计划，实施居民营养监测、人群合理膳食倡导及食品风险监测，开展营养方面的健康教育，减少超重、肥胖等营养问题对健康造成的损害。2015年，四川省人群合理膳食指导覆盖率达90.81%。

（2）全民健身运动。四川省在全民健身运动中秉承“六个坚持”原则，扎实推进全民健身公共服务体系建设。2015年，四川省锻炼强度中等以上的人数比例保持在40%以上，实现了80%以上街道和60%以上乡镇建有体育锻炼组织。

(3) 控烟履约行动。为切实履行烟草控制职责，努力开创控烟健康教育新局面，四川省形成了“六个一工程”控烟策略，并于2015年在成都市第二人民医院、自贡市第一人民医院和泸州市龙马潭区中医医院实施戒烟门诊建设项目。

(4) 保持心理平衡。为提高全民精神健康水平，营造和谐稳定社会环境，四川省在精神卫生健康教育方面做了大量工作：2015年，四川省精神卫生中心全年发放健康教育材料2373236份，开展公众咨询活动5744次，举办健康教育讲座8443次，普通人群心理健康知识和精神疾病预防知识知晓率得到提高。

(5) 减少药物滥用。四川省担负全国毒品堵源截流第二道防线重任，不断完善禁毒稽查体系与戒毒管理模式。2015年，组建专职查缉队伍60余支，出动警力28553人次，全年破案9557起；此外，在进一步完善“常青藤戒毒模式”基础上，大力推进戒毒工作科学化、专业化、社会化，不断提高矫治质量。

美沙酮维持治疗是目前针对阿片类物质滥用者最为有效的替代治疗方法。2015年，阿片类物质滥用者355069人，正在接受治疗患者数为19509人，治疗覆盖率为5.5%。

(6) 减少不安全性行为。为做好性病、艾滋病预防的健康教育与健康促进工作，减少不安全性行为的发生，四川省积极强化社会综合治理，针对不同目标人群实施有针对性的健康干预，减少意外妊娠和性病、艾滋病等疾病的传播。

3. 城乡环境卫生整洁行动开展现状

(1) 城乡环境卫生综合治理现状。近年来，四川省爱卫办按照全国爱卫会统一部署，持续深入地进行城乡环境综合治理工作，重点进行环境卫生基础设施建设，城乡环境卫生面貌和水平得到很大改善（见表8）。

(2) 城乡饮用水卫生状况。四川省加大对生活饮用水监督监测力度，饮用水卫生安全形势良好。2015年生活饮用水卫生经常性监督覆盖率为

表8　城市卫生设施及市容环境卫生情况

年份	城市道路清扫保洁面积(万平方米)	城市公厕数(座)	城市市容环卫专用车辆设备总数(辆)	城市生活垃圾处理率(%)	城市污水处理率(%)
2010	15173	4638	3301	94.48	74.83
2011	17247	4710	3425	92.66	78.32
2012	19318	5147	3797	94.55	83.63
2013	21020	5404	3970	96.24	83.23
2014	28574	4280	4436	97.24	85.36

资料来源：四川省统计局：《四川统计年鉴》，2015。

98.10%，全省报告生活饮用水卫生监督监测件数463件，监测合格率为98.27%。

近年来，四川省农村改水受益率及自来水普及率均在逐渐上升，截至2014年，农村改水受益率达95.4%，接近国家平均水平，农村自来水普及率达65.6%，比2010年提高12.3个百分点。

（3）农村改厕工作开展情况。四川省通过开展爱国卫生运动，加大了对厕所的改造工作。2015年底全省农村卫生厕所普及率达到77.3%，高于西部平均水平。截至2014年底，四川省无害化卫生厕所普及率为57.2%，高于全国平均水平（55.2%）。

（4）病媒生物防制情况。截至2015年底，四川省病媒生物监测已实现21个市（州）全覆盖，60%以上的市州建立了专门的病媒生物实验室，部分市州已开展抗药性监测，近几年四川省病媒生物监测情况见表9。

表9　2011～2015年四川省病媒生物（鼠、蝇、蟑螂、蚊）监测情况

年份	2011	2012	2013	2014	2015
鼠密度(只/百夹)	0.65	0.44	1.12	0.9	0.53
蝇密度(只/笼)	4.4	3.76	1.75	5.17	4.01
蟑螂密度(只/张)	3.23	3.95	2.34	1.76	2.08
蚊密度(只/灯·小时)	1.55	1.37	2.38	4.22	2.78

资料来源：2013年度四川省病媒生物监测工作总结报告。

4. 创建卫生城镇活动开展情况

创卫活动包括创建卫生城市、卫生县城、卫生乡镇、卫生村和卫生单位等一系列活动。截至 2015 年，全省共完成创建国家卫生城市 11 个、卫生县城 16 个、卫生乡（镇）40 个。全省共完成创建省级卫生县城、卫生乡镇、卫生村 117 个、817 个、7009 个，覆盖率分别为 94%、18.7%、15%。在创卫活动基础上，四川省开展健康城市和健康村镇建设工作，成都、巴中、广元、攀枝花、雅安被列入 2015 年度健康城市行列。

三 公共卫生工作取得显著成效

1. 基本公共卫生服务扎实推进

近年来，国家基本公共卫生服务项目在四川省全面实施，“卫生、财政行政部门主导，专业公共卫生机构指导，基层医疗卫生机构实施”的基本公共卫生服务项目工作模式和“三级纵向指导，多部门横向协调”技术指导模式基本形成。政府主导推进公共卫生项目，2016 年，人均基本公共卫生服务经费补助标准提高至 45 元。基本公共卫生服务逐步规范，截至 2015 年底，全省规范化电子建档率达 96.52%。

2. 期望寿命逐年提高

2000 ~ 2015 年，四川省人均期望寿命呈逐年上升趋势，2015 年，四川省人均期望寿命达到 76.42 岁，高于全国水平（76.34 岁）。在一定程度上说明四川省社会经济条件、医疗卫生水平在不断地改善。

3. 妇幼健康水平进一步提高

近年来，四川省以保护妇女儿童权益和提高妇女儿童健康水平为目标，不断健全妇幼健康服务体系，全省妇幼健康事业得到快速发展，妇女儿童健康水平得到明显提升。2015 年，全省孕产妇死亡率下降至 21.68/10 万；全省婴儿死亡率为 7.80‰，低于全国平均水平（8.10‰）；5 岁以下儿童死亡率为 8.92‰，低于全国平均水平（10.70%）。

4. 重大疾病防治取得显著成效

（1）重大传染性疾病防治取得突出进展。2011～2015 年新报告 HIV/AIDS 呈缓慢上升趋势，但与 2007～2010 年相比上升幅度有所减缓，艾滋病疫情快速上升势头得到有力遏制。

四川省近年加强了对结核病患者的发现力度，2011～2014 年各年度发现并治疗管理的肺结核患者分别为 63170 例、60106 例、57501 例、53120 例，新发肺结核病例逐渐减少。

针对乙肝的流行，四川省实施了预防接种为主的综合防控策略。2010～2014 年，乙肝发病率和死亡率逐年下降，2014 年降至 47.72/10 万，死亡率下降至 0.03/10 万。

（2）重点寄生虫病得到有效控制。四川省积极开展综合防控措施防治寄生虫病。截至 2015 年，全省达到血吸虫病传播阻断标准，全省已经连续 10 年无当地感染的急性病例，5 年无当地感染的病人和病畜，连续 10 年未查出感染性钉螺；四川省自 2006 年启动包虫病防治项目以来，已经实现全省流行区防治工作的全面覆盖，病人检出率逐年降低，患者得到有效及时的治疗；全省于 2011 年起已经没有本地感染的疟疾病例。

（3）慢性病综合防控成效显著。近年来，四川省不断完善慢性病监测系统，进一步扩大了监测覆盖范围。将慢性病及其危险因素监测与营养监测整合，增加了营养监测内容。目前已成功创建国家级慢性病综合防控示范区 17 个（居全国第四位）、省级 34 个，有力推动了慢性病防控工作。

（4）严重精神障碍患者治疗与管理工作成效显著。目前，全省已完成省、市、县三级国家严重精神障碍信息管理系统（二期）的全面使用。近年来，四川省严重精神障碍管理治疗工作一直保持快速发展水平，严重精神障碍患者检出率逐年增长。截至 2015 年底，全省患者检出率达到 3.92‰，居全国第六。

（5）地方病达到消除水平。目前，全省保持碘缺乏病消除状态，大骨节病、克山病、跎子病等地方病基本达到消除标准，基本消除燃煤污染型地方性氟中毒的危害。

5. 健康促进工作与新时期爱国卫生工作深入开展

（1）健康促进工作取得一定成效。四川省自 2008 年启动全民健康生活方式行动，全面推进全省全民健康促进工作。截至 2015 年，四川省全民健康行动县区覆盖率达到 67%；此外，全省积极开展健康支持性环境、无烟环境创建等工作，截至 2015 年，共创建无烟环境 1342 个。

（2）新时期爱国卫生工作取得突破性进展。2015 年底，四川省农村卫生厕所普及率达 77.3%，高于西部平均水平。鼠、蚊、蝇、蟑螂“四害”密度持续控制在较低水平。“十二五”时期，12 个城市（县城）成功创建国家卫生城市（县城）；省级卫生城市实现全覆盖，泸州、广安、巴中等 13 个市实现省级卫生县城全覆盖。在创卫活动基础上，四川省积极加强健康城市和健康村镇建设工作，成都、巴中、广元、攀枝花、雅安进入 2015 年度健康城市行列。

四　公共卫生工作面临的挑战

1. 公共卫生服务供不应求

（1）公共卫生建设投入不足。当前，四川省公共卫生机构仍存在以下问题：一是公共卫生资源总量相对不足，质量有待提高；二是各机构间缺乏信息的联通共享，分工的合理性尚需完善；三是基层医疗卫生机构服务能力有待提高。

（2）公共卫生服务需求增加。随着新型城镇化进程的发展，流动人口规模日趋壮大，公共卫生服务需求将进一步扩大；由于人口老龄化、二孩政策全面实施，老年人群及妇幼人群对公共卫生服务量的需求急剧增加；另外，随着疾病谱的转变，慢性非传染性疾病已经成为居民健康的主要威胁，新发和传统传染病防治任务仍然繁重，加上各类突发公共卫生事件和自然灾害，全省公共卫生服务需求将进一步增加。

2. 人口数量仍需控制，人口老龄化进程加剧

四川省人口数量庞大，截至 2015 年，常住人口为 8204 万人，相关研究表明，四川省资源、环境所能承载的最大人口总量为9230万人，适度人口规模为6000万人。按照目前人口发展趋势，四川省人口规模已逼近上限。

2010年人口普查结果显示，四川省已进入老龄化社会，2015年四川省老龄化问题进一步突出，对全省养老服务保障水平和养老服务体系等工作带来了巨大考验。

3. 重点人群健康问题严峻

（1）妇幼人群健康服务有待加强。由于基层妇幼保健机构硬件设施不足，导致农村地区孕产妇和儿童死亡率降低缓慢，尤其是甘孜、阿坝、连山三大民族自治州和部分边远山区。此外，随着全面二孩政策的实施，省内高龄产妇比例增高，孕产妇死亡率、出生缺陷的发生率也出现增高的趋势。

（2）职业病防治体系有待健全。目前四川省职业病防治工作由卫生、安全监管等部门共同承担，但是由于各部门间缺乏有效的沟通，阻碍了当前职业病防治工作的开展。此外，用工单位职业病防治水平较低、职业病保险待遇落实率不高等问题也比较突出。以上问题说明四川省职业病防治体系有待进一步健全。

4. 重大疾病防治工作艰难

（1）重大传染性疾病防控工作仍然繁重。疫情态势分析显示，四川省的艾滋病感染率呈上升趋势，疫情正在从高危人群向一般人群扩散。结核、乙肝、麻风等传染病疫情虽有下降，但下降趋势缓慢，部分地区疫情依然严峻。相关数据显示，大众对各疾病的认识知晓率不高。

（2）慢性非传染性疾病成为主要的卫生问题。全省死因监测数据显示，2015年慢性非传染性疾病占总死亡的88.16%，已成为威胁居民健康的主要健康问题，这些疾病不仅对居民健康造成威胁，而且给家庭和社会造成沉重的经济负担。

5. 健康促进与健康环境建设有待加强

（1）居民健康素养水平有待提高。四川省居民健康生活方式覆盖率及居民健康素养总体水平均低于国家水平，且城乡、地区间存在较大差异，全省居民的整体素质还有待提高。此外，控烟工作面临各种难题，“医体结合”工作也很难开展，这也是影响全省居民健康素养水平的因素。

（2）“老少边穷”地区问题突出。四川省是我国“老少边穷”地区较为集中的省份，革命老区、民族聚集区、贫困山区占全省面积的81.8%，是四川贫困人口集中的区域，这些地区卫生问题较为突出，爱国卫生工作开展相对落后。此外，随着经济的发展，农村劳动力大量涌入城市，留守老年人和儿童这两个特殊的人群日益扩大，随之而来的问题也日益突出。

五　公共卫生工作发展策略

1. 公共卫生服务发展策略

（1）合理配置资源。健全公共卫生经费保障机制，在加大投入的基础上科学合理地配置现有资源：加强公共卫生机构建设，明确各机构的职能、目标和任务；加强人才队伍建设，可适当增加人员编制和工作人员待遇；完善公共卫生系统信息化建设，完善各机构之间的互联互通。

（2）推动基本公共卫生服务均等化。各级卫生计生、公安、民政、财政等部门要加强协作，健全基本公共卫生服务管理统筹协调机制，合力推进基本公共卫生服务均等化。关注流动人口健康教育、妇幼保健、预防接种、老年人保健等基本公共卫生服务落实情况，切实保障基本公共卫生服务均等化工作的开展。

2. 人口发展策略

（1）控制人口增长，调整人口结构。严格控制人口增长、有效调整人口结构仍是四川省人口和计划生育工作的首要策略。要全面贯彻现行计划生育政策，稳定当前低生育水平，严格控制人口增长；加强人口性别监测，有效调整人口结构。此外，还要合理引导人口转移，严控超大城市人口规模。

（2）积极应对人口老龄化。完善人口发展规划，坚持计划生育的基本国策，全面实施二孩政策，逐步调整人口年龄结构，减缓老龄化进程。此外，可以大力发展“医养融合”及“旅居养老”，逐步提高养老保障水平，积极营造良好的敬老氛围。

3. 重点人群公共卫生发展策略

（1）提高妇幼保健服务水平。各级政府要不断加强妇幼健康事业投入，合理配备人员、床位和设备，为妇女儿童健康服务提供坚实保障。重点促进民族地区、边远山区、流动人口孕产妇健康管理和住院分娩，降低孕产妇与婴儿死亡率。大力实施出生缺陷综合防治工程，降低出生缺陷发生率。

（2）完善职业病防治体系建设。职业病防治工作是一项系统工程，各部门间需要加强信息交流，全力协作，共同推进职业病防治工作的开展。此外，在健康中国的大背景下，要大力推进“健康企业”建设，切实保护从业人员生命安全健康。

4. 重大疾病防治策略

（1）坚持以控制传染源为主的综合防治策略。继续贯彻落实以控制传染源为主的综合性防治策略：一是加强患者的发现和治疗管理；二是强化民族地区、贫困地区及重点人群的疾病防治力度；三是加强疾病监测。对于艾滋病、乙肝等经血液和性传播的疾病，应主要做到：推广安全套使用、提高吸毒者干预覆盖面；推进母婴阻断工作，预防母婴传播；加大医疗机构安全采供血执法检查力度，预防医源性感染；加强宣教工作，避免认识误区，减少社会歧视。

（2）综合健康策略。对于慢性非传染性疾病而言：一是制定和倡导有利于健康的政策；二是综合控制危险因素，包括生活方式危险因素和生物危险因素；三是提供慢性病的临床预防性服务，包括筛查、咨询、疫苗接种和预防性用药；四是规范化治疗，促进康复和长期保健；五是开展监测与评估。

5. 健康促进与健康环境建设发展策略

（1）提高居民健康素养。进一步完善“以各级政府领导、多部门合作、全社会参与”的健康教育与健康促进工作机制。加强基层健康教育机构人员培训，优化人力资源配置。贯彻落实全民健康素养促进行动，扩大全民健康生活方式覆盖率，提高全省居民健康素养整体水平。推广“体医结合”，促进全民科学健身。积极履行 WHO《烟草控制框架公约》，落实有效控烟措施。

（2）继续深入开展城乡环境卫生整洁行动。为进一步改善城乡环境卫生面貌，应继续深入开展城乡环境卫生整洁行动，加强城乡生活垃圾和污水收集处理设施的运行和监管，提高农村生活饮用水卫生合格率，大力推进农村卫生厕所建设，规范开展病媒生物防治工作。重点关注“老少边穷”地区爱国卫生工作，增加当地的基础设施建设及产业发展投入，加大健康知识及爱国卫生文化普及力度。

参考文献

陈星宇、任兆昌、秦桂芬：《社会主义新农村建设与“空心村”问题探析》，《云南农业大学学报》（社会科学版）2013 年第 4 期。

曾永刚、王仲贵、黄进等：《四川省农村生活饮用水水质安全隐患及控制策略研究》，《成都大学学报》（自然科学版）2016 年第 2 期。

周力：《四川人口老龄化研究》，《现代经济信息》2014 年第 15 期。

全国爱委会：《关于开展健康城市健康村镇建设的指导意见》，2016。

四川省卫生和计划生育委员会：《关于〈四川省“十二五”医药卫生事业发展规划〉和〈四川省“十二五”人口发展规划〉实施情况终期总结评估报告》，2016。

四川省统计局：《四川统计年鉴》，中国统计出版社，2010～2015。

四川省统计局：《四川省 2000 年第 5 次全国人口普查主要数据公报》，2001。

四川省统计局：《四川省 2010 年第 6 次全国人口普查主要数据公报》，2011。

四川省统计局：《四川省 2015 年全国 1% 人口抽样调查主要数据公报》，2016。

四川省卫生和计划生育委员会妇幼健康服务处：《四川省妇幼卫生信息年度报告（2015 年度）》，2016。

四川省卫生和计划生育委员会：《四川省 2015 年妇幼健康事业报告》，2016。

四川省卫生和计划生育委员会妇幼健康服务处：《四川省妇幼保健机构资源与运营情况调查报告（2015 年度）》，2016。

四川省疾病预防控制中心：《四川省结核病“十二五”终期评估报告》，2015。

四川省卫生厅：《关于印发〈四川省消除麻风病危害规划（2011～2020）〉的通知》，2011。

四川省卫生和计划生育委员会：《四川省艾滋“十二五”评估技术报告》，2016。

四川省疾病预防控制中心：《四川省 15 岁以下人群乙肝监测项目总结》，2013。

四川省疾病预防控制中心：《关于印发 2015 年度全人群死因监测统计年报简析的通知》，2016。

四川省疾病预防控制中心：《2013 年四川省慢性病危险因素监测结果》，2014。

四川省疾病预防控制中心：《四川省血吸虫病疫情分析报告》，2011～2015。

四川省疾病预防控制中心：《四川省包虫病疫情分析报告》，2011～2015。

四川省疾病预防控制中心：《四川省疟疾疫情分析报告》，2011～2015。

四川省疾病预防控制中心：《四川省伤害监测工作总结和督导总结》，2012～2015。

四川省疾病预防控制中心：《四川省地方病防治“十二五”规划终期考核评估报告》，2015。

四川省卫生和计划生育监督执法总队：《四川省卫生和计划生育监督执法总队 2015 工作总结》，2015。

四川省卫计委：《四川省卫生计生事业“十三五”发展研究报告》，2015。

四川省疾控中心：《健康教育所工作总结》，2011～2015。

B.4
四川省户籍制度改革进程报告

刘宗英*

摘 要： 2014年发布的《国务院关于进一步推进户籍制度改革的意见》（以下简称《意见》）明确了在建制镇和小城市、中等城市、大城市，以及特大城市落户的户口迁移政策，同时确立了到2020年户籍制度改革的发展目标。四川省按照国务院《意见》的部署，结合地方实际，确立了有序推进农业转移人口市民化、基本建立新型户籍制度的总体目标，并进行了一系列卓有成效的探索。

关键词： 户籍制度 户籍制度改革 公共服务均等化

一 新中国现行户籍制度

（一）新中国户籍制度的历史选择

刚刚成立的新中国积贫积弱，内忧外困。1949年，全国工农业总产值466亿元，其中农业总产值占70%，支撑国家经济发展的重工业仅占7.9%。与此同时，以美国为首的西方国家不满中国的新政权，对中国的政治、经济进行全方位封锁。面对这样的国际国内环境，中国共产党的领导人选择了以重工业发展为先，带动整个工业化进程，实现经济发展的战略。然

* 刘宗英，四川省社会科学院社会学所助理研究员。

而，这种战略目标与当时经济发展水平下的资源禀赋特点及资源动员能力产生了矛盾。重工业不但需要巨额的、回报期长的资本，而且还需要大量的外汇进口机械设备，如果以市场经济作为资源配置手段，则无法满足重工业发展的需求，为此，当时的中国不得不通过行政手段，建立起一整套包括外贸外汇管理体制、金融管理体制、农产品统购统销制度、物资管理体制在内的资源计划配置制度，并通过低利率政策、低汇率政策、低工资和低能源、原材料价格政策等措施确保这些制度的有效运行，从而将农业剩余转移到工业循环中去。同时，一方面为了确保农村有足够的人力从事农业生产来支撑城市工业经济的发展，另一方面防止农民进城增加城市建设负担，政府不得不建立城乡分离的户籍制度及其他相关联的政策将广大农民束缚在农业和农村。这些城乡分割的制度是在当时复杂的国际国内背景下政策选择的结果。

（二）中国户籍制度的主要内容

中国现行户籍制度的形成经历了一个允许自由迁徙到实施转移控制的过程。自1951年公安部颁布《城市户口管理暂行条例》到1958年全国人民代表大会常务委员会通过《中华人民共和国户口登记条例》（以下简称《户口登记条例》），城乡有别的户籍制度正式确立，它与凭户口申请就业的就业制度、凭户口发粮油票证的粮油供应制度、凭户口取得社会福利的保障制度一起，构成中国的二元户籍制度体系。其主要的功能从最开始的治安管理转变并派生出确定公民的等级身份、限制人口流动和控制城市化进程、实施劳动力就业与福利分配计划等社会职能。

（三）《户口登记条例》的主要内容

从表面上看，统计人口数量、证明公民身份和维护社会秩序是颁布《户口登记条例》的主要目的。但其中关于“公民由农村迁往城市，必须持有劳动部门的录用证明，学校的录取证明，或者城市户口登记机关的准予迁入的证明，向常住地户口登记机关申请办理迁出手续”的说法，规定了实行居民转移的控制政策，对现行户籍制度产生了决定性影响。

户口转移控制政策包括户口转移审批制度和凭证落户制度两项基本制度。尽管各地的做法不一，但长期以来，办理户口转移、审批城市落户，一般实行三级审批制度，即市公安局负责审批由农村迁往城市的户口，县公安机关负责审批城镇或非农业人口迁往城市的户口，公安派出所负责办理国家已有明文规定，凭有关证明迁入的户口。户口转移需要取得转移证、准予迁入证明以及其他证件。学生凭大中专院校的录取证明，调动工作的干部、职工凭工作调动证明，新招职工凭劳动人事部门的录用证明才能办理落户手续。

（四）粮油供应制度

1953 年 11 月，中华人民共和国政务院发布了《粮食市场管理暂行办法》和《关于实行粮食的计划收购和计划供应的命令》，旨在加强粮食市场的管理和确保城市居民的供应口粮，使农村人口在城市几乎不可能取得口粮。在实践两年之后，国务院于 1955 年 8 月发布《市镇粮食定量供应暂行办法》和《农村粮食统购统销暂行办法》，对定产、定购和定销事宜以及城市居民的粮食供应办法做出规定，农业人口吃自产粮，非农业人口实行口粮分等定量。1957 年 12 月，中共中央和国务院联合发出指示，要求粮食部门不得供应粮食给没有城市户口的人员。到此，粮食供应完全与户口挂钩的粮食供应制度就全部确立了。

（五）就业制度

早在 1952 年，当时的政务院就做出了《关于就业问题的决定》，要求农村发展多种经营，兴修水利、道路等，设法使农村剩余劳动力在生产上发挥作用，一定要克服盲目流入城市。1953 年 4 月和 1954 年 3 月，政务院再次发布劝阻农民盲目流入城市的指示。1954 年 10 月，国务院公布《复员建设军人安置暂行办法》，规定家在农村的复员军人原则上从事农业生产和回原籍安置。随后，1955 年 4 月、1956 年 8 月、1957 年 12 月，中共中央和国务院都强调不准从乡村中招工，城市中用工实在不足，才可以从农村中招用。通过这一系列规定，我国确立起了凭户口安排就业的就业制度，农业户籍人口被彻底排斥在城市就业大门之外。

（六）城市的社会福利保障制度

新中国的城市社会保障福利制度始于1951年2月26日发布、1953年1月2日再次修正发布的《中华人民共和国劳动保险条例》。条例对城市国有企业职工享有的劳保待遇作了详细规定。此后，大多数城市集体企业也参照国有企业的办法实行劳保。国家机关和事业单位工作人员的劳保以病假、生育、退休、死亡等单项规定的形式逐步确立完善。除了上述在职人员享有的劳保待遇外，50年代形成的城市社会福利保障制度还保证城市人口能享受到名目繁多的补贴与待遇，如在业人员只需要缴纳象征性的房租就可享有公住房。

由于公民不能自由迁徙和择业，农业户籍人口就被排斥在了城市大门之外，农民也因此被封锁在城市社会福利保障制度之外。户口成为城市社会福利制度的分割线。

（七）中国户籍制度的演进

1. 城乡二元户籍制度的强化时期

1958～1980年是我国城乡二元户籍制度不断强化的时期，这个时期最大的特点就是严格限制农民向城市转移。1958年下半年，因中国“大跃进”进入高潮阶段，很多农村户口的人搭上招工的“船”进入了城市。然而，1959～1961年中国陷入“三年困难时期”，中央接连发出指示禁止农村劳动力流入城市。1961年6月，中共中央出台了《关于减少城镇人口和压缩城镇粮销量的九条办法》，要求在三年内减少2000万以上的城镇人口。1961～1963年，全国精减职工1800万人，压缩城市人口2600万人，其中刚进城不久的城市新市民成为主要的精减对象。

从1963年开始，公安部把是否吃国家计划供应的商品粮作为人口统计中划分户口性质的标准。吃国家供应粮的户叫作“非农业户口”。反之，则是农业户口。1977年，国务院在批转的《公安部关于处理户口转移的规定》中第一次提出了“农转非”的概念和具体政策。此后，为了落实这一规定，公安部给全国各省、自治区、直辖市下达了“农转非”的控制指标，每年不得超过非农业人口数的1.5‰。从这以后，中国确立起了对“农转非”实行政策控制加指标控制的双重控制管理体制。

20世纪六七十年代，中国城乡分割的二元户籍制度逐渐形成和完备，二元社会结构逐步显现并固化。一直到80年代，中国户籍管理的基本方针仍然是控制大城市规模，合理发展中小城市，严格控制“农转非”。城乡分割的二元户籍制度没有发生根本性变化。

2. 二元户籍制度的改革探索时期

改革开放以后，户籍制度的掣肘越来越凸显，中国政府逐步对户口政策进行了必要的调整和改革。

（1）允许农民自带口粮进入集镇落户。1980年以后，国家逐渐放宽了“农转非”政策。1984年10月，国务院做出中国户籍制度改革的第一个规范性的政策规定——《关于农民进入集镇落户问题的通知》。通知中明确了农民可以自带口粮到集镇落户，除不吃国家粮以外，与集镇居民享有同等权利，履行同等义务。至此，几十年来铁板一块的二元户籍制度终于打开了一个缺口。此后，中国政府出台了多项政策，对流动人口实行《寄住证》《暂住证》和旅客住宿登记证相结合的管理办法。1985年9月实施的《中华人民共和国居民身份证条例》，为现代化的人口管理体制打下了基础。

（2）允许农民附条件进入小城镇落户。此后虽然国家又出台过多次文件，制止“农转非”过快增长，然而改革的潮流终究势不可当。1992年，商品粮供应制度解体、农村家庭联产承包责任制实行、城市非正规部门劳动就业制度改革，将农民束缚在土地上的枷锁层层解开。1993年，由于中央重视发展小城镇，户籍制度改革由全面改革转变为以小城镇户籍制度改革为重点。1997年，国务院正式出台《小城镇户籍管理制度改革试点方案》。与1984年的政策比，该方案明确规定了农民可以进入包括县级市和建制镇在内的小城镇，而不仅仅是以前的建制镇和其他集镇。但是，该文件也在制度上对农民进城做了一些限制，比如，农民可以进入的只是小城市；农民进入小城镇必须购买商品房或有合法的自建房；农民必须无偿将承包地和自留地上交才能办理小城镇落户手续。这些规定增加了农民进城的风险，客观上打击了农民进城的积极性。

（3）部分城镇地区农民可自愿落户。2000 年 6 月，中国政府出台的《关于促进小城镇健康发展的若干意见》规定，“从 2000 年起，凡在县级市区、县人民政府驻地镇及县以下小城镇有合法固定住所、固定职业或生活来源的农民，均可根据本人意愿转为城镇户口，并在子女入学、参军、就业等方面享受与城镇居民同等待遇，不得实行歧视性政策”。当年，浙江省在全国率先取消了地市级以下城市进城指标和“农转非”指标，这标志着中国户籍制度改革向前迈出了实质性的一步。但由于户籍制度上附着了多项极为重要的社会功能，如就业、就学、社会保障、住房分配等，使中国的户籍制度改革步履维艰，甚至一度停滞不前。

（八）城乡二元户籍制度改革的攻坚时期

粮油供应制度改革后，附加在城乡二元户籍制度之上的主要有人口登记管理，就业管理、社会服务（社会保障、社会救助和公共服务体系）。2006 年，国务院出台的《关于解决农民工问题的若干意见》基本解决了不同户籍的劳动力公平就业问题，户籍制度剩下了最难啃的骨头——将社会保护体系从户籍制度上剥离下来，还户籍制度人口登记与管理的基本功能。

由于解决社会保护问题给各地带来的巨大的财政压力以及其他一些错综复杂的因素，全国性的统一规范的改革方案难以出台。户籍制度到底如何改，一些在回应社会各界强烈的呼声中积极探索，产生了几种比较有代表性的模式，比如，以郑州“一元制”户口为代表的全面放开模式，以北京、上海为代表的人才引进模式，以中山为代表的积分入户模式，以成都为代表的城乡统筹模式。然而，这些探索性的改革惠及的对象有限，新一轮的全国性改革仍然势在必行。

2013 年，中央做出《中共中央关于全面深化改革若干重大问题的决定》，确定要加快户籍制度改革，实施有差别的落户政策。2014 年，国务院发布《关于进一步推进户籍制度改革的意见》，明确提出要以建立城乡统一的户籍管理制度为目标，到 2020 年，努力实现 1 亿左右的农业转移人口和其他常住人口在城镇落户。在新一轮政策的激励与指引下，一度停滞不前的户籍制度改革又被提上议事日程。以下主要介绍四川近年来在户籍制度改革上所做的探索。

二　四川省近年来的户籍制度改革探索

根据国务院《关于进一步推进户籍制度改革的意见》的总体部署，《四川省进一步推进户籍制度改革实施方案》于 2014 年 11 月 22 日出台，要求全面推行居住证、全面放开除成都市以外其余市州在城镇落户的限制，逐步推进农业转移人口市民化，稳步推进全省城镇基本公共服务对全部常住人口的覆盖。2016 年，四川省建立了包含省公安厅、民政厅、教育厅、财政厅等部门在内的四川省户籍制度改革工作联席会议制度，统筹协调全省户籍制度改革工作；同时，对八类无户人员进行清理、核实，全面落实无户籍人员户口登记制度。

（一）改进入户政策

1. 成都市的入户政策

全国第六次人口普查数据显示，成都市有常住人口 1407.76 万人，户籍人口 1142.7 万人，主城区常住人口 529.54 万人。根据国务院 2014 年出台的《关于调整城市规模划分标准的通知》精神，拥有 500 万以上 1000 万以下城区常住人口的城市为特大城市。按照这个标准，成都市已迈入特大城市行列，将根据城市的综合承载能力和经济发展需要来严格控制人口规模，以流动人口对城市的贡献和对城市的“黏度”为标准，实行“积分入户”制度，以科学合理的制度保障流动人口的入户权利。

2. 省内其他大中小城市的入户政策

除成都市以外，四川省内的其他城市和建制镇落户政策全面放开。凡在本地有合法稳定住所（含租赁房屋）的外来人员，本人及其共同居住生活的配偶、未成年子女、父母等，均可在当地申请登记落户。2016 年 8 月，四川省政府办公厅发布《关于加强和规范人口登记管理工作的通知》，要求全省各地 2016 年底前要细化户籍制度改革方案和相关配套措施，确保除成都市外，进城落户“零门槛”、公共服务同保障；同时着力优先解决农村升学和参军进入城镇的人口、在城镇就业居住满 5 年以上举家迁徙的农业转移人口以及新生代农民工群体在城镇中的落户问题。切实鼓励已经在城镇购房的农业人口办理户口迁移，并可在条件允许的情况下根据购房价格给予一定的落户补助；鼓励普通高等学校、中等职业教育学校的学生将户口迁入学校所在的城镇居民集体户；全面放开符合条件的技术工人、职业院校毕业生、高校毕业生、留学归国人员落户城镇的限制。

（二）创新户籍管理制度

1. 建立城乡统一的户籍登记制度

新的人口管理制度取消了以前农业户口与非农业户口性质的区分，统一登记为居民户口；并要求建立与统一城乡户口登记制度相适应的教育、就业、社会保障、卫生计生、住房、土地及人口统计制度。

2. 建立居住证制度

从 2011 年 1 月 1 日起，成都市就正式废除了暂住证制度，全面施行居住证制度，为四川省全面推行居住证制度奠定了基础。《四川省进一步推进户籍制度改革实施方案》进一步将居住证制度在全川推行，明确规定，公民如果离开常住户口所在地到其他市（州）居住半年以上，可在居住地申领居住证，并享有与当地户籍人口同等的基本公共教育、基本医疗卫生服务、劳动就业等基本权利。

3. 健全人口信息管理

为建立和健全实际居住人口的信息登记制度，2014 年 10 月 1 日

《四川省流动人口信息登记办法》正式施行，随后《四川省流动人口服务管理条例》出台。2015 年 4 月 10 日，四川省人民政府发布《关于进一步做好为农民工服务工作的实施意见》，2015 年 8 月，四川省人民政府发布《关于建立四川省户籍制度改革工作联席会议制度的通知》，2016 年 8 月四川省人民政府又发布《关于加强和规范人口登记管理工作的通知》。这一系列政策，旨在推进以公民身份证号码为唯一标识的覆盖全部实有人口的国家人口基础信息库建设，逐步整合和共享跨部门、跨地区的人口信息，为制定人口发展战略和公共政策等提供决策信息支撑。

（三）四川省农业转移人口权益保障制度

1. 完善农村产权制度

清晰的产权制度是推进城乡二元户籍改革的基础要件。早在成都市探索城乡统筹模式时就实行城乡居民的迁徙与财产权脱钩，农民不因转户进城而丧失农村的财产权。现阶段，四川户籍制度改革一方面依然强调不得以“退出宅基地使用权、土地承包经营权、集体收益分配权”作为农民进城落户的条件，另一方面又加快推进农村土地确权、登记、颁证工作，为户籍制度改革打下基础。四川省是全国首批 3 个农村土地承包经营权确权登记整体推进试点之一，到 2016 年底全省完成 90% 以上土地等农村集体资源性资产确权登记颁证、经营性资产折股量化，预计 2019 年全部完成。此外，四川省 2015 年 6 月 15 日出台《关于全省农村产权流转交易市场体系建设的指导意见》，提出建立省本级、具备条件的市州、县市区、乡镇等农村产权流转四级交易平台，可对农村承包土地经营权、林权、“四荒”使用权、农村集体经营性资产、农业知识产权等进行交易。截至 2015 年底，四川省已建立农村产权流转交易市级平台 8 个，县级平台 118 个，累计交易额762 亿元。

2. 扩大基本公共服务覆盖面

（1）教育。四川省明确要求把随迁子女义务教育纳入各级政府教育发展规划和财政保障范畴，逐步落实随迁子女在流入地接受普惠性学前教育、中等职业教育免学费等措施，确保农民工随迁子女平等享有各项教育权利。目前，四川省所有公办学校都要求对农民工随迁子女开放，并要稳步提高接收比例，不能将农民工随迁子女限定在少数学校。

（2）就业。2014 年 8 月 1 日，四川省人力资源和社会保障厅发布了《四川省就业和失业登记办法》和《四川省就业失业登记证管理办法》，明确规定四川省城镇劳动者、农村进城务工人员、土地（林地）被依法征用或流转的农村劳动者和其他非本地户籍常住人员进行就业登记和失业登记可按相关规定享受公共就业服务、就业扶持政策和申领失业保险待遇。2015 年 8 月，四川省政府公布首个专门扶持农民工创业的政策——《关于支持农民工和农民企业家返乡创业的实施意见》，为农民工提供创业辅导、科技服务和政策扶持等，帮助他们借力“互联网 +”发展现代商业，将本地产品与外地市场有效对接。

（3）住房。四川省从 2013 年开始实施“农民工住房保障行动”，规定公租房的 30% 必须定向供应给农民工。2015 年 1 月，四川省《加强农民工住房保障工作指导意见》出台，规定除继续实施“农民工住房保障行动”外，还提出逐步消除户籍差别，使农民工可按照城镇本地户籍居民同等准入条件、同等审核流程、同等保障标准申请享受同品质的住房保障；按市场租金的 50% 左右向农民工供应公共租赁住房，落实农民工住房公积金制度等多种途径保障农民工住房需求。截至 2015 年底，四川已向 20 万农民工提供公共租赁住房 6 万余套。

（4）医疗和养老保障。2016 年，四川省继续推进养老保险和医疗保险改革，将全部农业转移人口和其他常住人口纳入社区基本医疗卫生服务体系；把所有进城落户农村人口纳入城镇社会保障体系，规范转接在农村参加的养老保险和医疗保险，完善并落实医疗保险关系转移接续和异地就医结算办法，建立城乡统一的医疗救助体系。加快实施统一的城乡居民基本养老保险制度，建立覆盖城乡的社会养老服务体系，努力实现基本养老服务均等化。

3. 加强基本公共服务财力保障

户籍制度改革的困难之一，就是实施公共服务均等化所需的资金。目前，四川省正在逐步完善保障基本公共服务均等化的公共财政体系，逐渐理顺财权和事权的匹配关系，省、市、县三级政府按照事权归属分别承担相应的支出责任，同时，加大财力均衡力度，保障地方政府提供基本公共服务的财力。

三　对四川省户籍制度改革的一点思考

当前，在中央顶层设计的指引下，四川的户籍制度改革已经找到正确的方向。然而，要实现全部人口公共服务均等化，还有很长的路要走。

（一）建立成本分担机制

四川省地处我国西南腹地，经济发展相对滞后。近年来，随着我国经济结构调整，经济增速减缓，各地财政收入增速也跟着放缓。2015 年的统计数据显示，广东省地方一般公共预算收入 9364.76 亿元，而四川省地方一般公共预算收入为 3329.1 亿元，仅为广东省的 35.55%。再加之经济发展的累积效应，两地的差距更大。然而据成都市有关部门测算，城镇人口每增加一人，每年仅社保成本就是 0.84 万元，预计“十三五”期间，每年将有 100 万人进城落户。如果全部由地方政府解决外来人口的问题，势必给当地政府带来巨大的财政压力。为此，要实现农业转移人口公共服务均等化，需要建立中央、省级政府、地方政府、就业单位及个人的成本分摊机制，且中央应该给予西部经济滞后地区更多的财政支持。

（二）对农业转移人口赋权增能

随着户籍制度改革的深入，城市“门槛”的降低，越来越多的农业转移人口来到城市。然而，这其中有很大一部分农民工由于低学历、低技能，无法实现稳定就业。为了帮助他们在城市中站稳脚跟，避免他们沦为城市的底层或边缘群体，相关部门和组织有必要为他们赋权增能，提升他们的职业技能和公民素养，使他们顺利融入城市，成为“无差异”市民。

（三）通过产业发展引导农业转移人口到大中小城市入户

目前，除成都市以外，四川省内的大中小城市和建制镇已基本放开入户限制。再加之随着农村产权制度的完善，农民的土地承包经营权、宅基地使用权、集体收益分配权得到保障，基本可以实现由人口流动决定户口迁徙。在人口自由流动、劳动力充分竞争的市场中，市场将有效驱动农村剩余劳动力转移。由于大中小城市在产业集聚上缺乏吸引力，因此，需要由政府主导，对城市发展进行谋篇布局，以集聚人才，兴盛产业，从而为农业转移人才创造出更多的就业机会，以此吸附更多的农业转移人口到大中小城市落户。

值得注意的是，对承载农业转移人口的地域应做好规划。90 年代，一些地方的小城镇盲目上项目，由于远离大城市，产业发展不具竞争力，公共服务不具规模效应，致使很多乡镇企业倒闭，资源遭到浪费。笔者以为，城市群或产业链可以增强企业的风险防控能力，可以为农业转移人口提供稳定的就业岗位。在推进户籍制度改革的进程中，应该增强人口流向的预见性，做出合理的引导。

参考文献

殷志静、郁奇虹：《中国户籍制度改革》，中国政法大学出版社，1996。

蔡昉、都阳、王美艳：《劳动力流动的政治经济学》，上海人民出版社，2003。

金鑫、徐晓萍：《中国问题报告》，中国社会科学出版社，2000。

李伟：《户籍制度改革研究综述》，《经济研究参考》2015 年第 66 期。

别红暄：《当代中国户籍制度研究综述》，《北京工业大学学报》（社会科学版）2014 年 2 月。

宋嘉革：《中国户籍制度改革与农村人口城市化转移》，东北财经大学博士学位论文，2006年12月。

《国务院关于进一步推进户籍制度改革的意见》，国发〔2014〕25号。

《四川省进一步推进户籍制度改革实施方案》，川府发〔2014〕70号。

《成都户籍制度改革的调研报告》，中国城市和小城镇发展网，2011年1月。

B.5

成都养老保险应对人口老龄化的实践

刘 锋　王德平　向 征*

摘　要：　按照建设国家中心城市对社会保障工作的内在要求，紧扣市委、市政府中心工作部署，以应对人口老龄化为着力方位，以增强公平性、适应流动性、保证可持续性为工作重点，以增进民生福祉为总体目标，遵循社会养老保险的基本原则和发展规律。建立健全更加公平更可持续的社会养老保险制度体系、提升结构优化权益自主的社会养老保险参保质量、加快建设便捷可及高效惠民的社会保险现代治理体系。加快建设覆盖城乡全体居民、权利义务更加公平、更加可持续的社会保险制度体系，推进社会保险治理体系和治理能力现代化迈出坚实步伐。

关键词：　人口老龄化　养老保险　成都实践

成都市是四川省省会城市，是国务院确立的西部经济中心、科技中心、文创中心、对外交往中心和综合交通枢纽，先后获批国家全面创新改革试验区、国家创新型城市试点、国家自主创新示范区、内陆自贸区，连续四年蝉联“中国最具幸福感城市”榜首。全市辖20个区（市）县和国家级成都高新技术产业开发区、国家级成都经济技术开发区、四川天府新区成都直管区，土地面积1.43万平方公里。2015年末，全市常住人口1442.75万人，其中户籍人口1210.74万人，地区生产总值达到10056.59亿元，全口径财政收入达到3096.19亿元，

* 刘锋、王德平、向征，成都市人力资源和社会保障局。

城镇居民人均可支配收入达到32665元，农村居民人均纯收入达到14478元。

随着成都市经济社会的快速发展，人口老龄化程度也进一步加剧。2015年末，全市60周岁及以上人口达到259.88万人，占户籍人口的比例达到21.46%，致使社会养老保险抚养比逐年下降，基金收支矛盾日趋突出，经办服务的压力愈加显现。面对人口老龄化对社会养老保险带来的挑战，近年来，我们按照建设国家中心城市对社会保障工作的内在要求，紧扣市委、市政府中心工作部署，以应对人口老龄化为着力方位，以增强公平性、适应流动性、保证可持续性为工作重点，以增进民生福祉为总体目标，遵循社会养老保险的基本原则和发展规律，坚持深化改革与创新发展并举、制度建设与经办管理并重、公平正义与共创共享并行，加快建设覆盖城乡全体居民、权利义务更加公平、参保身份转化更加便利、社保关系转接更加便捷、保障水平与经济社会发展相适应、制度运行更可持续的社会养老保险体系，优化政策制度、创新体制机制、推进现代治理，全市初步建成以应对人口老龄化的社会养老保险制度体系，基本实现法定人员参保全覆盖、基金可持续保障能力稳步提升、养老保障水平与经济发展水平同步提升的格局，社会保险治理体系和治理能力现代化迈出坚实步伐。

一　建立健全更加公平更可持续的社会养老保险制度体系

养老保险应对人口老龄化，制度建设是根本。普惠和互助共济是养老保险制度的核心内涵，不分身份参加同一制度的养老保险、实现参保人群集约化是更加公平更可持续的本质要求，必须遵循“共享发展”理念。近年来，我们按照国家养老保险制度架构，着眼缩小养老保险权益的地区、城乡、群体差异，结合全市经济社会承载能力，在全面实现社会养老保险制度城乡全覆盖、实现全市城乡劳动者不分城乡、户籍身份人人享有养老保险的基础上，积极推进城乡社会养老保险制度整合并轨，初步建成城乡全覆盖的城镇职工和城乡居民两大养老保险制度体系。

一方面，保障城镇从业人员养老保险权利均等。在着力完善城镇职工社会保险制度的基础上，优化被征地农民社会保险办法，将年满16周岁以上的被征地农民全部纳入城镇职工社会保险体系；实施农民工综合社会保险并轨接续政策，将近百万农民工整体纳入城镇职工社会保险体系。总体实现了全域成都就业群体不分户籍、身份，均等享有城镇社会保险权利。

另一方面，保障城乡居民养老保险权利均等。参照城镇职工养老保险制度架构，按照社会统筹与个人账户相结合的制度模式，协调财政加大补贴力度，采取既补缴费“入口”又补待遇“出口”的政府补贴政策，将新型农村社会养老保险与城镇居民养老保险有机整合，实施全市统一的城乡居民养老保险制度，并于2015年实现市级统筹。

二　稳步提升结构优化权益自主的社会养老保险参保质量

养老保险应对人口老龄化，参保质量及权益实现是关键。参保结构和待遇水平是参保质量的基本体现，实现养老保险权益的最大化是优化参保结构、提升参保质量的落脚点，必须赋予全体城乡居民充分的养老保险制度选择权。近年来，我们立足丰富参保权利的内涵，进而实现权利充分向权益落地的发展提升，坚持以增强公平性、适应流动性、保证可持续性为重点，着眼经济社会发展水平和养老保险基金可承载能力，优化完善养老保险运行机制，基本实现法定人员养老保险参保全覆盖、养老保障水平与经济发展水平同步提升。截至2016年9月末，全市城乡基本养老保险参保规模突破1030.42万人，城乡居民养老保险参保覆盖率达97%。目前，全市企业退休人员月人均养老金2807元、城乡居民养老保险参保缴费待遇领取人员月人均养老金403元。“十二五”期间，全市城镇职工基本养老保险参保人数年均增长率超过同期全市城镇从业人员年均增长率5.2个百分点，参保结构不断优化；全市城镇职工基本养老保险基金征缴收入年均增长率分别超过同期全市GDP、职工平均工资年均增长率1.5个和2.2个百分点，当期收入年均增长率超过同期全市城镇居民人均可支配收入年均增长率6.7个百分点，基金可持续保障能力稳步提升。

（1）创建城乡居民养老保险待遇正常增长机制。从2013年起，城乡居民养老保险待遇调整依据在岗职工平均工资增长率、城镇居民人均可支配收入增长率和农民人均纯收入增长率以及物价指数等因素，兼顾社保基金承受能力，每两年调增一次，从机制上弥补了城乡居民养老保险待遇正常增长的短板。

（2）创新城乡养老保险关系转移接续机制。出台城乡养老保险关系转移接续政策，在落实国家"账户划转"转接办法的基础上，采取"换算"或"补差"两种方式，打通城乡居民与城镇职工养老保险无缝适时转移接续通道，实现城乡养老保险制度间"身份变，制度随"的自由转移接续，保障频繁往返于农村和城市之间农村劳动力的社保权益。同时，打开城乡居民参加城镇职工养老保险窗口，城乡居民根据自身经济承受能力，可以灵活就业者身份自主选择参加城镇职工养老保险或城乡居民养老保险。

（3）健全养老保险制度运行配套机制。一是健全精算机制。利用全市社会保险信息系统统一、数据高度集中、基金管理一体等优势，运用大数据技术，坚持按年度开展贯穿参保征集、关系转接、待遇计发、基金运行等精算平衡和分析研判，为优化社会保险制度提供决策参考，推动精确管理，促进扩面提质。二是健全"兜底"机制。先后建立农村居民使用耕地保护基金参保、城乡低收入人员通过银行贷款参保和政府资助残疾人、城乡特困群众、低保对象等特殊人员参保缴费制度，保障弱势群体社会保障权益。

三　加快建设便捷可及高效惠民的社会保险现代治理体系

养老保险应对人口老龄化，经办服务能力是支撑。经办服务处于整个社会保险工作的最前沿，是社会保险由制度权利转化为现实权益的关键环节，是城乡群众社会保险获得感幸福感的直接体现，必须紧扣基本公共服务均等化的内涵外延，加快推进现代治理。近年来，我们着眼参保群众多元化服务需求，紧跟时代发展，充分运用现代信息技术，按照实体服务大厅、网上服务大厅“二位一体”建设思路，拓展“互联网＋”等现代信息技术在社保经办领域的应用，构建更加统一规范、更加便民快捷的社会保险经办服务体系，推动实现社会保险治理体系和治理能力现代化。目前，社保经办业务风险防控和实时在线监控、社保决策分析信息系统在全市上线运行，实现了社保经办权力运行透明化、预警处置实时化、流程管理精细化、分析评估智能化；社保决策实现多维度分析、多主题分析和全域分析、趋势分析。

一方面，深化业务经办下延。建立健全“一站式”实体服务大厅，深化社会保险“五险合一”统一征缴服务，将与城乡群众关系比较密切、基金安全可控的33项社保基础服务项目下延至全市3435个街道（乡镇）、社区（村）的就业社保经办服务窗口。打造“15分钟社保便民服务圈”：城市社区、涉农社区和农民集中居住区，以步行约15分钟距离确定服务半径；农村行政村，以自行车骑行约15分钟距离确定服务半径；偏远山区，以机动车辆行驶约15分钟确定服务半径，全市统一的、覆盖城乡的社保公共服务格局基本建成。

另一方面，推进“智慧社保”建设。着力推进社保业务“网上经办”和“指尖移动服务”网上服务大厅建设，打造“数字化经办，零距离服务”模式。进一步拓展“成都社保网上经办系统”，全市社保业务网上经办服务项目达到100项；建立“全市通验”的离退休人员养老保险待遇领取资格核查系统并与省级社保联网认证系统对接，“成都社保”政务微博、“成都社保网上电子证明”、“成都社保”微信公众号相继上线运行，服务对象全覆盖、服务时段全天候的社保经办服务体系基本形成。

下一步，在人社部、社保学会、省人社厅指导下，我们将认真按照高标准全面建成小康社会的内在要求，围绕成都建设国家中心城市，加快建设覆盖城乡全体居民、权利义务更加公平、更加可持续的社会保障体系，全面实施全民参保计划，建立健全参保缴费激励约束机制和待遇调整机制，强力推进以“一制五化多平台”（综合柜员制、网厅一体化、业务档案一体化、业务财务一体化、信息服务多样化、运行监控适时化、人工服务“实体平台”、自助服务“网络平台”）为核心的社保经办管理服务现代治理体系建设，以适应人口老龄化对社会养老保险体制、机制、制度和运行的要求。

B.6
营造温暖温情温和的社区生命共同体

江　维*

摘　要： 将社区营造作为推进社区治理体系和治理能力现代化，纳入全面深化改革的总体部署是社会建设的新阶段。它不仅仅只局限于理论研究领域，也进入了各地探索实践社会发展和治理的视野。20世纪90年代以来，经历了从社区服务、社区建设、社区管理到社区治理若干阶段。实现这个转变关键在于政府承担起为百姓提供基本公共服务的职责，同时转变"全能政府"的理念，把属于居民自治的权力和空间让渡出来。成都大力推进社区营造，旨在通过政府的政策倡导，把社会和政府资源相互整合，结合民间自发性力量，统筹发挥政府、社会、居民的作用，提升社区治理水平，将城乡社区建设成为具有共同情感联结、共同社区意识、共同行为规范的地域生活共同体。

关键词： 社区营造　生命共同体　社区治理

我国20世纪90年代开展社区建设以来，由倡导社区服务开始，经历了社区服务、社区建设、社区管理到社区治理若干阶段。二十多年来，社区由无到有，由弱渐强，成为社会治理的基本单元，在基层社会发挥了服务居民、维护稳定等重要作用。然而，近十年来，社区的行政化倾向越来越严

* 江维，四川省成都市民政局政权处。

重，社区成为行政力量的末梢，居委会整天疲于应对层出不穷的上级要求，无力发挥基层群众自治组织动员居民自我管理、自我服务、自我教育、自我监督的自治功能，居民自治流于形式，成为摆设。这一痼疾的直接后果，是作为居民群众自治组织的居委会大多只会完成上级布置的任务和规定动作，不懂得如何组织居民动员居民，不明白居民才是社区的主体，居民有权利有能力自发组织起来解决社区的问题。在这样的现实情境之下，居民之间冷漠疏离，对社区事务不关心不参与，遇到问题就秉持"会哭的娃儿有奶吃"的巨婴理念责怪政府不负责不作为，要求政府为所有的事务埋单，完全没有作为理性成年人应当有的责任意识承担精神。究其原因，过去几十年的"全能政府"让老百姓养成了"等靠要"的习惯，居民缺乏自主意识自治能力，是当下社区困境的根源。

要扭转这一困境，前提是政社各归其位，政府的归政府，自治的归自治，政府承担起为百姓提供基本公共服务的职责，同时转变"全能政府"的理念，把属于居民自治的权利和空间让渡出来，大力对社区赋能，提供充足的资源支持，作为自治组织的社区才有条件把精力投入到以人为目的的社区发展中去。这一逻辑正在成为各地创新基层治理的共识，前有成都市锦江区在八年前就开始的以转变街道办事处职能为核心的基层治理机制改革，后有南京市的街道中心化改革和2015年上海"1+6"文件创新基层社会治理的系列制度，各地改革的核心要义都是在政社归位的基础上实现政府治理、社会自我调节和居民自治的有效衔接和良性互动。

居民是社区的主人，进行公民意识教育，提高社区的文化认同，建构可持续的社区生态，使社区成为人与人之间真实而温暖的联结、人与人相互信任、主动参与、勇于承担、互助友善的生活场域，使社区建成出入相友、守望相助、邻里相亲、疾病相扶的生命共同体，是每一个社区发展的终极目标。这样的以人为目的的社区发展，也称社区营造。将推进社区治理体系和治理能力现代化纳入全面深化改革的总体部署，迫切需要进一步学习借鉴包括台湾社区营造经验在内的各种经验。由此开始，社区营造已不仅仅只局限于理论研究领域，也进入了各地探索实践社会发展和治理的视野。

一 社区营造的概念、发展和本质

“社区营造”存在多种解读，维基百科给出的定义是：“居住在同一地理范围内的居民，持续以集体的行动来处理其共同面对社区的生活议题，解决问题同时也创造共同的生活福祉，逐渐地，居民彼此之间以及居民与社区环境之间建立起紧密的社会联系，此一过程即称为社区营造。”罗家德教授认为，“社区营造就是要政府诱导、民间自发、NGO 帮扶，是社区自组织、自治理、自发展，帮助解决社会福利、经济发展、社会和谐的问题。在这个过程中提升社区的集体社会资本，达到社区自治理的目的”。罗观翠教授认为，“社区营造最基本的理念是参与式的社区规划，强调由下而上的发展模式，由居民自己提出需要，指出社区应有的设施、经济和社会活动模式以及如何发展本土文化、社会关系、经济、人文素养等，最终目的是社会环境的保护和培育，促进居民与环境的和谐关系以及社会和民族的可持续发展”。尽管给出的定义不同，但社区营造的基本内涵至少有以下五点获得普遍认同：居民主动参与，共同文化凝聚，人与环境建立良好互动关系，邻里互助，以及社区资源的整合利用，其最终落脚点是要让居民与社区成为生命共同体。

社区营造最早发生在 20 世纪 20 年代的英国，名为“社区建筑”运动。20 世纪 30 年代美国推出名为“社区设计”运动，其本质就是重新找回人与人的关系。1957 年日本第一次提出了类似“社区营造”概念的“造町运动”：以地域资源为基础，以民众参与为途径，通过对生活环境施加主动渐进的改善，以提高市民生活品质而展开的一系列持续性的活动。千叶大学教授宫崎清主张将社区营造的议题区分为“人”“文”“地”“产”“景”五大类。简言之，就是从满足社区居民的需求、提高生活福利，开展文艺活动，发展社区历史文化，进行市民教育，保护自然环境和社区环境，促进社区的产业与经济活动以及营造社区公共空间、生活环境和独特景观等方面入手，进行一系列持续的营造活动。

韩国社区营造起步于20世纪60年代，从开始的政府主导，发展到居民主导。2000年10月韩国制定并公布了《地方行政体制改编特别法》，强化基层的自治职能，将韩国社区营造事业推向高潮。随后，韩国政府开展了以终身学习城市建设为主要政策的社区营造活动。2014年，韩国全国227个基层自治单位有一半以上被指定为终身学习城市，逐渐兴起具有特色的由居民资助而非政府资助发起的社区营造活动。终身学习计划不仅提升了社区居民参与意识和自治意识，而且社区营造的主体真正由行政主导发展为居民自主，居民的公共精神由此进一步成熟。

台湾社区营造起源于20世纪90年代。1994年，台湾“行政院文化建设委员会”提出“社区文化活动发展计划”与“社区总体营造计划”，企望经由社区文化发展，凝聚社区共识、改善社区环境，转型社区文化，建立民众社区意识和社区归属。

社区营造，核心理念是要有一群人愿意为社区的公共事务出谋划策为解决社区问题付诸行动，使公民意识在一个又一个社区参与的过程中得到提升。社区营造不只是物质性的“造物”运动，更是精神性的“造人”运动，是通过在社区“造物”的过程中凝聚社会共识进行公民意识教育的过程。社区公民的再造是社区营造的实质，也是社区营造的终极价值取向。

二　谁来营造——社区营造是多元协同的过程

政府是社会治理多元主体中的主导力量。社区营造是一种在社区中培育由下而上自治理、自发展力量的方式，强调自我主导、自我发展，而不是等、靠、要，等着万能保姆型政府来解决所有问题。因此，社区营造中政府需要转变在社区提供服务的方式，除必须由政府兜底负责提供的公共服务以外，属于居民自治共治的范畴，政府要由一竿子插到底的直接提供服务转变为让渡自治空间，将社区事务的决策权还给居民，同时赋予一定财力资源支持，鼓励居民自发联结形成自组织自我管理自我服务，自主解决社区问题。通过政府的政策倡导，把社会和政府资源相互整合，结合民间自发力量，统筹发挥政府、社会、居民的作用，提升社区治理水平，将城乡社区发展成为具有共同情感联结、共同社区意识、共同行为规范的生命共同体。

专业社会组织可以在社区营造中作为支持组织提供助力。目前，很多地方片面重视硬件基础设施建造，社区建设仍停留在有“区”无“社”的阶段，而造“社”，也就是激发自组织，需要借助专业社会工作的理念和手法，由专业社会组织导入一定的外部资源、整合社区的内部资源，由专业社工协助在地居民启发催化内生自组织，对内生自组织提供鼓励和支持，进行联络和协调，协助建立协商规则、参与规则、组织规则，帮助自组织实现常态自动运行。外部专业社会组织在社区可以有一个陪伴成长的过程，当社区的在地组织具备自发展、自治理的能力后，外部组织就可以退出，或者转化为专业的满足居民个性化需求的服务组织。

社区内的社群，即社区自组织，才是社区自治理的主体。社区内有大量的养老、育幼、扶残、婴幼儿教育、青少年培养等需求，政府能做的只是“兜底”，能够关照到的是保障每个人最基本的“兜底”需求；专业社会组织能起到个性化服务的作用，但很难响应到整个社会的巨大需求。所以，最能够满足社区福利需求的正是本社区，因为最关心孩子的是他们的父母，最关心老年人的是他们的儿女，如何让这些居民以自我组织、自我服务的方式为社区提供福利“产品”，是社区营造的重要任务。社区内往往存在各种基于兴趣联结的诸如广场舞、合唱队、骑游队等自娱自乐自组织，将这些自娱自乐的自组织转化为公益组织，在满足居民兴趣爱好的同时为居民提供公共福利产品，促进社区的公共利益，解决社区的共同生活议题，比如维护院落秩序、维护社区安全及环境、居家养老、低龄老年人志愿服务高龄老年人、幼儿托管、残疾人康复、社区就业、垃圾分类、社区融合、留守老年人和留守儿童关爱、公共素养公民意识教育等，这个过程就是人人参与、人人互助、人人共享的过程，是营造一个有温度的社区的过程。

在社区营造的各方力量之间，政府是引导和支持方、社会组织是协力方，居民及其自组织是主体方，企业和其他社会力量起协同作用，社区居委会作为基层群众自治组织对社区各方力量进行综合协调、整合。

三 如何营造——社区营造的关键是找到支点

社区营造首要的一条是要有极大的耐心，在此基础上，找到一个支点带动多个议题，从而撬动整个社区，逐步规划出一个总体的营造方案。从日本、中国台湾、中国大陆社区营造经验来看，至少可以从以下几个支点切入进行社区总体营造。

第一，社区公共空间。社区公共空间承载社区活动，也是居民互动交流的重要场所，此外还承担了休闲、娱乐甚至交换互助的功能。以成都市的院落自治公共空间为例，但凡进行老旧院落改造时有场地条件建设了长者空间、连心驿站、社区书馆、风雨长廊、休闲广场、露天凉亭等室内外公共空间的社区，居民的交往密度、熟悉程度以及活动频度都大大高于缺乏公共空间的社区。有了公共空间，居民的活动、交流就有了承载的场所，美好的互动互助就有了发生的可能。更为重要的是，公共空间的设计、建造、布局、使用、维护的过程就是集合民智动员居民参与并付诸集体行动的过程，也是产生自组织并逐步转化为公益组织的过程和自主解决社区问题的过程。

第二，社区自然教育。城市社区在地域上远离土地、远离自然，然而每一个人无论是孩童还是成年人，都对土地和自然有着与生俱来的向往和渴求。四叶草堂的都市朴门、正荣的社区农园、香港的耕种活化社区，都是通过将自然教育、都市农业融进社区进行社区营造。正荣的社区农园以社区植物认知活动帮助孩子和家长认识自己的社区环境，四叶草堂的都市朴门通过在都市隙地营造可食地景进行社区自组织的推广，香港的社区耕种计划在街区内利用社区公共空间，推广城市耕种，举办与植物耕种相关的艺术展览。这些切入点都是让社区人跟社区的自然环境产生联结，让家庭参与社区自然环境改造的同时也获得大自然的馈赠，从自然中获取智慧和能量，进而营造绿色生态社区。

第三，社区历史文化。共同的信仰是凝聚社区感的重要元素。举行传统节日庆典、修缮祠堂戏台、制作传统食物、恢复并传承传统手工艺（制陶、烧瓷、酿酒、戏剧等非物质文化遗产）、开展当地居民拥有共同记忆的传统活动、开发以当地的历史文化名人为蓝本的文创产品、保护历史文化遗存等，都可以作为社区营造的支点。发掘社区历史文化的过程正是重建社区共识的过程，社区居民能够在重建过程中通过集体行动增强社区感，找到社区营造的共同愿景，从而推动集体行动目标的达成。

第四，社区优势资源。充分发掘、组织、协调、整合与利用社区资源，是社区营造过程中的重要任务。任何一个社区都有自己的资源，重要的是能否被发现和认知。社区营造者应当充分进行田野调查，了解各种在地资源，同时善于整合社区成员、团体及政府部门的相应资源，满足社区需求，实现社区目标。台湾的桃米村和埔里镇，就是善用社区资源的典范，桃米村的青蛙和埔里镇的蝴蝶，已经成为盘活社区资源开展生态旅游成功进行社区营造的经典案例。

第五，社区环境景观。居民的生活环境是衡量居民生活品质的重要指标，也是居民的重要需求。本着问题导向，从改善环境切入社区营造往往能很好地撬动居民参与。经典案例是日本岐阜古川町社区营造。40 年前，1.6 万人口的古川町经济水平低下、环境污染严重。为了提高居民生活质量，“木匠的故乡”古川町从放养锦鲤开始了以环境改造为核心持续 40 年的社区营造。居民以清洁濑户川（一条流经小镇紧邻住家的 1.5 米宽的水道）作为起点，不再往濑户川里排放污水和丢弃垃圾，全村动员进行河川清理和鲤鱼放养，原来污浊的臭水沟变成了美不胜收的亲水空间，水道两侧的步道、小桥、栏杆、座椅也被整理得很美观，直至今日，濑户川有数千尾鲤鱼悠游其中，周旁绿化优美，步道宜人，成为日本闻名的魅力街道。古川町有一个别号叫“木匠的故乡”，“飞驒匠师”全日本知名，古川町的房屋，所有结构通过榫头衔接，没用一颗铁钉，留存了日本传统木作的精密与严谨，成为小镇的特色。小镇还颁布了《景观保护条例》来规范风貌：原则上建筑物的高度不得超过古川町三座寺庙，建筑物、招牌、街灯等都避免使用高彩度的原色、尽量节制装饰，形成了古川町独特的魅力。古川町改造后的风貌魅力以及社区营造的理念，极大地带动了当地旅游产业的发展，每年接待游客上百万人次，并在 1993 年获得了“日本故乡营造”大奖。

第六，社区特色产业。在农村社区做社区营造，社区产业是必须高度重视的一个支点。产业发展与在地居民的生活质量密切相关，如果不认真面对产业发展问题，对于生存不下去的居民奢谈什么再造故乡是空洞无助的。每一个社区的产业发展要根据当地的资源优势进行谋划，在发展产业的过程中发掘当地的社区领袖，不断对社区领袖和居民骨干进行培训，进行能力建设，让当地人带领当地人规划社区的产业、发展社区的经济、改善社区的环境，把利益联结作为居民之间、社区组织之间强联系的纽带，不断在共同发展的过程中积累社会资本，在共同行动的过程中培育自主意识，在面对矛盾时学会沟通、妥协、协商，从而形成公共精神、民主意识，形成对社区的认同感归宿感。

第七，社区集会活动。城市社区要在陌生的邻里间“无中生有”地营造出“社区感”，举行适合人人参与的社区活动是一个好的切入点。成都爱有戏的义集、社区跳蚤市场、基于传统节庆的文艺活动等，都是动员居民走出家门参加互动的办法。需要注意的是，社区的活动要以项目化的方式组织，开展项目化的活动需要有意识引导产出自组织，进而由自组织自主领办新的活动项目，使通过活动激发出来的自组织在承办新的项目过程中不断成长，进而转化为公益化的自组织，为社区成员提供互助公益福利服务，在这个过程中不断积累增长邻里信任，提升社会资本，形成出入相友守望相助的新型邻里关系，在面对社区公共议题的时候，能够有社区内生的公益自组织自发组织协商、达成共识以至集体行动。这个活动项目化、项目组织化、组织公益化的过程，就是基于社区活动为切入点的社区营造路径。

此外，还有返乡青年再造故乡、制定村规民约建立社区规范、旧城改造提升居住品质、垃圾分类节能减排保护环境、青少年公民素质教育、闲置物品周转借用、居民健康促进、社区居家养老、村社区口述史收集等，都可以作为社区营造的切入点，通过一点带动多个社区议题，协商形成共同的工作计划或项目，引导社区成员对社区事业的关心和介入，进而撬动整个社区居民参与，培养自治能力，推动社区发展。而最初介入的那个营造支点，往往是社区当时面临的最大问题或痛点，当面对的痛点成功转化为议题，并在协商议题的过程中形成项目化的集体行动时，社区营造就迈出了第一步。在此基础上不断寻找新的支点，不断发现新的议题，并且在解决已有问题的基础上更新升级，持续推动社区发展。

四　社区营造的原则

每一个社区都是独一无二的，其人员构成、资源禀赋、历史人文、区位环境、居民需求都不尽相同，因此每一个社区的营造方案、路径和办法也不相同，社区营造的成功案例只能被借鉴，不可被复制。但是，社区营造仍然有一定的规律可循、一定的规则可依。

居民主体是社区总体营造的首位原则。居民不仅是公共产品的消费者，更是社区公共事务能动的参与者、建设者，社区公共议题的提出、参与、实施应当以居民为主体，村（居）委会以及枢纽型专业社会组织作为协助者，推动居民主动自发解决公共议题、协调矛盾纠纷。

共同参与是社区总体营造的核心原则。居民参与社区公共事务决策、执行、监督、评估全过程，不同利益群体对社区公共事务的意见有常态的表达途径和沟通渠道，有社区议事决策的参与机制、制度与规则，形成的决议有自组织付诸行动解决问题。

过程导向是社区总体营造的价值原则。居民对社区公共问题进行有序协商达成妥协和共识，进而形成有效集体行动的过程，是对居民公共意识公共精神的培养过程，行动过程的价值高于行动结果。

自下而上是社区总体营造的民主原则。居民的需求与问题，通过自下而上的居民参与自主解决，是居民自治的精神内核。居民参与社区公共事务应当形成事由民议、策由民定、财由民理、责由民担、效果民评的长效机制，通过自下而上的民主参与塑造居民的责任意识和志愿精神。

权责对等是社区总体营造的基础原则。谁主张、谁受益、谁负责，是社区总体营造的行动逻辑。要按照权责对等原则区分政府、社区自治组织、居民自组织以及居民之间的权利责任义务边界，在社区公共事务领域引导居民主动承担营造美好生活的责任，建立自组织自主解决社区公共问题。

五 社区营造要解决的问题

如果说社区建设的第一阶段解决的是社区有人办事有钱办事有阵地服务的问题，完成了社区基本的软件与硬件建设，第二阶段解决的是完善政社各归其位的社区治理机制问题，第三阶段就要解决社区自治理自发展的问题。社区居民的需求大致可以分为三类：第一类是需要由政府提供的基本公共服务；第二类是基于市场配置资源的商业服务；第三类是政府无法提供、市场不愿提供的社会服务以及公益服务。就第三类服务而言，通过“三社联动”机制可以在社区引入专业的社会组织依托专业社工人才为有特殊需求的居民提供差异化服务，但是，这样的服务还存在两个不能回避的问题，一是政府要投入大量资金进行购买，而居民的第三类服务需求政府不应该也没有能力完全通过购买社会组织的服务来满足，那么，要实现广覆盖全方位可持续地满足居民的内生社会服务需求，唯一的出路就在于社区居民自己组织起来用自助互助的方式为提升自己和邻里的生活品质提供服务，实现每个人对生活在一个温暖温情温和社区的理想生活向往。而要实现这一理想，要通过社区营造解决以下问题。

第一，建立信任。信任是这个社会的稀缺资源，互害型社会的解药是人与人之间的善意。善意由信任而来，要通过寻找支点建立人与人的连接、人与环境的连接，相信邻里间的善意成为远亲不如近邻的朋友，而愿意承担起使社区生活更加美好的责任，参与到人与人的互助友爱中来，建立起陌生人到熟人、熟人到友人、友人到亲人、亲人到主人的邻里关系。

第二，建立自组织。自组织是一个可以在内部形成秩序的治理结构。社区这个地域性生活共同体的基础，是看重情感和关系逻辑的居民自组织，当社区的居民参与到若干个自组织中找到归宿感、荣誉感、价值感，而且得到社区自组织提供的有温度的互助服务的时候，居民的参与以及主体性就能够自发形成并且良性运转起来。

第三，发掘社区领袖。高效能的社区领袖能够使自发建立起来的自组织建立规则成熟运行，根据居民的需求找到组织的使命并且持续发展下去。

第四，进行公民意识教育。社区营造归根结底是对人的公民意识的营造。提升人的生活品质精神密度和文化认同是社区发展的目的，要实现这一目的，转变人的意识是关键。通过社区营造塑造公共精神、公共意识、志愿精神、社区意识、责任意识、规则意识、协商意识、妥协寻求共识等，是社区营造的终极任务。

第五，提升社区社会资本。无论是建立连接、建立关系还是建立组织，其目的都在于提升社区的社会资本，促进人与人之间信任、互惠、合作，建立互助互惠规范，提升社区的自治力量，唤起居民主动合作以集体行动解决社区问题满足社区需求。

第六，实现资源的可持续。社区发展需要可持续的资源支持，建立社区基金（会），充分动员居民和辖区的各类组织为自己社区的建设与发展提供源源不绝的资源，解决自己社区面临的各种社会问题，是每一个社区必须破题的问题。尤其是农村社区的永续发展，更加不容回避。

第七，建立社区文化认同。这是“社区感”最为具象的表征，是最高形态的社区认同。要通过社区营造发掘属于本社区独有的精神禀赋和文化气质，赋予它可视化且融会在居民日常生活场景的标志性景观，如桃米村的青蛙、新福康里的牡丹、荷风水村公约墙，等等，在日积月累的浸润下逐渐形成社区的文化认同，形成居民的“社区感”。

六　社区营造的目标

社区营造的目标是社会善治。通过社区营造，鼓励居民挖掘社区资源，广泛参与社区公共事务，增强邻里互动来往，发挥居民的潜能，发掘并培养社区的领导人才，促进居民组织化解决自己的问题，改善社区环境，满足社区需要，增加居民信心和社区自组织的能力，提升社区社会资本，提高居民互相关怀、彼此互济的情感联结，建成人人参与、人人互助、人人共享的温暖社区，而达到这样理想生活形态的社会，就是有生命力的社会，就是有温度的社会，就是善治的社会。

B.7

快速城镇化转型期镇街的社会治理现状及挑战

——以成都市H街道为例

刘 伟*

摘 要： 报告以成都市H街道为调查点，系统观察西部地区一个快速城镇化转型时期的镇街的社会治理现状及面临的挑战。研究发现，H街道居民幸福感和公共服务的满意度均较高，但正在发生群体分化；社会活力激发不足，社会融入存在隐忧，处于社会治理方面旧困尚未破解、新题已经出现的阶段。本报告针对上述问题提出了相应的对策建议。

关键词： 街镇 治理 快速城镇化

镇街是社会治理在基层落地的重点与难点层级，也是直接反映社会治理从理念到路径是否符合地方社会发展规律的主要组织单元。从自上而下的体制路径来看，社会治理的各类政策、方针等制度安排依托街道落地，由街道作为主要的协调主体，协调、组织各类治理的政策在社区实施，并在激发基层社会活力过程中做出行之有效的社会动员；从自下而上的社会激发、主体培育来看，街道层面的社会活力及主体参与状况更能够反映社会治理的发展现状。因此，对镇街社会治理的状况进行系统描述，可形成对我国社会治理

---

* 刘伟，四川省社会科学院社会学所助理研究员。

发展现状的基本观察。

成都市 H 街道地处成都正南，到 21 世纪初，该地区在外在形态上，都是较为典型的城乡接合地区。近年来，在城市化浪潮以及从中央到地方的各类发展政策所释放的红利下，H 街道成为建设与发展中的区域。经过几年的发展，H 街道所在片区已成为成都市人丁兴旺、现代化气息十分浓厚的区域。然而，正是因为高速发展，人口快速向城市迁移，H 街道各社区公共设施的规划略显被动，城市基础公共服务的发展速度始终赶不上城市化的发展进程，旧城改造、征地拆迁等各种历史遗留问题混合交织，城市管理难度大。

于 H 街道而言，治理水平与治理路径是否符合社会发展规律，是否有利于促进社会系统的良性运行和协调发展，将是社会建设在制度层面的发展动能。

一 居民维度的 H 社区治理成效

（一）H 街道居民的幸福感

"居民幸福感"是社会心态与社会景气的主要指标，而基层又是 H 街道社会治理的追求目标。调查发现，尽管各类社会形态在 H 街道的时空中并存，但居民的幸福程度却未受影响，普遍较高。

1. 积极向上的 H 街道居民幸福感和幸福观

调查关于幸福感的界定，可反映出人们对自身生存发展条件的主观态度。如表 1 所示，研究中通过对"与 2006 年（十年前）相比，我现在幸福多了"等 4 个问题，测量 H 街道居民的幸福感状况。幸福感选项从 1 分（很不同意）到 5 分（非常同意），总得分在 4 ~ 20 分，此量表得分越高，表明主观幸福感水平越高。之后把得分转换成百分制，总体量表得分范围是 0 ~ 100 分。同样，由于幸福观是指社会主体对什么是幸福的根本看法，对个体的幸福感起着决定性作用。因此，本文也将对幸福观进行综合度量。研究中通过对"追求个人幸福不能有损他人利益"等 4 个问题，测量 H 街道居民的幸福观。幸福观得分在8～16分，16分代表居民幸福观完全正向，8分代表居民幸福观完全负向。

表1 H街道居民幸福感和幸福观的测量维度

单位：分

	以下具体说法，您的态度是	非常同意	比较同意	不清楚	不太同意	很不同意
幸福感	与2006年（十年前）相比，我现在幸福多了	5	4	3	2	1
	与周围人相比，我挺幸福的	5	4	3	2	1
	总体而言，我目前是感到幸福的	5	4	3	2	1
	未来10年，我将比现在幸福	5	4	3	2	1
居民幸福感总得分		20	16	12	8	4
幸福观	以下具体说法，您的态度是	非常同意	比较同意	不清楚	不太同意	很不同意
	追求个人幸福不能有损他人利益	5	4	3	2	1
	即便物质贫困，也可以因精神富足而感到幸福	5	4	3	2	1
	现在有的人挣的钱多，有的人挣得少，但这是公平的	5	4	3	2	1
	幸福首要是物质富足，比如有房有车	1	2	3	4	5
居民幸福观总得分		16	14	12	10	8

调查结果显示，H街道居民的幸福感较强，居民从幸福感到幸福观均表现出积极乐观的态度。就构成幸福感指数的各主要要素水平看，各分项指数水平由高到低的顺序如表2所示。H街道居民的幸福感取得84.77分的高分。“总体而言，感到目前是幸福的”得分高达86.23分，“居民与十年前相比，现在幸福多了”的得分为84.54分，“未来10年，我将会比现在幸福”得分为85.60分，“与周围人相比，我自己挺幸福的”得分为82.71。总之，从幸福感的各项指标来看，H街道街道居民都表现出了积极乐观的幸福感。

从表3可知，H街道居民的幸福观总得分为77.53分。具体地，绝大多数居民都赞成追求个人幸福不能有损他人利益（94.66分），认为即便物质贫困，也可以因精神富足而感到幸福（87.21分），认为即便收入不同也是

表 2　H 街道居民幸福感状况

单位：分

排序	内容	均值	标准差	百分制
1	总体而言，我目前是感到幸福的	4.31	0.82	86.23
2	未来 10 年，我将比现在幸福	4.28	0.88	85.60
3	与 2006 年（十年前）相比，我现在幸福多了	4.23	1.09	84.54
4	与周围人相比，我挺幸福的	4.14	1.02	82.71
H 街道居民幸福感总分		16.95		84.77

公平的（74.07 分），与之相关，认为幸福首先要物质富足的得分仅为 54.18 分。这说明 H 居民幸福观主流是积极的、向上的。

表 3　H 街道居民幸福观状况

单位：分

排序	内容	均值	标准差	百分制
1	追求个人幸福不能有损他人利益	4.73	0.60	94.66
2	即便物质贫困，也可以因精神富足而感到幸福	4.36	0.94	87.21
3	现在有的人挣的钱多，有的人挣得少，但这是公平的	3.70	1.25	74.07
4	幸福首要是物质富足，比如有房有车	2.71	1.43	54.18
H 街道居民幸福观总分		15.51		77.53

从不同群体幸福感的具体特征看，本次调查发现，不同学历者在与周围人相比及当下幸福感两个指标上有显著差异，不同婚姻状况的人在当下幸福感指标上差异显著；不同月收入、不同性别、不同政治面貌、不同职业在幸福感的各项指标上均没有明显差异。具体特征分析如下。

2. 倒“U”形学历分层，中等学历者幸福感低

不同学历者在幸福感的两项指标上差异显著（见图 1）。具体分析发现，学历是影响个体幸福的一个重要因素，但二者并非呈现线性相关。排除“其他”选项得分，在“与周围人相比，我挺幸福的”的维度上，由高到低依次是小学（89.09 分）、未上学（88.57 分）、研究生及以上（86.67 分）、高中（84.88 分）、初中（84.52 分）、大专与本科（80.13 分）、中专职高技校（75.00分）；在“总体而言，我目前是感到幸福的”维度上，基本也呈现同样的态势：“其他”“小学”“未上学”“研究生及以上”“初中”的得分较高，“高中”“大专与本科”“中专职高技校”的得分较低。研究发现，在H街道，中等学历者对应的群体职业身份主要为外来务工者、个体户、小商户等群体，该群体的幸福指数低，需要社会治理者特别关注。

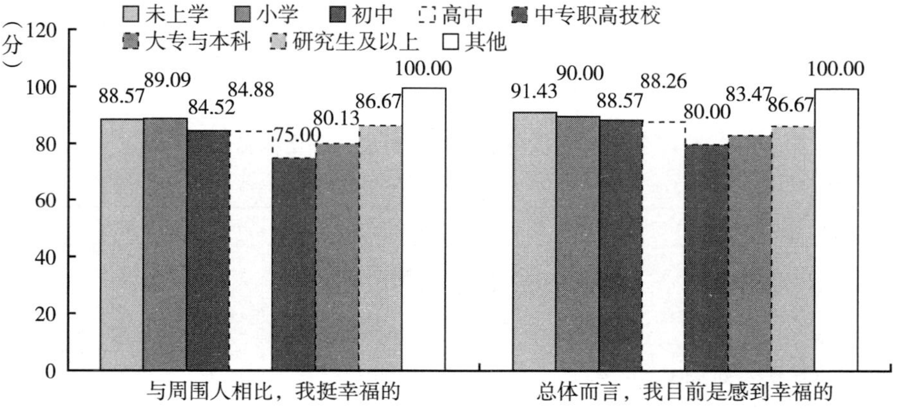

图1　幸福感的学历差异

（二）公共服务：总体满意下的群体分化

公共服务同时属于服务和公共物品两大范畴。公共服务既包括政府直接为社会提供劳务或产品，也包括政府通过财政支出手段向城乡居民提供教育、医疗卫生、文化、就业、社会保障和社会治安等方面的服务。

随着H街道经济的持续快速发展，以及人民生活水平的逐步提高，社会公共产品和公共服务的需求呈现全面和迅速增长的趋势。不同社会群体之间在教育、公共医疗、就业、社会保障等公共服务方面的差距逐步拉大，已成为影响社会公平、公正的焦点问题之一。如表4所示，在具体测量上，我们将公共服务建设满意度的测量指标进一步操作化为“医疗卫生服务”“社会保障”① 等

① 此处的社会保障指的是一个较大的公共服务领域，基本公共服务中的劳动就业服务、社会保险、医疗卫生、住房保障都与社会保障密切相关。

12 个测量问题。每一个问题设置“很好、比较好、不好说、不太好、很不好”五个带有等级差意义的得分选项，根据对该项政府工作的满意程度分别对选项赋值为 5 分、4 分、3 分、2 分和 1 分。通过得分加总，居民对当下公共服务建设的满意度得分区间为 12～60 分，60 分代表居民对当下政府的公共服务建设工作非常满意，12 分代表居民对当下政府的公共服务建设工作非常不满意。最后，为了更清晰地呈现 H 街道居民对公共服务建设的满意度评价，课题组在综合指标的得分上，进行了百分制折算。

表 4　居民“公共服务建设满意度”测量指标一览

单位：分

	内容	很好	比较好	不好说	不太好	很不好
满意程度	医疗卫生服务	5	4	3	2	1
	社会保障	5	4	3	2	1
	义务教育	5	4	3	2	1
	其他教育(幼儿园、高中等)	5	4	3	2	1
	保护环境,治理污染	5	4	3	2	1
	打击犯罪,维护社会治安	5	4	3	2	1
	廉洁奉公,惩治腐败	5	4	3	2	1
	依法办事,执法公平	5	4	3	2	1
	发展经济,增加人们的收入	5	4	3	2	1
	廉租房和经济适用房	5	4	3	2	1
	创造就业途径,增加就业机会	5	4	3	2	1
	政府信息公开,提高政府工作透明度	5	4	3	2	1
	居民对公共服务建设满意程度得分(小计)	60	48	36	24	12

调查发现，H 街道居民的公共服务满意度评价中，居民对公共服务满意度总得分为 79.95 分，表明 H 街道居民对公共服务建设的满意度处于良好水平总体满意度较高，而公共服务的满意度呈现群体性分化，青年、高学历者都成为下一步公共服务的主要攻克对象。

1. 总体评价优，环境保护、住房问题成为短板

如表 5 所示，H 街道居民对公共服务建设的满意度均超过 70 分，意味着大多数居民对公共服务建设的满意度较高。从公共服务建设的各项指标来看，指标间的差距并不大，“政府信息公开，提高政府工作透明度”评价最高，达到83.05分，排名第二的是社会保障（82.84分），依次是“发展经济，增加人们的收入”（81.73分）、“义务教育”（81.30分）、“创造就业途径，增加就业机会”（80.30分）、“打击犯罪，维护社会治安”（80.09）。除此之外，居民对其余项目的评价得分均低于公共服务建设的平均水平，“保护环境，治理污染”（77.19分）以及“其他教育（幼儿园、高中等）（76.43分）”等问题则成为难点，满意度评价最低。当下，基于经济社会转型的关键时期，人民群众的利益诉求将更加多元化，随着对公共服务期望值的不断高涨，地方政府公共服务建设工作仍然任重而道远。

表5　居民对政府公共服务建设满意度

单位：分

排序	内容	均值	标准差	百分制
1	政府信息公开，提高政府工作透明度	4.15	0.88	83.05
2	社会保障	4.14	0.86	82.84
3	发展经济，增加人们的收入	4.09	0.85	81.73
4	义务教育	4.06	0.92	81.30
5	创造就业途径，增加就业机会	4.02	0.84	80.30
6	打击犯罪，维护社会治安	4.00	0.90	80.09
7	依法办事，执法公平	4.00	0.94	79.91
8	医疗卫生服务	3.96	1.00	79.27
9	廉洁奉公，惩治腐败	3.95	1.02	78.96
10	廉租房和经济适用房	3.91	0.93	78.29
11	保护环境，治理污染	3.86	0.91	77.19
12	其他教育（幼儿园、高中等）	3.82	0.98	76.43
居民对公共服务建设满意程度得分（小计）		47.97		79.95

从分群体居民公共服务满意度看，本次调查发现，不同性别、不同学历、不同政治面貌、不同职业者在公共服务建设满意度上有显著差异；不同月收入、不同婚姻状况者在幸福感的各项指标上均没有明显差异。限于篇幅，本文略去不显著的估计结果。有显著影响的估计结果如表6所示。

2. 性别差异提示服务供给存在受众盲区：男性满意度远高于女性

在公共服务建设项目中，男性公共服务满意度总得分为80.91分，女性只有77.73分。不仅如此，在所列举公共服务的12个分项目上，女性满意度分值亦均明显低于男性。因此，在一定程度上，可以理解为在目前的服务水平下，女性对公共服务的需求高于男性。

表6　居民公共服务满意度的性别差异

单位：分

内容	性别	均值	标准差
医疗卫生服务	男	81.60	0.95
	女	77.20	1.08
社会保障	男	83.00	0.87
	女	81.20	0.85
义务教育	男	82.40	0.89
	女	78.60	0.94
其他教育(幼儿园、高中等)	男	77.40	0.99
	女	74.40	0.98
保护环境,治理污染	男	78.60	0.86
	女	76.60	0.99
打击犯罪,维护社会治安	男	81.80	0.86
	女	77.60	0.95
廉洁奉公,惩治腐败	男	80.00	0.96
	女	76.20	1.06
依法办事,执法公平	男	81.40	0.93
	女	77.60	0.95
发展经济,增加人们的收入	男	83.40	0.82
	女	79.40	0.88
廉租房和经济适用房	男	79.60	0.88
	女	76.20	0.98
创造就业途径,增加就业机会	男	80.80	0.83
	女	80.00	0.83
政府信息公开,提高政府工作透明度	男	83.60	0.86
	女	81.40	0.90

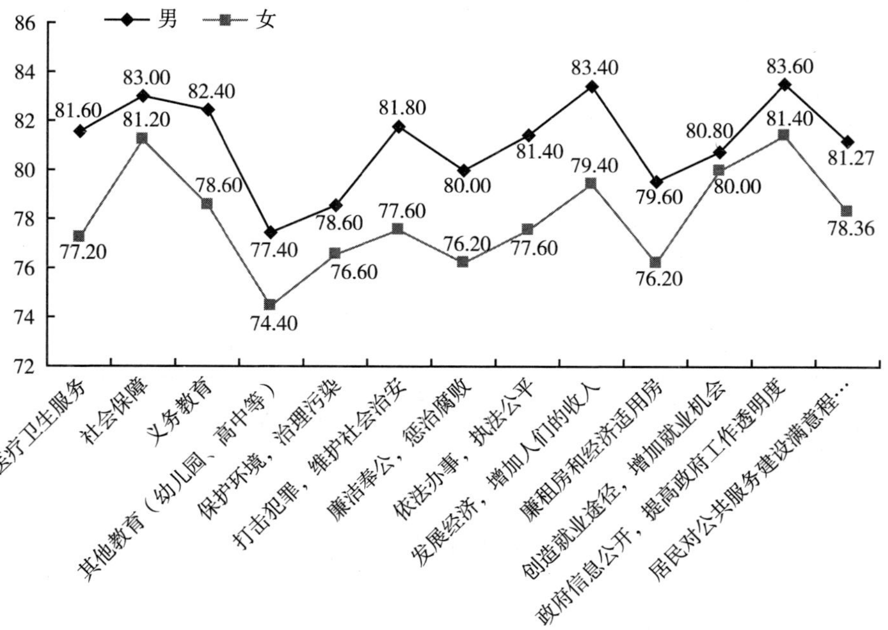

图2　居民公共服务满意度的性别差异

3. 满意度依教育程度分化，教育维度的社会分层趋势已现

总体上看，居民的受教育程度越高，公共服务满意度越低。满意度由高到低依次是未上学（93.97分）、初中（83.60分）、小学（83.58分）、其他（88.33分）、高中（82.10分）、研究生及以上（76.13分）、大专与本科（75.48分）、中专职高技校（75.42分）（见图3）。这说明，文化程度越高越关心公共服务的质量。表明依教育程度为分层维度的社会分层出现，阶层边界开始清晰。要警惕社会裂痕出现。

4. 普通群众满意度最高，青年人满意度低

由图4可知，不同政治面貌居民的公共服务满意度存在显著差异。其中，普通群众的公共服务满意度最高，为81.13分。其余均低于公共服务总体满意度的平均水平（79.95分），民众党派以79.17的得分排在第二位，接下来是中共党员（78.72分），公共服务满意度最低的是共青团员，仅为68.60分，比平均水平低11.35分。青年人的满意度较低，在当代社

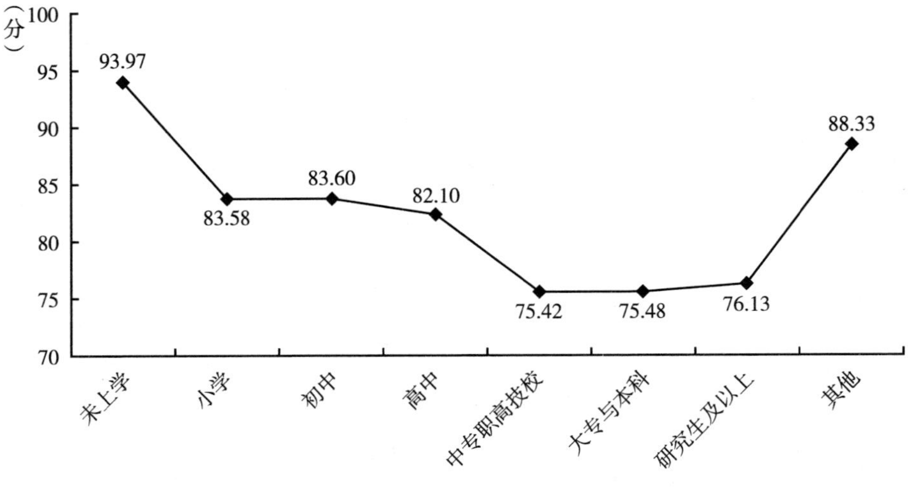

图3　公共服务满意度的文化程度差异

区治理中，做好老年人和儿童的工作就做好了社区工作的观点和做法受到挑战。

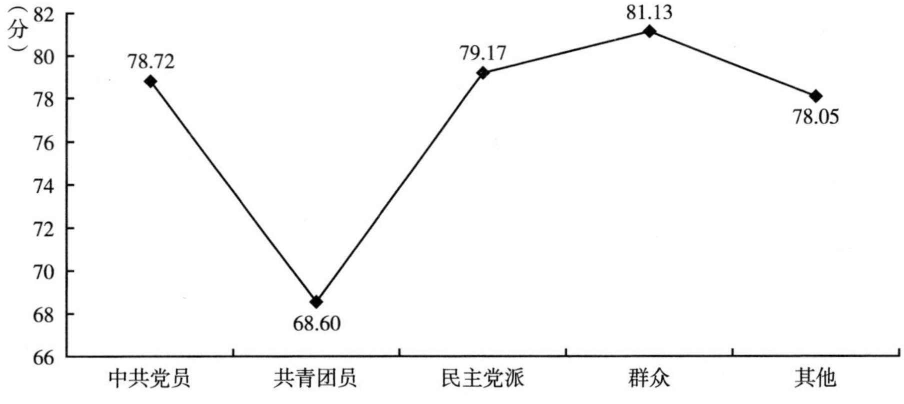

图4　公共服务满意度的政治面貌差异

5. 职业维度的阶层分化：党政机关、群团职员阶层最低，农民阶层最高

数据显示，H街道各阶层对公共服务建设满意度差异显著。排除职业为“其他”的选项，其中，农民阶层（主要为外来者，自我身份认定仍然是农民）对公共服务建设满意度最高（53.74 分，百分制 82.68 分），第二为个体户阶层（53.57，百分制 82.42 分），第三为工人阶层（51.73 分，百分制 79.58 分），随后分别为商业服务人员（49.01，百分制 75.40 分）、企事业单位、各类企业、社会团体、社会组织职员阶层（48.01，百分制 74.63 分）、企事业单位、各类企业、社会团体、社会组织领导阶层（45.93，百分制 70.67 分）、党政机关、群团领导阶层（44.42，百分制 68.33 分）、最后为党政机关、群团职员阶层（41.71，百分制 64.17 分）（见图 5）。公共服务建设满意度呈现高低阶层间 20 分左右的分化，可见 H 街道居民各阶层对公共服务建设满意度的阶层差异已经比较显著。党政机关、群团职员阶层最低，农民阶层最高。

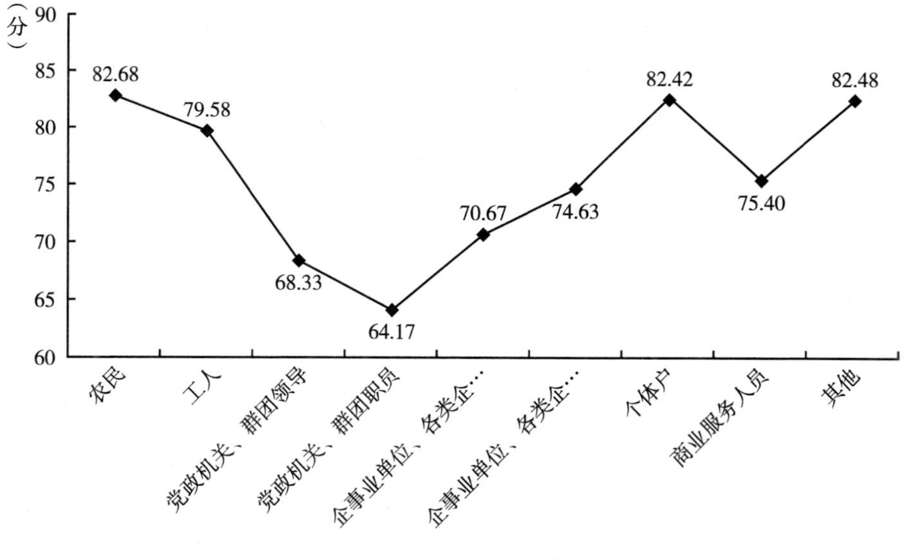

图 5　公共服务满意度的阶层差异

（三）社会活力：总体激发程度“疲软”

十八届三中全会提出，要“改进社会治理方式，激发社会组织活力”。新常态下，社会活力的激发要靠深化社会体制改革，坚决破除各方面体制、机制弊端，加快形成科学有效的社会治理体制，激发社会组织活力，发挥社会自我调节的作用。

1. 社会组织得以发展，但横向比较仍显不足

H 街道将符合条件的社会组织纳入政府产业扶持和社会事业发展扶持政策范围，促进民办社会事业和公共事业共同发展。2015 年，H 街道成立社会组织孵化培育中心，并在安公社区先行试点，重点培育和发展公益服务类、社会事务类、社区服务类、慈善救助类四大类社会组织。积极探索政府和社会资本的合作新机制，通过培育和引进一批高水平专业社会组织，推动本土社会组织发展壮大，与政府直接提供的公共服务互补，优化公共服务供给，形成更为健全与科学的公共服务体系，构建城乡统一、资源均衡、公平共享的教育、医疗、就业、养老、救济等公共服务保障体系。

以 2015 年为例，H 街道推出资助总额不低于 300 万元的社区公益创投项目，邀请相关社会组织参与。本次项目的资金来源包括三类：一是社区公共服务经费；二是社会企业认领；三是街道购买服务。项目主要包括帮困服务、助老服务、助残服务、青少年服务、居民融合服务以及其他社区公益服务项目。目前，第一批项目已评估结束，下一批项目亦即将展开。社会组织的公众影响力不断扩大，深化“三社互动”机制，激发了社会组织活力。

而不得不指出的是，如果同成都市主城区相比，特别是即便同比邻的高新区相比，H 街道的社会组织发育程度都较弱，处于社会组织发展初级阶段。

2. 系列社区志愿服务活动如火如荼，但自发社群活动较少

一方面，H 街道鼓励、推动广大企事业单位、民间公益组织组建志愿者队伍，开展志愿活动。另一方面，注重志愿服务工作与创新社会治理相结合，以制度化建设为抓手，促进街道社区志愿服务工作更加贴近民生需求，以志愿服务形式激发社会活力，积极满足社会诉求，提升社会服务治理水平。街道积极组织开展“文明交通”、宣传义诊、全民建设、普法宣传等社区志愿服务活动，志愿者们为 H 街道的文明进步和经济繁荣稳定发挥了重要作用。如 2016 年 3 月，H 街道办事处、H 街道社区卫生服务中心与天府新区志愿者协会开展以“社会共同努力消除结核危害”为主题的结核病防治大型宣传义诊活动。然而不得不指出的是，其中以民间社会自发组织的活动较少，群众的治理参与热情仍然较低。

3. 一定程度上，社区居民参与治理的潜能得以激发

H 街道积极开展社区市民公约制定工作，引导和增强居民的问题解决意识和能力，发挥居民潜能，培养社区归属感，使社区真正成为一个利益先关、情感相连的共同体，进一步挖掘其自身潜能，激发社会活力，激发社区居民参与的潜能。建设覆盖各社区的公共就业援助服务体系。H 街道通过建立就业援助服务中心，设立社区就业援助服务网点，完成南山社区创业主题社区和香山社区被征地农民充分就业主题社区“双业社区”打造，全力保障劳动力就业。

（四）社会融入与排斥：极强城市凝聚力下的社会安全感存在隐忧

本文发现，H 街道居民有十分强烈的城市归属感，城市凝聚力十分强大，但在城市融入和社会安全感上，依然存在一定的隐形忧患。

H 街道约 2/3 的人口为外来人口，流动人口的社会融入无论对于他们自身发展还是社会发展都具有重要意义。特别是农民工和谐融入城市，既是现实的需要也是经济社会发展的战略目标。本文将从主观体验的角度，考虑不同户口性质的居民对居住地的适应状况。

1. 农业户口居民的社会融入感低于非农业户口

此次调查的结果显示：受访者中，无论户口性质，对“我常常觉得自己很难融入进这座城市”持“很不同意”的居多（农业户口 26.2%，非农业 32.7%）。此外，就相对程度来看，认为很难融入进这座城市（“非常同意”和“比较同意”的比例之和）的居民中，农业户口的比例明显超过非农业户口（62.8% 对 36.1%），可以看出，H 街道农业户口居民的社会融入感明显低于非农业户口（见表 7）。可知，H 街道农业户口居民更渴望融入进城市中，其融入城市的各种需要还有待进一步满足。

表 7　不同户口性质居民对“我常常觉得自己很难融入进这座城市”的回答

单位：人，%

户口性质		非常同意	比较同意	不太同意	很不同意	不清楚	合计
农业	人　数	48	43	4	38	12	145
	百分比	33.1	29.7	2.8	26.2	8.3	100.0
非农业	人　数	35	75	8	109	78	305
	百分比	11.5	24.6	2.6	35.7	25.6	100.0
合计	人　数	83	118	12	147	90	450
	百分比	18.4	26.2	2.7	32.7	20.0	100.0

注：$\chi^2 = 43.33$，$P < 0.05$。

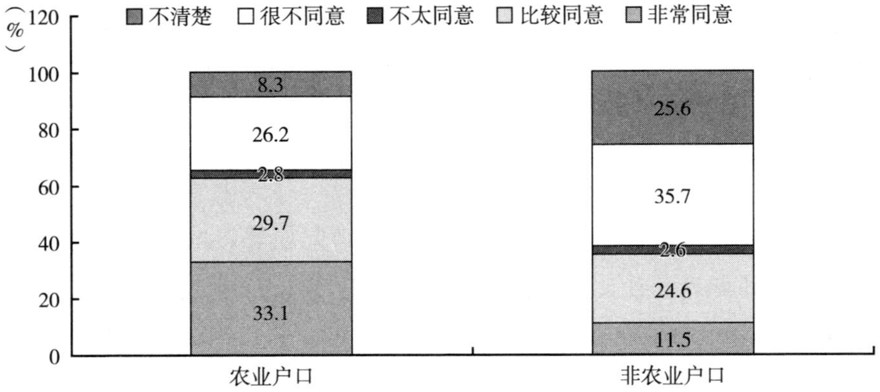

图 6　“我常常觉得自己很难融入进这座城市”回答情况

2. 社会安全感总体水平存在隐忧

调查结果显示，受访者中，无论户口性质，这说明 H 街道居民在社会安全感上总体水平不高。分户口性质比较来看，不同户口性质的居民在社会安全感上存在显著差异。对“我常常会觉得缺乏安全感”持“比较同意”的居多（农业户口 33.1%，非农业户口 37.7%）此外，就相对程度来看，认为常常会觉得缺乏安全感（“非常同意”和“比较同意”的比例之和）的居民中，农业户口的比例明显超过非农业户口（70.4% 对 50.7%），可以看出，H 街道农业户口的安全感低于非农业户口（见表 8）。

说明，H 街道农业户口更渴望融入进城市中，其融入城市的各种需要还有待进一步满足。

表 8 不同户口性质居民对“我常常会觉得缺乏安全感”的回答

单位：人，%

户口性质		非常同意	比较同意	不太同意	很不同意	不清楚	合计
农业	人 数	53	47	6	25	11	142
	百分比	37.3	33.1	4.2	17.6	7.7	100.0
非农业	人 数	40	116	12	89	51	308
	百分比	13.0	37.7	3.9	28.9	16.6	100.0
合计	人 数	93	163	18	114	62	450
	百分比	20.7	36.2	4.0	25.3	13.8	100.0

注：$\chi^2 = 38.81$，$P < 0.05$。

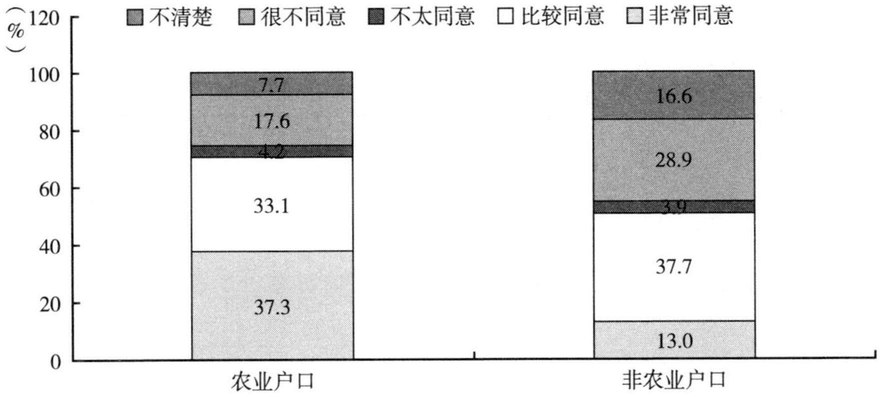

图 7 “我常常会觉得缺乏安全感”的回答情况

3. 居民城市归属感十分强烈，城市凝聚力强大

如表 9 所示，H 街道居民归属感总均分高达 83.19 分（百分制），可见，H 街道居民城市归属感十分强烈。5 个指标分别从身、心两个层面进行测量，从“身”的角度来看，“我打算在 H 街道生活一辈子”得分高达 84.51 分，表明 H 街道居民有十分强烈将“身”扎根 H 街道的意愿，流露出的意愿非常强烈。从“心”的角度来看，“我经常关注有关 H 街道的新闻”

(84.08 分) 和 "生活在 H 街道让我感到自豪" (82.55 分) 的说法得到绝大部分成都市民的高度认同，表明普通居民的 "心" 同城市节奏 "共振" 跳动，是从心底接纳、融入和归属于 H 街道的体现。同时，尽管 "当别人说 H 街道不好的时候，我会反对" 在归属感类别的得分较低 (80.35 分)，但得分依然很高。不论从哪一方面看，居民对 H 街道都有较强的归属感，城市聚集力十分强大。

表 9　街道居民归属感状况统计

单位：分

排序	内容	均值	标准差	百分制
1	我打算在 H 街道生活一辈子	4.23	0.95	84.51
2	成都是一座来了就不想走的城市	4.22	0.98	84.48
3	我经常会关注有关 H 街道的新闻	4.20	0.89	84.08
4	生活在 H 街道让我感到自豪	4.13	0.93	82.55
5	当别人说 H 街道不好的时候，我会反对	4.02	1.09	80.35
H 街道居民城市归属感总分		20.80		83.19

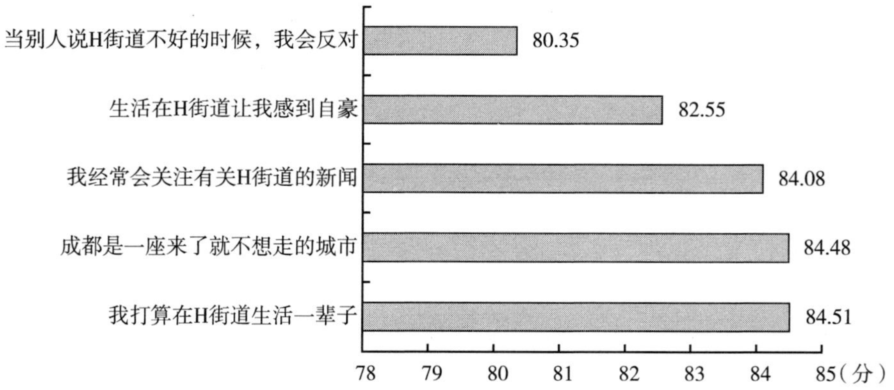

图 8　街道区公众对 H 街道的整体归属感

研究还发现，不同户口居民的城市归属感差异较小，但非农户口居民的城市归属感相对更强烈些。

如表10和图9所示，不同户口性质居民的城市归属感有一定差异。农业户口的城市归属感总分为82.11分，略低于非农业户口的83.46分。无论是在“归属感”上的总均分，还是在不同归属感类型下的分均分，非农户口居民的城市归属感得分都较高。因此，总体来看，虽然不同户口性质居民的城市归属感差别不大，相比之下，非农户口的居民城市归属感更强烈些。

表10　不同户口性质的居民城市归属感

单位：分

户口性质划分		总均分	百分制	成都是一座来了就不想走的城市	我打算在H街道生活一辈子	当别人说H街道不好的时候，我会反对	生活在H街道让我感到自豪	我经常会关注有关H街道的新闻
农业户口	均值	20.53	82.11	4.19	4.17	3.97	4.10	4.10
	标准差	0.10		1.01	1.04	1.21	0.93	1.06
非农业户口	均值	20.87	83.46	4.23	4.23	4.03	4.13	4.24
	标准差	0.08		0.96	0.92	1.03	0.94	0.80

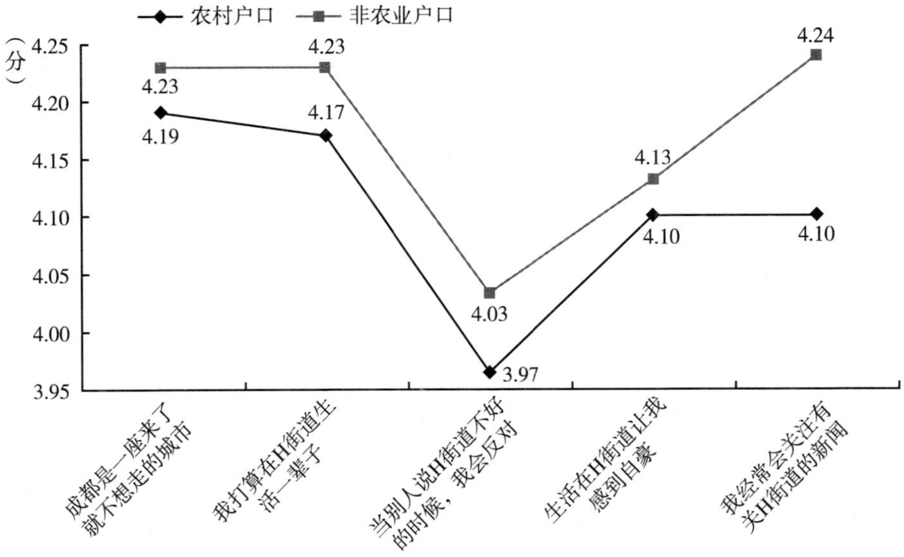

图9　不同户口性质的城市归属感

二　社会治理挑战

（一）社会组织发展相对滞后

近年来，虽然H街道社会组织取得了较快发展，逐步成为社会治理不可或缺的力量。但与社会主义市场经济要求相比，社会组织尚未发挥应有的作用。一方面，社会组织对政府提供的财政拨款和补贴的依赖性强，自我造血功能不足，资金短缺成为H街道部分社会组织发展的最大障碍。另一方面，社会组织的自我运行能力有待提高。由于种种因素的制约，社会组织的生存发展面临着很多挑战，能力有待进一步提升，公信力差，距离社会治理要求和民众的期望差距较大，一些社会组织自我发展尚定位不清晰。

（二）城市管理历史欠账多，城市公共服务不能满足民众需求

一方面，H街道在城市化进程中，种种历史遗留问题混合交织，城市管理难度大。城市（尤其老城地区）公共系统设备老旧、无法适应现代化都市的居民诉求；旧城改造、征地拆迁等遗留了一些社会矛盾，如安置补偿等；部分老旧院落地区安全隐患多、社会矛盾多、监管冲突多、整治难度大；各类开发接踵而至，数量繁多，各类房屋质量问题、物业管理问题复杂多样，协调难度大；另外，各类历史遗留的商业纠纷问题与新时期出现的各类纠纷相叠加，造成城市管理压力十分巨大。

另一方面，面对快速城市化带来的人口集聚向城市迁移，H街道各社区公共设施的规划略显被动。正如调查发现，民众对部分公共服务的需求尚未得到满足。一是“住房难”问题。近几年由于H街道房价的飞速上涨，给中等收入群体带来了极大负担，也加大了外来人口进入城市的成本。二是“上学难”问题。随着国家政府放开“居住证”的颁发条件，随迁子女在迁入地接受义务教育的人数在不断增加。公办幼儿园成为稀缺资源，甚至本地户籍居民的孩子也很难获得进入公办幼儿园的机会，由于教育资源配置不均

衡，“择校”问题非常严重，给居民造成了很大的经济和心理负担。三是环境污染问题。受成都特殊地形的影响，大气环境容量“先天不足”，加之在城区基础设施建设过程中，部分单位不文明施工，扬尘排放量较大，成都空气质量持续污染态势。

（三）社会治理难度大大增加

一方面，随着城乡、区域之间人口流动程度的增加，H 街道社会组织形态呈现多元化的特征，传统的熟人社会规则和治理模式变得不再适应，社会治安问题、不同群体间的文化隔阂与利益冲突问题矛盾重重。另一方面，现代化的加速发展和技术进步带来社会力量的不断壮大，为社会治理提供了新的契机。各种社会力量（如社会组织、媒体、意见领袖等）开始越来越多地参与到社会事务中，在慈善、环保、社会监督等领域发挥了积极作用，但要注意运作过程中的规范问题、政府与民众的互动等问题。

三　对策建议

针对 H 街道社会阶层分化与阶层居住分区、新老 H 街道人口差异大、阶层横比落差大的现状，新居民本地化、老居民城市化、新老居民融合将成为 H 街道城市管理中隐藏的最大隐患与稳定风险点。因此，柔化阶层冲突，促进社会融合十分关键。

（一）大力培育和孵化社会组织

社会组织是现代社会中化解社会矛盾、柔化阶层裂痕最为有效的主体力量。因此，促进社会融合需要有效、有序的培育和发展社会组织。

加快培育和发展社会组织，形成政社分开、权责明确、依法自治的现代社会组织体制。实现行业协会商会与行政机关脱钩，重点培育和优先发展协会商会类、科技类、公益慈善类、城乡社区服务类社会组织。大力支持和发展志愿服务组织。按照政府保基本的原则，健全社会产品和服务提供制度，实行政府向社会组织购买服务目录公示。积极探索多元参与的社会治理模式，建立社区治理和社会组织共同治理模式，探索“互联网 + 社会组织”模式，大力培育专业社会工作机构，健全社会工作发展保障体系。

（二）全力提高居民文明素质

以深化全国文明城市建设为载体，试点先行，逐渐铺开，在全域社区开展社会文明环境营造工作。弘扬社会公德、职业道德、家庭美德、个人品德。坚持培育和践行社会主义核心价值观，加强群众思想道德教育，积极推进精神文明建设。促进华阳各社区、各种类型院落良性包容的社区环境营造。

（三）实施城市更新工程

成立 H 街道城市更新推进小组，以房屋拆建、完善基础设施、公共服务设施为改造重点，加大对棚户区、城中村、老旧院落、老旧市场改造力度，加快展现现代化国际化城区风采。积极引入联动改造模式，合理规划调整容积率或用地性质等，降低拆迁成本。按照“总体规划、综合整治、分类改造、一院一策”的思路，继续推进老旧院落改造。统筹推进老旧菜市场改造，全面提升市场品质。

B.8

四川城乡义务教育改革及对策建议

陈 序*

摘 要： 自1986年全国开始推行九年义务教育后，四川省九年义务教育改革效果显著，先后在全省范围内实现了九年义务教育的全面普及和彻底免费。2016年，四川省继续巩固提高义务教育改革成果，促进教育资源均衡发展，加大对义务教育的财政投入，重点向农村、贫困地区、民族地区和革命老区倾斜，落实城乡义务教育教师工资政策，加快实施消除大班额计划。根据中共中央和国务院办公厅精神，未来四年内促进城乡义务教育资源均衡发展仍然是四川省义务教育改革工作的重点，力争在2020年实现全省义务教育巩固率达到95%和教育资源基本均衡的县（市、区）占比达到95%的具体目标。

关键词： 义务教育 普及 免费 均衡发展

新中国成立后，党和政府高度重视人民基础教育问题，先后以根本大法、专门法、改革和发展纲要、具体实施意见、规划建议、不断加大财政投入和九年制义务教育的推行等诸多形式推动我国基础教育的普及和发展。1954年，新中国出台第一部宪法明确受教育权为中国公民的基本权利之一。1986年，针对中国基础教育发展缓慢的严峻形势，《中华人民共和国义务教育法》出台，国家正式开始在全国范围内强制推行九年义务教育。2000年，

* 陈序，四川省社会科学院社会学研究所实习研究员。

中国普及九年义务教育的地区人口覆盖率达到85%，2005年，地区人口覆盖率达到98%以上，“普九”工作目标基本完成。[①] 同年底，国务院印发《关于深化农村义务教育经费保障机制改革》（国发〔2005〕43号）的通知，要求改革农村义务教育经费投入机制，全面支持农村率先实现基本的免费义务教育，标志我国农村义务教育工作重点将逐渐从“普及”向“免费”过渡。“十一五”时期，我国教育改革发展事业取得显著成就，2008年全国实现城乡免费九年义务教育。[②] 2010年，中共中央、国务院印发了《国家中长期教育改革和发展规划纲要（2010~2020年）》（中发〔2010〕12号）的通知强调：“十二五”“十三五”期间，我国义务教育工作重点仍在巩固提高九年义务教育水平和推进义务教育均衡发展。2011年，我国全面普及九年义务教育；2014年，全国小学净入学率达到99.81%、初中毛入学率达到103.5%，九年义务教育巩固率达到92.6%，[③] 比2009年提高1.8个百分点，[④] 义务教育普及成果得到有效巩固。2012年，国务院出台《关于深入推进义务教育均衡发展的意见》（国发〔2012〕48号），提出推进义务教育均衡发展的基本目标是：每一所学校须符合国家办学标准，办学经费得到保障；教育资源满足学校教育教学需要，须开齐国家规定课程；教师配置更加合理，提高教师整体素质；学校班额符合国家规定标准，消除“大班额”现象；率先在县域内实现义务教育基本均衡发展，县域内学校之间差距明显缩小；2015年全国义务教育巩固率达到93%，实现基本均衡的县（市、区）比例达到65%；到2020年全国义务教育巩固率达到95%，实现基本均衡的县（市、区）比例达到95%。[⑤] 2016年是我国推行九年义务教育的第30个年头，是“十三五”的开局之年，距离国家实现中长期教育改革和发展目标仅余4年。在现有工作基础上，2016年7月，国务院出台《关于统

---

① 《全国教育事业发展统计公报》。

② 新浪网，http：//news. sina. com. cn/c/2010－11－10/112621447187. shtml。

③ 九年义务教育巩固率，是指初中毕业班学生数占该年级入小学一年级时学生数的百分比。

④ 共产党员网，http：//news. 12371. cn/2015/10/15/ARTI1444846476490108. shtml。

⑤ 中华人民共和国中央人民政府网，http：//www. gov. cn/zwgk/2012－09/07/content_2218783. htm。

筹推进县域内城乡义务教育一体化改革发展的若干意见》(国发〔2016〕40号)提出:到2020年中国城乡义务教育一体化改革要实现的四大目标和十项具体措施,对整体提升我国义务教育水平和质量提出了更详细、更具体的要求,亦为四川未来4年城乡义务教育一体化改革指明了方向。

2016年,根据中共中央和国务院办公厅各项精神,结合省内实际,四川省相继出台了《四川省2016年统筹城乡改革发展工作要点》(川办函〔2016〕70号)、《四川省关于进一步完善城乡义务教育经费保障机制的实施意见》(川府发〔2016〕9号)和《中共四川省委教育工委　四川省教育厅2016年工作要点》(川教〔2016〕1号)等重要文件,继续扎实推进城乡义务教育改革工作。

一　四川城乡义务教育改革工作的历史回顾

自1986年《中华人民共和国义务教育法》颁布后,按照国家要求,九年义务教育工作的开展成为全国各地基础教育工作的重中之重。30年来,四川省委、省政府一直持续高度关注义务教育工作的开展,围绕九年义务教育的普及、免费(学费和杂费)以及教育资源的均衡发展进行了不懈的努力,不断推动省内义务教育的发展。

(一)四川省九年义务教育的全面普及

1986~2010年,四川省历时25年,历经3个阶段,终于实现九年义务教育的全面普及。1986~1990年,四川省基本普及初等(小学)义务教育;1991~2000年,四川省基本普及九年义务教育和基本扫除青壮年文盲(以下简称“两基”);2000~2010年,以石渠县实现“普九”为标志,全省181个县(市、区)全部通过“两基”验收,实现“两基”人口全覆盖,“普九”人口覆盖率达到100%。[①]

---

① 央视网,http://cntv.cn/china/20111211/103804.shtml。

（二）四川免费九年义务教育的全面实现

2005～2015年，四川省历时10年改革义务教育经费保障机制，优先支持农村地区，最终实现免费义务教育。

随着全国"普九"目标的基本实现，2005年12月国务院印发《关于深化农村义务教育经费保障机制改革的通知》（国发〔2005〕43号），要求改革农村义务教育经费投入机制，全面支持农村率先实现基本的免费义务教育，从2006年春季起免除西部地区农村义务教育阶段学生学杂费，并对贫困家庭学生免费提供教科书和补助寄宿生生活费（两免一补），标志我国农村义务教育工作重点将逐渐从"普及"向"免费"过渡。2006年新修订的《中华人民共和国义务教育法》确立了义务教育阶段不收学费和杂费的原则，坚持落实全面免费义务教育是国家的责任和义务。[①] 按照国家战略部署要求，2006年，四川省出台《关于深化农村义务教育经费保障机制改革的实施意见》（川府发〔2006〕11号），在继续深入开展九年义务教育普及工作的同时，开始实施农村义务教育经费保障机制改革，逐步将农村义务教育经费全面纳入公共财政保障范围，建立起经费省级统筹、各级人民政府分项目按比例分担、责任市（州）落实、管理以县为主的农村义务教育经费投入管理新机制，让四川农村义务教育得到优先发展。2007年，四川省已初步建立农村义务教育经费保障新机制，免收993万名学生的学杂费，免费为250万名学生提供教科书，补助85.8万名贫困住校生生活费。[②] 2008年，国务院颁布《关于做好免除城市义务教育阶段学生学杂费工作的通知》（国发〔2008〕25号），要求全国从2008年秋季学期开始，全部免除城市义务教育阶段公办学校学生学费和杂费。[③] 2008年，四川省为948万农村义务教

① 中华人民共和国中央人民政府网，http：//www.gov.cn/zwgk/2006－02/07/content_181267.htm。

② 《2007年四川省政府工作报告》。

③ 中华人民共和国中央人民政府网，http：//www.gov.cn/zwgk/2008－08/15/content_1072915.htm。

育阶段学生免除学杂费，免费提供全部教科书，为95.4万名城市义务教育阶段学生免除学杂费，对132万名寄宿贫困生给予生活费补助。[1] 2014年起，四川省开始全面免除义务教育阶段学生作业本费。2015年，四川省内802万多名义务教育阶段学生全部免除学杂费、免费提供教科书和作业本，对111万名义务教育家庭经济困难寄宿学生发放了生活补助，真正彻底实现义务教育全免费。[2]

（三）四川九年义务教育资源均衡发展

从2010年开始，四川省义务教育工作重点向巩固提高九年义务教育水平和区域义务教育资源均衡发展倾斜，相继出台了各项政策、措施以促进少数民族地区、农村地区、边远地区义务教育水平的提高，四川省进入义务教育改革的另一阶段。

根据《国家中长期教育改革和发展规划纲要（2010～2020年）》精神，我国义务教育改革开始进入质量提升、促进资源均衡发展的阶段。2010年，中共四川省委、人民政府印发《四川省中长期教育改革和发展规划纲要（2010～2020年）》（川委发〔2010〕18号）的通知，结合四川省实际，明确未来10年四川省义务教育工作目标和重点。2011年，四川省开始第二个《四川省民族地区教育发展十年行动计划（2011～2020年）》，要求分类分阶段巩固省民族地区九年义务教育成果，在2011～2012年实现义务教育学龄儿童少年全部按时入学；2013～2015年实现义务教育县域内初步均衡，确保适龄儿童少年接受良好的义务教育；2016～2020年基本实现义务教育县域内均衡发展。为贯彻《关于实施农村义务教育学生营养餐改善计划的意见》（国办发〔2011〕54号）精神，四川省从2012年春季学期起，启动了实施农村义务教育学生营养改善计划地方试点工作，2013年四川省教育厅、财政厅印发《关于扩大民族地区义务教育学生营养改善计划

① 四川新闻网，http：//scnews. newssc. org/system/2009/09/26/012346187. shtml。

② 东方网，http：//news. eastday. com/eastday/13news/auto/news/china/u7ai5029377. html。

实施范围》(川教函〔2013〕283号)的通知，公布每年全省各级财政新增营养膳食补助1.5亿元，扩大民族地区义务教育学生营养改善计划实施范围，把全省民族地区60个县（含民族待遇县）县城义务教育阶段学生全部纳入营养改善计划，实现民族地区营养改善计划全覆盖。2012年，四川省教育厅、中共四川省委机构编制委员会办公室、四川省发展和改革委员会、四川省财政厅、四川省住房和城乡建设厅、四川省国土资源厅、四川省人力资源和社会保障厅联合印发了《四川省义务教育学校办学条件的基本标准（试行)》(川教〔2012〕184号）的通知，推进义务教育学校标准化建设。2013年，四川省人民政府出台《四川省人民政府关于深入推进义务教育均衡发展的实施意见》(川府发〔2013〕46号)，强调各级政府要加强支持力度，推动解决县镇“大校额”“大班额”问题；逐步实现城乡统一的中小学教职工编制标准；保障特殊群体平等接受义务教育，落实经费，尽力满足进城务工人员随迁子女在公办学校平等接受义务教育，完善普通学校接受残疾儿童、少年就学办法，办好专门学校，教育和矫治有严重不良行为的青少年。2014年，四川省启动并实施了“义务教育薄弱学校改造计划”，促进城镇学校校长教师到农村、薄弱学校交流任教，在绩效工资分配、职称评聘、选优评先等方面向农村、边远山区、薄弱学校和一线教师倾斜。2015年，在原有《四川省义务教育课程设置方案（试行)》和《四川省义务教育阶段地方课程实施方案（试行)》基础上，四川省教育厅关于印发《四川省义务教育课程设置方案（2015年修订)》和《四川省义务教育地方课程方案（2015年修订)》(川教〔2015〕41号）的通知，把国家课程、地方课程、学校课程及总课时数和课时比例严格控制在国家规定的范围之内，并从2015年秋起在全省范围内执行。整体来说，在国家“十二五”期间，四川省九年义务教育改革成就显著，九年义务教育巩固率达93.7%，累计90个县（市、区）实现义务教育基本均衡发展目标①，实现基本均衡的县（市、

① 人民网，http://sc.people.com.cn/n2/2016/0225/c345509-27810087.html。

区）占比达到61.2%。①

根据《四川省关于进一步完善城乡义务教育经费保障机制的实施意见》（川府发〔2016〕9号），2016年，四川省继续加强城乡义务教育一体化改革力度，城乡义务教育公用经费按统一的基准定额和分担政策执行，统筹设计了城乡一体化的义务教育经费保障机制，继续加大义务教育投入，重点向农村、贫困地区、民族地区和革命老区义务教育倾斜，巩固落实城乡义务教育教师工资政策。2016年初，四川省财政厅、教育厅《关于下达2016年义务教育均衡发展省级补助资金预算的通知》（川财教〔2016〕9号），全面改善农村义务教育薄弱学校基本办学条件。2016年7月，国务院出台《关于统筹推进县域内城乡义务教育一体化改革发展的若干意见》（国发〔2016〕40号）后，四川省政府办公厅立即印发了《四川省关于统筹推进县域内城乡义务教育一体化改革发展的实施意见（征求意见稿）》，通过梳理现有工作中存在的问题和不足，明确下一步城乡义务教育一体化工作重点。

二　现阶段全国城乡义务教育改革重点

2016年国务院出台的《关于统筹推进县域内城乡义务教育一体化改革发展的若干意见》（简称《意见》）中明确了2016～2020年全国县域内城乡义务教育一体化工作的指导思想、基本原则、工作目标、主要措施和实施细则（见表1），强调切实加强党对教育工作的领导，坚持以新发展理念为引领，着力解决“乡村弱”和“城镇挤”的问题，加快缩小县域内城乡教育差距，巩固和均衡发展九年义务教育，为到2020年教育现代化取得重要进展和全面建成小康社会奠定坚实基础，再次为四川省县域内义务教育工作一体化改革工作的开展指明了方向。

该《意见》的出台说明我国未来4年义务教育改革的重心将全部转移

① 百度知道，https：//zhidao.baidu.com/question/1242416675737323699.html。

表 1 《关于统筹推进县域内城乡义务教育一体化改革发展的若干意见》的目标、措施和实施细则

目标	措施	实施细则
(一)城乡二元结构壁垒基本消除,义务教育和城镇化发展基本协调	1. 同步建设城镇学校	(1)按城镇化规划和常住人口编制城镇义务教育布局规划 (2)实行教育用地审联批制度,新建配套学校建设方案 (3)依法落实城镇新居配套标准化学校建设 (4)地方政府要实施"交钥匙"工程,确保配套学校建设和住宅建设同步规划、同步建设、同步交付
	2. 改革教育治理体系	(1)在实行"以县为主"管理体制基础上,进一步加强省级政府统筹,将村小学和教学点纳入对乡村中心学校考核 (2)认真落实校长负责制 (3)创新校外教育方式,建构校内外相互衔接的一人机制
(二)城乡学校布局更加合理	3. 努力办好乡村教育	(1)各地要加快水电路气基础设施向农村延伸 (2)因撤并学校造成学生就学困难的,当地政府因地制宜,采取多种方式予以妥善解决 (3)避免出现"边建设、边闲置"现象 (4)城镇学校和优质学校教师每年到乡村学校交流轮岗
	4. 科学推进学校标准化建设	各地要逐县(市、区)逐校建立义务教育学校标准化建设
(三)城乡师资配置均衡	5. 消除大班额计划	(1)省级人民政府要结合本地实际制定消除大班额专项规划,到 2018 年基本消除 66 人以上超大班额,2020 年基本消除 56 人以上大班额 (2)各省级人民政府要于 2016 年年底前将消除大班额专项规划报国家教育体制改革领导小组备案
	6. 统筹城乡师资配置	(1)禁止在合格教师来源的情况下"有编不补",长期聘用编外教师和各种形式"吃空饷"
	7. 改革乡村教师待遇保障机制	(1)收入分配向乡村教师倾斜 (2)确保义务教育教师平均工资不低于当地公务员平均工资水平 (3)把符合条件的边远艰苦地区乡村教师纳入当地政府住房保障体系
(四)义务教育普及水平进一步巩固提高,巩固率达到 95%	8. 改革控辍保学机制	(1)县级人民政府要完善控辍保学部门协调机制 (2)义务教育学校要加大对学习困难学生的帮扶力度 (3)针对农村残疾儿童实际,做到"一人一案"切实保障农村残疾儿童平等接受义务教育权利
	9. 改革随迁子女就学机制	(1)利用全国中小学生学籍信息管理系统数据,推动"两免一补"资金和生均公用经费基准定额资金随学生流动可携带 (2)实现混合编班和统一管理,促进随迁子女融入学校和社区 (3)公办和民办学校不得向随迁子女收取有别于本地户籍学生的任何费用
	10. 加强留守儿童关爱保护	依法追究父母或其他监护人不履行监护职责的责任,依法处置各种侵害留守儿童合法权益的违法行为

中华人民共和国中央人民政府网,http://www.gov.cn/zhengce/content/2016 - 07/11/content_5090298.htm。

到县域内城乡义务教育资源均衡发展，重点解决“乡村弱”和“城镇挤”的问题，义务教育改革的目标从实现教育机会公平过渡到教育资源的公平配置。相较以往的教育类政策、纲领、意见和建议，该《意见》着重有以下四个方面的内容：(1) 改革措施的规范化和标准化。相较过去多强调资金、政策倾斜，理顺体制机制，本次《意见》列举了全国范围内普遍适用的十项重大改革具体举措，要求各省、自治区、直辖市执行。(2) 软硬兼顾、重在配套。本次城乡义务教育改革除了要合理规划学校布局，满足城镇化需要，改善农村偏远贫苦地区的办学条件，增加办学规模，合理配置城乡师资资源，提高乡村教师教学水平和工资待遇，稳定教师规模更是城乡教育改革一体化改革发展的关键。(3) 责任明确，重在配合。除教育部门外，城乡义务教育一体化改革涉及多个政府职能部门，包括发展和改革委员会、财政部门、公安部门、民政部门、组织部门、人力资源社会保障部门、国土和城乡规划部门等，需要各政府部门的积极配合和通力合作。(4) 做好困难儿童的教育托底工作，未来4年农村地区巩固和提高义务教育水平的重点在切实保障农村地区的残疾儿童、农民工随迁子女和留守儿童等困难儿童的义务教育权利和质量。

三　四川城乡义务教育改革的政策建议

根据中共中央和国务院办公厅精神，巩固提高九年义务教育水平和县域内城乡教育资源均衡发展仍是当下四川省九年义务教育改革工作的重点，尤其是化解乡村优质教育资源紧缺、城镇教育资源配置不合理的矛盾。近年来，四川省九年义务教育改革取得的显著成效，省内义务教育改革政策的落实、整合调动各方资源、提高农村地区师资力量和水平、高度重视少数民族地区和困难儿童少年成为接下来工作的重点。

（一）查漏补缺，抓好薄弱环节

随着省内城乡义务教育经费保障机制的不断完善，各项相关政策的逐步制定发布，已为四川省县域内城乡义务教育一体化发展提供了充分的政策支持和资金保障。按照中共中央和国务院办公厅要求，查漏补缺，让实现城乡教育一体化改革目标制定的十项措施在四川省平稳“落地”成为当下的工作重点。

首先，随着四川省新型城镇化水平的不断提高和户籍制度改革的推进，加快了农村地区学生向城镇流动的速度。使部分地方出现学校布局不合理的情况，使一些学生面临上学难、上学远的问题，同时也带来辍学或者交通安全的隐患。因此，四川省在全面改善农村义务教育薄弱学校基本办学条件、破解“乡村弱”问题的同时也要高度重视城乡学校的布局和新建，抓好城镇化建设的配套工作。只有实现城乡学校合理化布局，提高师资水平，才能彻底解决“大班额”问题。

其次，改革教育治理体系，适应教育形势新变化。教育治理体系和治理能力的高低是国家现代化治理能力的重要体现，县域内城乡义务教育一体化发展，要按照要求继续推进“以县为主”管理体制改革，进一步加强省级政府统筹，将村小学和教学点纳入对乡村中心学校考核。

（二）齐心协力，整合行政资源

要实现县域内城乡教育一体化改革目标，彻底破解“乡村弱”和“城镇挤”难题，需要借助各个政府职能部门力量，整合资源，共同努力。比如：教育部门要做统筹、协调和沟通工作，牵头整合行政资源；国土和城乡规划部门在制定城镇规划时，要充分考虑到学校用地、交通和周边基础设施建设配套；国家发展和改革委员会在制定规划、审定项目，要优先支持义务教育学校建设；财政部门要进一步完善义务教育经费保障机制，确保资金及时到位；公安部门要完善农民工随迁子女信息管理制度，及时更新随迁子女信息；民政部门要落实困难儿童兜底保障的职责，尤其是残疾儿童、留守儿童；人力资源社会保障部门要落实城乡义务教育教职工编制的统筹分配，提高乡村教师待遇。

（三）集中力量，完善教师队伍

在不断推进义务教育学校标准化建设工作、改善学校硬件条件的同时，加强乡村教师队伍建设是解决“乡村弱”的关键措施。完善乡村教师队伍建设需要重点从以下三方面入手：（1）要有稳定的师资队伍，落实教师工资制度，提高乡村教师收入水平，建立保障收入长效机制，解决边远、贫困地区教师住房问题，继续着力解决教师编制。（2）让更多的城镇骨干教师到乡村学校进行轮岗，提供条件鼓励更多的大学毕业生、青年教师到基层学校任教，有效提高乡村学校义务教育水平。（3）健全乡村教师职业发展的保障机制，职称评定向乡村老师倾斜不仅可以提高教师的工资收入，也是增强乡村教师提高业务能力积极性的重要手段，更是乡村教师获得职业满足感的重要渠道，从而保证了乡村教师队伍的稳定和教学水平的不断提升。

（四）齐抓共管，重视弱势儿童少年

四川省内共有55个少数民族，是一个多民族大省，是全国最大的彝族聚居区、第二大藏族聚居区和唯一的羌族聚居区，省内各族人民多分布在贫困、边远山区。四川省历来重视少数民族地区九年义务教育工作的开展，先后采取多项措施促进省内民族地区免费九年义务教育的普及和巩固。随着少数民族地区免费九年义务教育的普及，少数民族地区义务教育工作的重点也应转移到城乡一体化改革和教育资源均衡发展，巩固提高义务教育水平。同时，四川省也是一个劳务输出大省，有数量较多的农民工随迁子女和留守儿童，既要帮助农民工随迁子女做好对接工作，保证随迁子女享有平等的受教育权利，也要依托民政、妇联和其他社会组织，进一步做好留守儿童教育和关爱工作。

参考文献

《2005年全国教育事业发展统计公报》。

《2007年四川省政府工作报告》。

http：//news. sina. com. cn/c/2010 – 11 – 10/112621447187. shtml。

http：//news. 12371. cn/2015/10/15/ARTI1444846476490108. shtml。

http：//www. gov. cn/zwgk/2012 －09/07/content_ 2218783. htm。

http：//cntv. cn/china/20111211/103804. shtml。

http：//www. gov. cn/zwgk/2006 －02/07/content_ 181267. htm。

http：//www. gov. cn/zwgk/2008 －08/15/content_ 1072915. htm。

http：//scnews. newssc. org/system/2009/09/26/012346187. shtml。

http：//news. eastday. com/eastday/13news/auto/news/china/u7ai5029377. html。

http：//sc. people. com. cn/n2/2016/0225/c345509 －27810087. html。

https：//zhidao. baidu. com/question/1242416675737323699. html。

http：//www. gov. cn/zhengce/content/2016 －07/11/content_ 5090298. htm。

实践篇

Practice Report

B.9

四川省城市社区居家养老报告

陈 成*

摘 要: 本文以四川省城市社区居家养老为研究对象，选取了成都市主城区的J区为样本区域，采用了文献法、问卷调查法、半结构访谈法、焦点组访谈法等相结合的研究方法，厘清J区社区居家养老服务的主要经验做法，分析现有社区养老模式中存在的一些问题，并提出相应的对策建议。从一个具有代表性的地区“由点及面”地看到四川省整个城市社区居家养老服务的缩影，以期能够更有效地推进四川省养老服务体系的建立。

关键词: 社区居家养老 社区服务 四川省

---

* 陈成，四川省社会科学院社会学研究所实习研究员。

一　引言

（一）研究背景

（1）人口老龄化：国际上通常看法是，当一个国家或地区60岁以上老年人口占人口总数的10%，或65岁以上老年人口占人口总数的7%，即意味着这个国家或地区的人口处于老龄化社会。而我国在2015年60岁以上人口2.2亿人，占全国总人口的比重为16.1%，65岁以上人口1.4亿人，占全国总人口的比重为10.5%，已经远远超过了国际上规定的老龄化界限。根据《四川省"十三五"社会养老服务体系建设规划》（征求意见稿），2020年，四川省60岁以上老年人口数将从2015年的1672万人增加到2020年的1866.72万人，80岁以上的老年人口将从2015年的211.58万人增加到2020年的287.39万人。预计在"十三五"期间，四川省60岁及以上人口总量和比重将一直呈持续增长态势。《成都市2015年老年人口信息和老龄事业发展状况报告》显示，2015年，成都市60岁以上人口有259.89万人，占成都市总人口的比例为21.2%；65岁以上人口175.13万人，占成都市总人口的比例为14.3%。由此可见，成都市人口老龄化相比较于全国水平更加严重，养老问题的解决迫在眉睫。

（2）20世纪70年代初计划生育政策的实施，我国"4—2—1"家庭逐渐普遍，家庭结构小型化，家庭养老功能日益弱化。同时，随着社会生产力的发展，中青年人就业压力、竞争压力加大，不能随时陪伴左右，空巢老年人不断增加。空巢老年人怎样选择适合自己的养老方式，已经成为需要破解的社会难题。而老年人的日常照顾和医疗救护又成为亟待解决的养老新课题。

（3）居家养老是中国人根深蒂固的传统思想，绝大多数老年人对养老院不能接受，而对家和周围熟悉的环境有依赖心理。中国未富先老的基本国情，经济实力不足难以全部实现机构养老。

因此，既能满足老年人"不离家"的心理状态，又能享受机构养老的专业化服务，且成本相对低廉的养老方式应运而生，即社区居家养老。这种养老方式既可以满足老年人不离家就可以养老的心愿，又可以成为中国解决养老问题的重要方式之一。

就社区居家养老方式，我国现有政策给予了有力支持。《国务院关于加快发展养老服务业的若干意见》（国发〔2013〕35 号）指出：地方政府要支持社区建立健全居家养老服务网点，引入社会组织和家政、社区日间照料、老年活动中心等形式多样的养老服务项目。《民政事业发展第十三个五年规划》（民发〔2016〕107 号）指出：加强社区养老服务设施建设，新建城区和新建居住（小）区，按要求配备建设社区日间照料机构等。《四川省国民经济和社会发展第十三个五年规划纲要（2016～2020 年）》指出：四川省要全面建成以居家为基础、社区为依托、机构为补充的多层次养老服务体系。

在国家政策的大力弘扬下，“十二五”时期，四川省社会养老服务体系建设成效明显，已经基本建成“9073”① 的社会养老服务格局。目前已出台《四川省政府购买居家养老服务实施办法》，积极推动建立居家养老服务补贴制度。

（二）研究方法

本研究采取了文献法、问卷调查法、半结构访谈法、焦点组访谈法等相结合的研究方法。通过前期对社区养老的文献梳理，本研究的调研时间集中在 2016 年 10 月上旬至 11 月中旬，选取了成都市主城区的 J 区为样本区域，走访了辖区内的 10 个社区居家养老中心，分别对其中的 A、B、C、D 四个典型社区居家养老中心进行重点蹲点调研，A、B 点是辖区内经济条件较好、服务和反映良好的两个社区居家养老中心，而 C、D 点是经济条件较差、服务和反映较差的两个社区居家养老中心。本研究还通过焦点组访谈法摸清了样本社区养老中心的运营方式、服务内容、收费标准等基本情况，也通过半结构访谈法了解到运营中亟待解决的一些问题。同时，本研究随机抽取了 J 区已

① 90% 的老年人由家庭自我照顾，7% 享受社区居家养老服务，3% 享受机构养老服务。

参与社区居家养老中心服务的153名老年人进行问卷调查，其中男性占48.37%，女性占51.63%；低龄老年人（60~69岁）、中龄老年人（70~79岁）和高龄老年人（80岁及以上）分别占49.2%、17.65%和33.33%。

二 城市社区居家养老现状分析——以J区为例

根据《2016中国民政统计年鉴》，四川省社区养老机构和设施有2272个，2015年末职工数有8532人，其中，大学专科有1226人，大学本科及以上有601人，持有社会工作师证的70人。四川省社区居家养老工作相对于机构养老比较滞后，城市居家养老服务还处于初始水平。本文选取了四川省成都市J区为样本区域，J区是成都市的老城区及核心城区、中央商贸商务区，是四川省城市社区居家养老中具有代表性的区域。

（一）区域概况

J区位于成都市东南部，面积为62.12平方公里，常住人口为69.04万人，户籍人口为49.28万人，辖16个街道办事处117个社区。全区现有60岁以上户籍老年人10.28万人，占户籍人口总数的20.86%，高于全国的16.1%，低于成都市的21.2%的比例；但65岁以上老年人有7.06万人，占户籍人口总数的14.3%，高于全国的10.5%，与成都市10.5%的比例持平。面对人口老龄化问题，近年来，区委、区政府按照"党政主导、社会参与、全民关怀"的老龄工作方针，大力发展老龄事业，积极推进养老服务产业。民政部领导、全国老龄办领导、四川省委省政府主要领导、成都市委市政府主要领导多次到J区调研养老工作，对J区养老工作给予了充分肯定。J区先后获得了"全国智能化养老实验区""四川省敬老模范区"等国家、省级荣誉称号。

（二）主要做法

1. 政府方面

（1）强化政策支持。近年来，成都市J区政府先后出台了《加快推进居家养老服务工作意见》《加快推进社区托老服务工作意见》《关于加快养老服务业创新发展的实施意见》等政策和实施办法，明确提出到2020年要全面建成“以家庭为基础、社区为依托、机构为补充、政策保障为主导、社会化运作为方向”的养老服务模式。

（2）加大财政投入。J区加大了对社区养老的财政投入，建立了社区日间照料中心、社会养老机构一次性建设补助及运营补助制度，全区养老基础设施建设步伐明显加快。J区政府对每一个验收合格的社区日间照料中心，给予30万元的一次性建设补助，每张床位1.2万元的建设补贴和每张床位150元的床位补贴。2015年，J区社区日间照料中心55家，比2014年的35家增加了20家，增长率达57%，床位数达365张；居家养老定点服务机构210家，初步构建起覆盖全区为老年人提供便民家政、老年用餐、医疗保健、物业维修、人文关怀、娱乐学习、应急救助等各类服务的平台。

（3）引入知名企业。J区引入了央企中航集团旗下四川航空爱老之家养老服务有限公司、万科集团旗下成都万科养老服务有限公司、华邦控股旗下美好家园养老集团有限公司等知名企业，建立实施品牌战略，打造养老产业集群，运用信息技术，以“互联网”为支撑，建设依托社区日间照料中心（线下）和通过智能终端设备、智能穿戴设备进入小区院落和家庭（线上），提供线上购买、线下体验的更加个性化的社区居家养老服务。

2. 社区居家养老中心方面

（1）服务理念人性化。本文抽取的J区四个社区居家养老中心，它们的理念及宗旨都很新颖且以人为本。例如，A点提出的理念为“小规模、多机能”，服务宗旨是“尊重、专业、关爱、幸福、健康”。弘扬“让长者不出社区，即可享受国际一流关怀”的人性化服务及关怀。

（2）服务方式特色化。A点的服务有三个方面特色：第一，营造长者社交的社区居家养老：寻得志同道合的新伙伴，无须告别熟悉的圈子，A点的小规模也可以从这方面体现，只服务A社区的老年人，具有很强的针对性。第二，专注长者健康的专业化照护。专业服务团队：有医生、护士、养老服务专业人士，分别拥有高级养老护理师、健康管理师、高级保健按摩师等资质，给老年人高质量的服务，让老年人及其子女放心；国际一流水平服务标准：服务标准化、规范化，与国际标准接轨，专业公司（日本长屋福祉公司）核心培训师，专业培训 A 点服务团队；多角度、全方位健康维护：专业营养师为长者量身定制专属膳食，建立健康档案，定期健康检查，并且与三甲医院建立绿色通道。第三，提供贴心服务高端配置：包括 50 余项适老化设计，拥有多功能活动室、康复理疗室、居室、室外活动区、休息室、浴室、就餐区等服务设施。

B 点的服务特色是采用 360 度全方位无忧服务，对长者突发情况做到"三个第一"。即第一时间发现、第一时间到达、第一时间处理的"一站式养老服务方式"。并且，内设健康评估室、康复训练室、文化活动室、配餐室、休息室、淋浴室等功能区域，并有 24 小时呼叫系统、监控系统等，形成完善的安全服务体系。还配备专业服务团队，为社区老年人提供生活照顾、娱乐休闲、理疗保健等全方位贴心服务。

（3）服务内容多元化。J 区的四个样本点都有详细、多元化的服务内容。例如，表 1 是 A 点的居家养老服务项目，从营养膳食、生活助手、家政服务、居家改造等六个大的服务项目上，衍生出对应的更细化的服务内容，全方位满足了各年龄段老年人的养老需求。

表 1　A 点居家养老服务项目及内容

服务项目	服务内容
营养膳食	营养配餐
生活助手	康复理疗、肢体训练、心理支持
家政服务	保洁家政、上门取件洗衣、跑腿代办
居家改造	新风除霾系统、房屋翻新、适老化改造
医疗健康	贵宾通道、陪伴就医、健康档案、健康建议、专家讲座
智能居家	健康手环

（4）服务流程专业化。J 区四个样本点均对服务时间和流程做了具体的规定和方案。例如，A 点规定服务时间为每周的星期一至星期五的 8∶00 到 20∶00，双休日和节假日不提供任何服务。B 点的服务时间分为夏季和冬季两个作息时间，夏季是每天的 8∶30 到 21∶30，冬季是每天的 9∶00 到 20∶00，双休日和节假日照常提供服务。在服务流程方面，如表 2 所示，每个服务时间点都有具体的流程和服务内容。

表 2　B 点日间照料服务流程及内容

时间安排	照料内容	时间安排	照料内容
8∶30 前	迎接长者	12∶45～14∶00	长者午休
8∶30～9∶30	长者身体检测	14∶10～16∶30	长者兴趣班、健康课
9∶30～10∶00	长者新闻晨报	16∶35～17∶30	长者健康理疗
10∶00～11∶00	长者健身操	17∶35～18∶00	长者晚餐
11∶00～11∶45	长者静修、小活动	18∶10～18∶30	长者基础健康监测
11∶45～12∶00	长者餐前歌	18∶30～19∶00	长者准备回家
12∶00～12∶30	长者午餐（漱口）		

三　存在问题分析

（一）社区居家养老滞后于机构养老

总体来看，养老服务发展不够均衡，价格适合的养老机构需求得不到满足。同时，社区居家养老的发展滞后于机构养老，社区日间照料中心的作用发挥不充分。医养结合的广度和深度不够，在社区居家养老中还显得十分薄弱，真正能够提供日间照料护理、医疗康复、精神慰藉等服务的社区居家养老中心不多。

J 区的四个样本点，由于收费均较高，会员都很少。如表 3 所示，仅限于工作日的日间照料，收费是 200 元起，而很多项目都需要额外收费。B 点的会员是每个月缴费 3000 元。A 点仅有 5 名老年会员，B 点在办理规模较大、开放式接纳周边各个社区老年人的情况下，拥有 40 名老年会员。而 C 点和 D 点由于所处社区都为安置社区，居民收入过低，几乎没有会员，很多服务内容也形同虚设。

表 3　A 点居家养老服务会员卡及套餐卡标准

会员卡	充值金额	200 元	拥有会员资格
		500 元	充值即送 50 元
		1000 元	充值即送 120 元
		2000 元	充值即送 300 元
套餐卡	孝心卡	900 元/月	上门次数 34 次/月
	尊享卡	600 元/月	上门次数 25 次/月
	颐养卡	300 元/月	上门次数 12 次/月

注：A 点的老年人可以选择办理会员卡或者套餐卡的形式参与 A 社区居家养老服务。会员卡充值 200 元即可成为会员，之后往卡充值享受居家养老服务项目。套餐卡属于月卡，以每个月 300 元起办理，有三种形式，如表 3 所示，价格越高上门服务次数越多。

同时，通过对 J 区已参与社区居家养老中心服务的 153 名老年人的问卷调查中显示（见图 1）：占比收入最多的是 3000～4999 元，占调查的 153 名

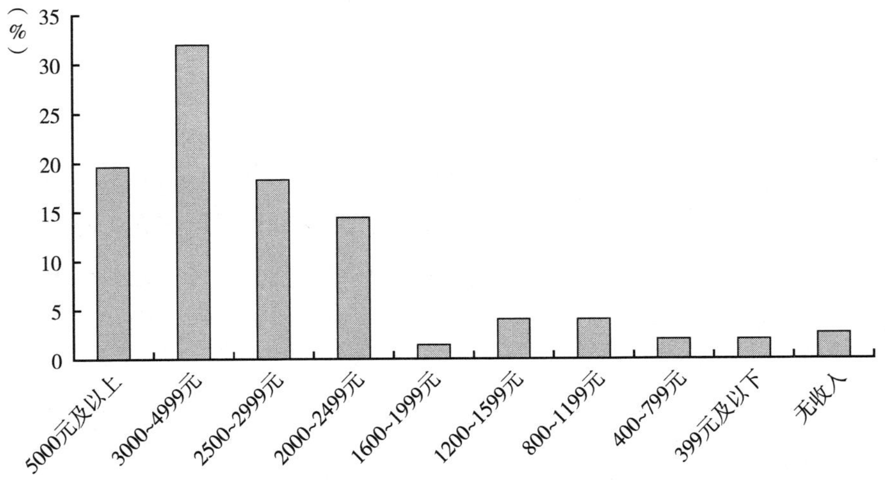

图 1　J 区调查的 153 名老年人的每月养老金总收入情况

老年人的32.03%；其次是5000元及以上，占总样本的19.61%。样本老年人中，收入2000元以上的占了84.32%。由图2可知，主要收入来源占比最多的是离退休金，占调查的153名老年人中的79.08%。由此可见，能够参与社区居家养老服务的老年人，大部分是有一定经济基础且收入稳定的老年人。

因此，收费标准与老年人收入水平的差异，直接导致了社区居家养老参与度低、服务对象少的现象。

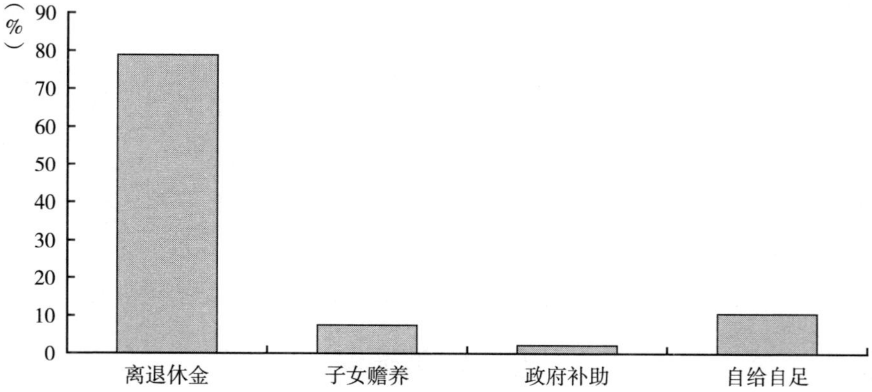

图2　J区调查的153名老年人的主要收入来源

（二）服务机构运营缺乏保障

通过调研发现，社区居家养老中心运营风险较大，面临资金、场地、人员等诸多困难。加之，社区居家养老中心在社区及媒体上的宣传度较低，很多社区老年人对其不了解也没有去主动了解，老年人对社区居家养老的认可度低，甚至有的老年人嫌社区居家养老方式很麻烦。

（三）服务队伍文化素质及专业化程度较低

目前，社区居家养老服务团队人员文化素质偏低，专业化程度低，专业护理人员严重短缺，后备人员队伍跟不上。在调研过程中，社区养老服务人员也反映工作枯燥乏味、工资低、责任重、工作时间长（12小时/天）、对工作也缺乏积极性。例如，A点服务人员平均年龄25岁，刚开始有十多个人，而不到一年只剩下1人，离职者均为本科相关专业，唯一没有离职的人是因为高中文凭出去打工也不好找到工作，只能勉强留下。目前，A点只有3名工作人员，且均无相关专业知识及资质等背景。

（四）政府财政补贴不足，低收入老年人难以享受服务

政府对社区居家养老有一定的财政支持，但相对于目前的服务成本来说却过少，尤其是低收入人群集中的社区，社区养老形同虚设。B点反映政府财政支持太少，以至于B点的大部分基础设施成本、运营成本、人员成本等远远高于收入，很多活动项目无法真正开展。C点和D点很多老年人表示由于经济条件限制，从未参与社区居家养老服务，政府对老年人的补贴为零。在153份问卷调查中，无论收入高或低的老年人，均希望政府能加大对社区居家养老服务的财政补贴力度。

四　对策建议

按照四川省到2020年全面建成规模适度、结构合理、制度完善、运营高效、服务专业、布局合理、覆盖城乡、符合四川省实际的家庭养老为基本、社区养老为依托、机构养老为补充，力求让全省老年人老有所养。各居家养老服务企业（机构）和社会组织3.5万个以上，养老床位数达到61万张以上；日间照料机构、老年人活动中心等充足；社区医生签约服务模式覆盖率60%的城镇社区，培训养老护理专业人员40万人次，养老护理人员持证上岗率达90%以上的指标。针对城市社区居家养老存在的问题并结合调研分析，特提出以下对策建议。

（一）夯实城市社区居家养老服务基础

加快老年人日间照料中心、老年人活动中心、嵌入式中小微老年机构等的建设，并配备医疗护理、康复辅具、文娱活动等设备。新建城区和新建居住（小）区，按照要求配套建设日间照料机构。加强基层老年协会建设，

组织开展各类老年人文化娱乐活动。统筹社区范围内的各类养老服务机构、医疗卫生服务机构、社会工作服务机构、志愿服务组织和服务性企业，提高社区居家养老服务能力和质量。

（二）拓宽资金来源，加大财政补贴

鼓励和支持各类企业、社会组织和个人参与社区养老服务，鼓励支持社会力量投资兴建和运营社区老年人日间照料中心，对符合要求建设的给予建设补贴和运营补贴。尤其是对低收入老年人的养老补贴，让低收入老年人也可以享受到社区养老的专业化服务。同时，在认识到我国“未富先老”的现实国情上，应该通过多方位、多渠道的筹集资金，拓宽资金来源，融入政府财政、医疗保险、社会救助、慈善捐赠、公益服务等筹措资金渠道来加强社区居家养老的建设。

（三）提升养老服务队伍专业化水平及职业认可度

首先，将养老服务技能培训纳入城乡就业培训范围，制定职业培训补贴政策，在社区增设养老服务岗位，吸纳更多的人进入该领域，规范补贴制度，提高从事养老行业人员工资，吸引更多人才。可以根据不同社区的养老服务岗位，制订细致、规范的培训计划，定期调整培训大纲，以适应市场变化提出的新要求。其次，把养老服务人才队伍建设纳入四川省教育培训计划，高等院校和中等职业学校增设养老服务相关专业和课程，鼓励毕业生从事养老服务工作。让为老年人服务这项工作专业化、职业化，让这个职业得到社会认可与接受，并且获得相应的尊重。最后，落实社区养老护理人员职业资格和持证上岗制度，社区居家养老护理员岗前培训率达到100%，护理员还应参加轮训。

（四）医养结合、预防为主

根据调研问卷分析，几乎所有老年人都有“医养结合”的诉求。因此，在社区养老中，应该加强“医疗”对养老的介入，满足老年人的健康需求，

而根据国际经验表明，疾病预防对老年人的健康起到非常关键的作用。建议社区养老机构加强医疗建设，包括医护人员、技术、设备的加大引进，并提供相应的医疗服务。

（五）建立健全法律保障

发达国家的社区养老发展较早也较快，有比较系统的法律保障。例如，日本早在1963年就颁布了《老年人福利法》，提出要发展社区养老，并对社区养老服务的内容做出规定；20世纪90年代，英国颁布了《照顾白皮书》和《国家健康服务与社区照顾法令》，强调社区照顾的目标是在“自己的家或‘像家似的’环境中供养人们”。[①]

因此，我国也可以将社区居家养老上升到法律保障上，颁布相应的法律法规，加大社区居家养老服务力度，让更多的老年人参与进来，从法律制度上对其进行支持。同时，实行严格的准入和退出机制，监管方面也必须出台相应的法律条款，企业要进入社区养老服务领域，必须经过相关部门的严格审核认可，取得应有的资格。对社区养老的运行状况、服务质量进行评估和监督。

---

① 陈玉光、冉文伟：《国外如何开展社区养老服务》，《学习时报》2014年6月9日。

B.10
创新群团工作的四川实践

刘会英　苗勇　管雷　刘勇*

摘　要： 四川省群团组织围绕创新社会治理体制和实现群团组织的政治性、先进性、群众性，进行了一系列实践探索。泸州市大胆推进基层群团改革创新，搭建服务群众的工作平台，根据群众需求，精准服务群众，经验值得总结。

关键词： 社会治理　四川　群团组织　政治性　先进性　群众性

党的十八届三中全会做出了全面深化改革的决定，指出总目标是推进国家治理体系和治理能力现代化，并强调要创新社会治理体制。在中央党的群团工作会议上，习近平总书记强调要切实保持和增强党的群团工作和群团组织的政治性、先进性、群众性，为党的群团工作改革指明了前进方向。

四川省群团组织在省委、省政府坚强领导下，紧紧围绕创新社会治理体制，发挥群团组织的政治性、先进性、群众性，以“4·20”雅安芦山地震应急管理为契机，成立社会管理服务组，开创了“党政领导、群团实施、社会协同、公众参与、法制保障”的工作格局，特别是在社会协同方面积累了经验。随着应急管理向常态治理深化，四川在省一级成立社会治理领导小组，建立四川省群团组织社会服务中心，有力有序有效承接政府职能转移和组织引领社会组织和志愿者参与社会公益事业，着力构建了省级“大群

* 刘会英、苗勇、管雷、刘勇，共青团四川省委。

团”社会治理体制。如何在基层，特别是在乡（镇）、村（社）夯实社会治理基础，破解服务群众“最后一公里”问题，四川各地进行了积极探索，泸州市群团组织在党委领导下，大胆推进基层改革创新，搭建服务群众“最后一公里”服务平台，在县以下整合工会、团委、妇联、科协、侨联、残联等群团资源成立了乡（镇）、村（社）群团服务中心（站）（以下简称“中心”），根据群众需求，精准服务群众，其成效初显。

一 建立高效的领导层执行层双层大群团组织体系，保持群团组织的政治性

习近平总书记指出，“政治性是群团组织的灵魂，是第一位的”，“群团组织要始终把自己置于党的领导之下，在思想上、政治上、行动上始终同党中央保持高度一致，自觉维护党中央权威，坚决贯彻党的意志和主张，严守政治纪律和政治规矩，经得住各种风浪考验，承担起引导群众听党话、跟党走的政治任务，把自己联系的群众最广泛最紧密地团结在党的周围”[①]。为了实现群团组织的政治性，泸州市建立了领导层和执行层双层大群团组织体系。一方面，建立市、县两级联席会议体系，健全统筹领导协调机制。泸州在市和区（县）分别建立党委群团工作联席会议制度，成立由各级党委分管领导作为召集人，群团组织主要负责人为成员的议事协调机构。联席会议原则上每月召开一次，邀请政府相关部门负责人参加，通报阶段性工作安排，对重要事项进行会商、协调和沟通，群团组织与政府有关部门共同谋划联合开展活动，协调解决工作中存在的问题。目前，泸州已召开两级联席会议87次，解决突出问题32个。另一方面，建立“联动”机制，通过建立区、乡（镇）两级群团部门联席会议制度，形成自上而下“一体化”执行工作格局，实现上下左右联动，群团工作从原有的“单指发力”到群团服

① 《中央首次召开群团工作会议　习近平出席并发表重要讲话》，http：//news. youth. cn/gn/201507/t20150717_ 6877486. htm。

务中心“攥指为拳”整体给力。同时，乡（镇）群团服务中心定期召开内部会议，汇总后台台账记录，探讨阶段性工作情况。会议邀请同级党委相关部门负责人甚至党委领导参加，共同议事协调群团工作中遇到的问题。对于同级党委无法解决且涉及大部分群众利益的问题，“中心”归纳问题共性，通过党委群团工作联席会议逐级上报给同级党委分管领导，并议事统筹、协调解决。

领导层和执行层双层大群团组织体系既为统筹协调群团工作提供了保障机制，同时又开辟了一条党政联系群众、听取群众诉求的重要渠道，为群团从源头上组织团结引领群众提供了有效途径，从机制上实现群团工作跟党走，实现群众听党话、知党恩。

二　充实高素质基层群团干部队伍，增强群团组织的先进性

习近平总书记指出，“要把保持和增强群团组织先进性作为重要着力点”，“各级党委要坚持德才兼备、五湖四海，加强群团干部培训管理，选好配强群团领导班子，提高群团干部队伍整体素质”①。泸州市配强“群团服务中心”专兼职队伍，由乡（镇）分管群团工作的党务副书记兼任“中心”主任，乡（镇）群团组织相关负责人兼任“中心”副主任，选调年轻公务员、优秀大学生村官、西部计划志愿者等作为“中心”兼职力量，同时补充配备专职人员。比如，泸州纳溪区按照乡（镇）中层正职待遇调剂现有行政人员任专职副主任，并将原有的乡（镇）残疾人专职委员纳入“中心”管理，面向社会公开选拔 24 名专职工作人员。通过人员整合和新招考，全区 15 个乡（镇）群团服务中心配有专职群团干部 54 名、兼职群团干部 63 名。通过发挥专兼职群团队伍的先进性，进而实现群团组织的先

① 《中央首次召开群团工作会议　习近平出席并发表重要讲话》，http：//news. youth. cn/gn/201507/t20150717_ 6877486. htm。

进性。

泸州市配齐配强基层群团服务中心的专兼职工作人员，专人专事、明晰全责，将群团工作从基层大量烦琐的工作中单独抽离出来，做实做细基层群团服务工作，彻底改变了以往基层群团干部兼职过多，无时间、无精力思考和从事群团工作，基础工作流于形式，基层服务缺乏持续性与精准化的状况，克服了工作人员行政化倾向。

三　健全以群众为中心的全过程工作体系，突出群团组织的群众性

习近平总书记强调，“群众性是群团组织的根本特点”，“群团组织开展工作和活动要以群众为中心，让群众当主角，而不能让群众当配角、当观众”①。泸州市基层群团组织着力建设群众全过程参与的工作体系。首先，服务职能向群众公开。群团服务中心及“中心”下辖村、社区群团工作窗口将各项工作制度和阶段性工作情况予以公示，便于群众监督。通过群团工作窗口，既能直接服务群众，又能接受群众对群团工作效果的反馈，还能对工作未覆盖到的群众诉求进行收集。其次，“中心”项目发放以吸纳群众参与。“中心”公开项目发放全程，将项目流程、项目总览表、项目合同书和项目评估等全流程内容进行公示，促使群众对社会组织和群团部门进行监督。再次，在项目评估环节，对政府、群团服务中心、服务对象、群众四级量化评估方式进行考核，将评价结果作为未来项目购买的重要参数。最后，着力培养群众主体意识。在群团组织的引导培育下，群众服务社区和社会的责任意识、自我塑造意识逐渐增强，通过培训成为社区急需的服务志愿者，从被动接受群团或社会组织提供“他服务”转向主动实施“自服务”。比如：纳溪区的青年志愿者、巾帼志愿者积极组织参与应急抢险及涉稳涉诉等

① 《中央首次召开群团工作会议　习近平出席并发表重要讲话》，http：//news. youth. cn/gn/201507/t20150717_ 6877486. htm。

急、难、险、重工作的处置，积极参与法制宣传和平安细胞建设，推进未成年人关爱体系建设实现全覆盖，涉罪未成年人批捕率、起诉率分别同比下降5.3%和1.6%。

泸州市群团服务中心设计工作征求群众意见，开展工作注重普通群众参与，评估工作请群众监督评审，这样的全过程工作体系，克服了群团工作中注重精英忽略群众主体作用的贵族化倾向。

四　搭建双阵地多方位服务平台，推动服务群众便利性

《中共中央关于加强和改进党的群团工作的意见》指出，“群团组织要牢固树立以群众为本的理念，以便于群众参加的形式和方法开展工作”①。泸州市群团组织在党委领导下，整合乡（镇）、村（社）现有群团资源，重点打造和连接乡（镇）、村（社）两级群团服务站点，着力搭建基层群团组织的大群团多方位联合服务平台，将“中心”定位为基层群团组织的综合服务机构，赋予“中心”实实在在的服务职能。目前，泸州市已建乡（镇）群团服务中心55个、村（社）群团工作室（站）326个。每个“中心”都落实20平方米以上办公阵地，购置相应办公设施和用品，统一悬挂“××乡（镇）群团服务中心”和“××乡（镇）××群团组织”标识标牌。与此同时，依托乡（镇）便民服务中心，开设群团组织服务窗口，成功构建前台咨询服务、后台统筹协调的“双阵地”模式。

目前，泸州市各群团服务中心共计为群众解决实际问题603个，化解矛盾430起，群众上访次数下降10%。群团服务中心的设立，为有困难和遇到问题的基层群众获得了寻求帮助的实体渠道，有效解决了上级群团工作难以落地、基层群团工作阵地缺乏、力量薄弱的弊端，将群团服务场地搬到离群众最近的地方，克服了机关化倾向。

① 《中共中央关于加强和改进党的群团工作的意见》，中发〔2015〕4号。

五　集中匹配群团资源，发挥服务群众的集约性

《中共中央关于加强和改进党的群团工作的意见》指出，“要完善群团工作经费保障制度。对基层群团组织的经费补贴应该落实到位，按人头划拨的经费重点向基层倾斜。基层单位应该根据需要合理安排群团工作经费”①。泸州市落实“中心”工作经费，由区（县）、乡（镇）两级财政按同比例分摊。区（县）财政每年下拨 10 万元，并酌情以项目化运作模式补助 5 万～10 万元，乡（镇）配套 10 万元。市级群团组织下拨“2 个 1 元，1 个 8 角”（妇联和团委按服务对象每人 1 元，科协按每人 8 角的标准）打入工会账户专款专用，设有专门账户，按照“统筹共享”的原则打捆使用，发挥资金的集约效益。泸州市群团组织还注重运用市场化方式撬动和整合社会资源来开展群团服务群众工作。

以往基层群团组织以资金为核心的资源渠道狭窄，在条块内自上而下封闭式传递，基层群团工作经费十分有限。泸州市党政高度重视基层群团组织建设和工作开展，切实加大对基层群团工作的支持和保障力度，注重整合政府、市场和社会三方资源，为基层群团组织有效服务群众创造了良好的环境和条件。

六　精准实施群团工作项目，提升服务群众的针对性

《中共中央关于加强和改进党的群团工作的意见》指出，“群团组织要强化服务意识，提升服务能力。群团组织服务群众要盯牢群众所急、党政所需、群团所能的领域，重点帮助群众解决日常工作生活中最关心、最直接、最现实的利益问题和最困难、最操心、最忧虑的实际问题”②。泸州市群团

① 《中共中央关于加强和改进党的群团工作的意见》，中发〔2015〕4 号。

② 《中共中央关于加强和改进党的群团工作的意见》，中发〔2015〕4 号。

组织将群众所需所盼的创业就业、社会保障、法律援助、行业管理与协调等服务内容，纳入项目制管理，进行项目化运作，建立“需求调研→项目申报→专家评审→项目推介→跟踪督导”的项目运作机制，采取政府购买社会服务的形式，交由群团服务中心统一实施。“中心”通过公开、竞争、比选的正规程序选择社会组织，实现群团服务的专业化和社会化，调动、激发和引导社会组织参与社会治理。如红星街道天立社区建立公益项目储备库，储备项目12个，在第一期公益项目发布会上，吸引了7家社会组织、9个公益服务项目参与比选，在项目推介会上吸引了泸州老窖、龙马建司、龙马潭农商银行、德旺粮油等企业参与项目认购，整合各类社会资金14万余元。纳溪区储备各类公益项目35个，主要涉及青少年关爱、法制教育等8个方面。其中，“守护天使花蕾行动”等5个公益项目落户“中心”实施。通过项目制管理、采取社会化服务，“中心”撬动了一批社会资源，培养了一批社会公益人才和志愿服务团队。如龙马潭区目前已有120家社会组织备案，其中社区服务类40家、志愿者服务类30家、互助类50家。

针对泸州社会组织尚不发达、社会力量培育滞后的实际，泸州群团服务中心通过着力孵化本土社会组织，接棒未来激增的群众服务需求和社会治理需要，从而调动各方力量积极参与群众帮扶，通过实实在在的精准服务群众项目实施，克服了群团工作娱乐化倾向。

（1）四川群团工作经验告诉我们，创新社会治理体制，要正确处理好群团组织政治性、先进性、群众性在思想认识和实践路径上的关系。首先，在认识上，要深刻领会政治性是群团组织的灵魂、先进性是群团组织的重要着力点、群众性是群团组织的根本特点，在深化“三性”认识中找准群团工作在党和国家工作大局中的切入点和着力点。在实践路径上，要先以群众性为基础和出发点，从精准服务群众需求出发，深入贴近群众，密切联系群众，真情服务群众，使更多群众普受惠、长受惠。其次，要以先进性为引领，研究群众结构变化和需求变化，建构新模式，调整群团工作，推进群团工作深化改革转型发展。最后，要坚持以政治性为灵魂、归宿和目标，牢牢把握坚持党的领导这一政治关键，坚持中国特色社会主义群团发展道路，加强向党委的请示汇报，承担起引导群众听党话、跟党走的政治任务。

（2）四川群团工作经验告诉我们，创新社会治理体制，要正确处理好不同层级的群团组织职能关系。目前中央、省、市、县四级群团干部均为专职群团干部，而基层群团干部主要是兼职，群团工作力量薄弱，形成群团资源力量配备的倒“金字塔”形结构。而所联系服务的群众处在基层，形成正“金字塔”形结构。因此，上级群团组织应做好顶层设计，整合资源，搭建平台，项目化推动、社会化运作、规范化管理；基层群团组织应深入了解群众实际需求和诉求，做好项目编制和实施，从而使省、市、县、乡不同层级通过构建扁平化的群团服务中心，形成“漏斗”形科学高效的资源匹配和工作方式，激发基层活力，精准服务群众，调动各方力量共同参与社会治理。

（3）四川群团工作经验告诉我们，创新社会治理体制，要正确处理好立足实际与改革创新的关系。当前，群团组织服务功能无法有效延展的“场域”，群团干部队伍不稳定、工作疲于应付的情况，群团组织管理不规范、工作边缘化、服务能力不足等问题主要在基层。因此，将群团的服务功能有效下沉，关键在自上而下地有效激发基层群团工作活力，改革的“突破口”不在省、市、县，而是在乡（镇）。在群团组织原本相对“缺位”的乡（镇），建立起整合各群团组织职能的群团服务中心，通过群团组织延展政府服务功能，弥补当前群众普遍增长的社会服务诉求与社会组织供给不足之间的矛盾，这是夯实党的执政根基、赢得民心的务实举措。四川群团工作探索经验显示，群团参与社会治理，实现社会协同，从组织结构来看，需要双层结构：即领导决策指挥层和服务执行层；从组织功能来看，需要搭建信息发挥、项目对接、公共服务和孵化培训等平台；从改进社会治理方式来看，应主要采用多元化协同、开放式服务、项目化运作、制度化运行等社会化运作机制；从参与社会治理定位看，应着力跨界服务，发挥桥梁纽带和枢纽作用，有效连接和融合各方需求、资源，进而有助于实现多方共赢。

创新社会治理体制，实现群团组织政治性、先进性和群众性，四川群团组织探索一直在路上。

B.11 成都市城市困难职工状况调查

杨华军　张祥荣*

摘　要：　研究主要针对成都市困难职工的现状展开调查。在摸准基数的情况下，认为成都市困难职工具有三大共性特征和七大新考验。其中，七大新考验分别是：(1)“暂时性困境”有滑向“长期性困境”的新可能；(2)“保障性质”的帮扶制度如何向发展性质的帮扶制度转变，是城市治理的新考验；(3) 如何从简单、可操作性强的经济帮扶转变为持久有效的上层建筑帮扶是未来城市发展的新要求；(4) 如何摆脱中等收入陷阱是城市困难职工帮扶的新压力；(5) 如何引导困难职工将外归因变为内归因，是摆在制度设计、政策制定面前的新问题；(6) 市场原则和受者尊严是困难职工帮扶政策制定的新领域；(7) 城市民工可能成为未来成都市困难职工群体的新来源。本文还简要叙述了成都市困难职工帮扶的基本现状。

关键词：　成都　困难职工　帮扶制度

一　研究背景

党十八大以来，党中央对脱贫攻坚工作高度重视。尤其是习近平总书记

* 杨华军，系四川省社会科学院社会学所副研究员；张祥荣系四川省社会科学院社会学所副所长 青少年研究中心主任。

提出精准扶贫思想以来我国当前和今后将以此作为贫困治理的指导性思想。为此，在应对城市困难职工问题上，中华全国总工会于2016年把城市困难职工的帮扶解困融入国家脱贫攻坚的大局，加大了城市困难职工解困脱困的帮扶和保障力度，并下发了《关于进一步做好困难职工解困脱困工作的实施意见》，要求把“精准扶贫”的精神贯彻到困难职工解困脱困工作的全过程。做到底数精准、原因精准、措施精准、解困脱困精准。此举的目的在于，既帮助困难职工解决眼前的现实客观困难，做到基本生活无忧，进而走上脱困致富之路；同时，彰显了社会主义的优势，为奋斗在祖国经济建设第一线的工人解决后顾之忧，为确保到2020年同步迈入小康社会提振信心。

所谓困难职工帮扶制度，指的是由工会牵头、协调社会各方力量，对因失业、疾病、工伤、子女上学或其他意外灾害导致的个人及家庭陷入暂时性经济生活困境的职工，采取一定经济救助、就业创业帮助和法律援助工作等社会救助帮扶措施的规范化综合制度。

在这一制度设计中，规定了主体和辅助力量：工会——社会各方力量，探讨了导致苦难所可能的原因——失业、疾病、工伤、子女上学或其他意外灾害，描述了困难的表现形式——暂时性经济生活困境，提示了工作方法和解决策略——经济救助、就业创业帮助和法律援助工作等。应该说，新中国成立以来，这一制度是经过长期实践且行之有效的。首先，该制度体现为多主体、多渠道和互助性相结合的保障性质与方式。它由工会组织牵头，动员协调社会各方力量，并由工会帮扶中心具体操作，对困难职工实施帮助与扶持，可以说是对目前以政府为主体的基本社会保障制度的有益补充。其次，该制度体现了救急济难的传统社会治理生态。一般而言，困难职工帮扶制度是在职工遭遇风险，或个人及家庭暂时陷入经济生活困境时及时给予一定的经济救助。这种救急济困、缓解家庭个人压力的治理模式，能够从一定程度上增强社会的凝聚力，是传统社会治理生态的一种现代创新。再次，该制度体现了经济救助与就业、创业帮助及法律援助服务相结合的精神。在对困难职工实行经济救助的同时，通过提供再就业培训、定期举办再就业洽谈会、积极鼓励下岗失业人员自主创业，并为其无偿提供法律咨询服务努力帮助下岗失业人员实现再就业，从而帮助困难职工解决困难。既具有短期效果，又不无长期效应。

成都市作为四川省省会城市、西部地区中心城市以及新一线城市的同时，也面临着城市困难职工数量较大、困难较为突出、困难特点较为典型的问题。2015 年底到 2016 年初的初步摸底数据表明，成都市平均每个企业有困难职工 6 ~ 8 人，超过六成的困难职工家庭仅有一人就业且就业收入较低。另外，超过九成的困难职工收入在 4000 元以下，且家庭总收入较低，家庭总收入的增长预期不明显。

面对这一严峻的形势，成都市总工会多领域聘请专家开展专项调查，会诊城市困难职工问题。在分别从企业和职工角度就相关问题进行问卷调查的基础上，分析和借鉴全国 15 个副省级城市总工会帮扶城市困难职工的政策，分析成都市城市困难职工的具体情况和特殊问题，以期为出台有针对性的政策思路提供参考。

二　成都城市困难职工的现状概述

（一）成都建档立卡城市困难职工有5171人①

在全国总工会建档立卡、精准扶贫的要求下，成都市完善了城市困难职工建档工作。根据成都市分级建档以及建档标准的相关政策，根据相关统计，目前成都市城市困难职工建卡数为 5171 人，而 2011 年 11 月，成都市建档困难职工有 9000 多人。五年来，困难职工人数年均下降 8.5%。困难职工从 9000 多下降到 5171 人的变化，一方面说明困难职工脱贫、巩固工作取得丰硕的成绩，另一方面也预示着未来要进一步取得更大成绩、更好效果的压力将不断增大。

（二）城市困难职工的基本情况具有共性特征

根据此次调查数据分析和实地调查，成都市城市困难职工具有以下共性

① 成都市总工会摸底统计建卡困难职工数。

特征：

1. 年龄偏大、学历较低

本次调查的676名职工中，男性职工占多数，占71.2%（481人），女性职工占28.8%（195人）；年龄方面主要集中在46～55岁，占受访者的49.6%，其次为34～45岁（见图1）。

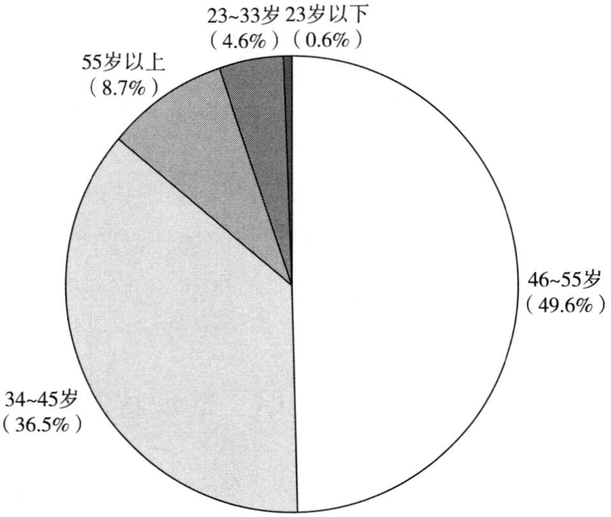

图1　职工年龄构成

文化程度上，高中（含中专、职高）占比较高，80%以上具有初高中学历。小学、大学以上文化程度占比较小（见图2）。学历较低有其历史原因，但同时也说明困难职工缺乏自我学习的动机和获得学历教育的机会。

从图3中可以看出，工作年限在21年以上的职工较多，为443人，占受访者的65.6%以上，工作年限在16～20年的职工次之，工作年限在5年以内的职工人数较少。

2. 生活救助和医疗救助是困难职工的最大需求

从职工反映需要帮扶的措施看，生活救助、医疗救助、助学救助3方面的帮扶措施最为需要，均占帮扶措施的20%及以上，就业帮扶、培训措施次之。只有5%的职工需要提供法律援助、创业援助、其他（老有所依、住

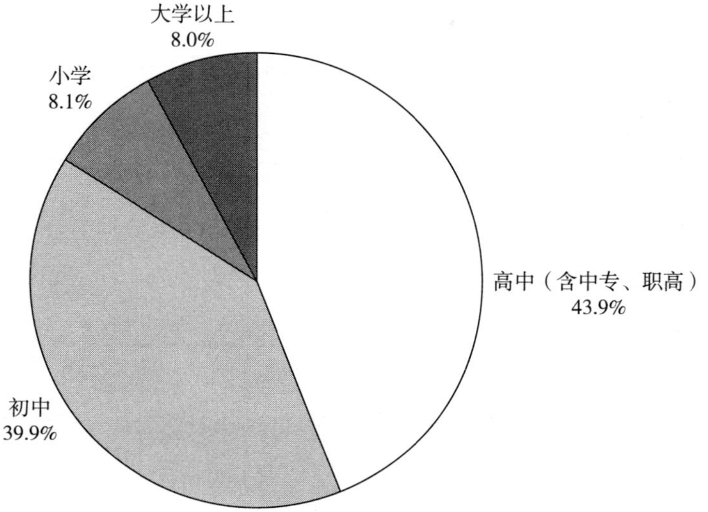

图 2　职工文化程度占比

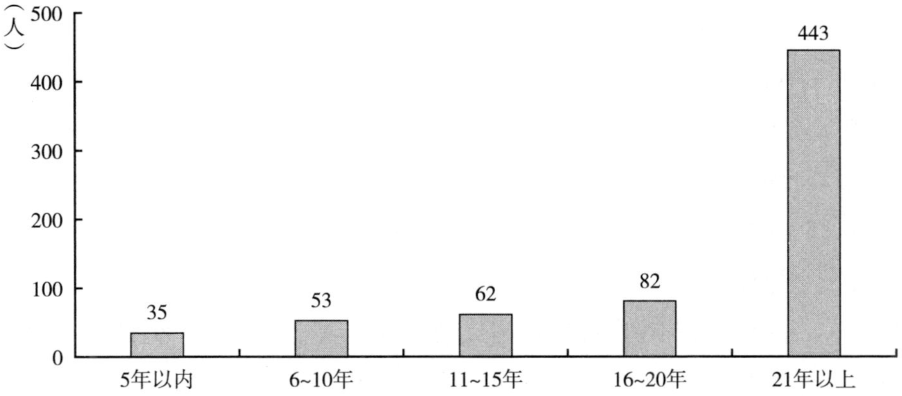

图 3　职工工作年限分布

房、农村养老等问题）。

从帮扶的重要性看，生活救助是职工迫切需要帮扶的，也是职工认为排在首位最需要帮扶的措施；排在第二位重要帮扶的措施是医疗救助；排在第三位重要帮扶措施的是助学救助。而法律援助、创业援助以及其他的帮扶措施排在较为靠后的位置，认为帮扶的迫切度没有那么强。

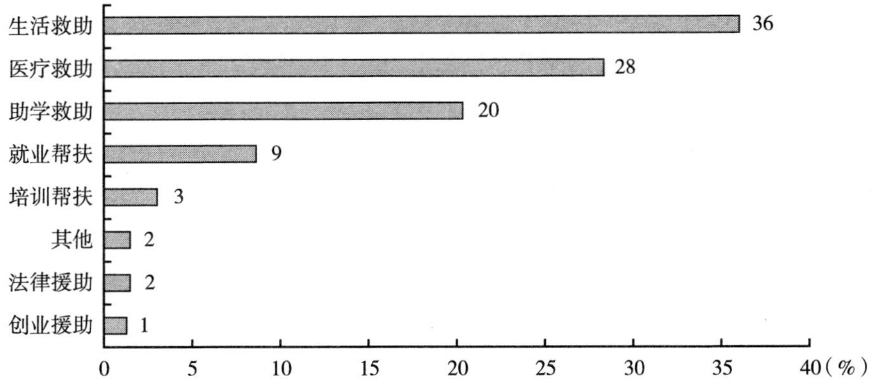

图4　职工需要帮扶措施情况

3. 低保边缘户是城市困难职工的主体

此次调查发现，低保边缘户是城市困难职工的主体。所谓低保边缘户，是指在统计和登记时点上，家庭收入稍高于享受低保政策的人群。从我国现行政策执行的情况来看，家庭所有人员平均月收入在825元以下和1381～1500元的这两部分受访者，享受政府的低保等福利政策较多，而家庭所有人员平均月收入在826～1380元和1501元以上这两部分人群享受政府的低保等福利政策的人较少。

从调查和访谈来看，在城市困难职工中比例最大的正是处于低保边缘的家庭，一方面，其家庭人员月均收入825元以上而不属于低保政策的重点人群；另一方面，其家庭抵御不可控风险的能力又确实较低。因此，被称为"低保边缘户"的人群，面临着两种可能的，但差异较大的选择：一种是放弃努力而成为低保户，一种是在国家精准帮扶和自身努力双重作用下摆脱困境。

（三）城市困难职工广泛存在于各类企业中，但程度有一定差异

根据企业困难职工建档情况的调查统计分析，成都市国有性质、集体性质和港澳台资/外资性质的企业建档困难职工人数较为相近，每个企业的困难职工平均约为8个。相比较而言，私营企业建档困难职工人数较少，平均

约为6.39个（见图5）。不过，由于此次调查的私营企业占总调查企业数的34%（共33家），因此，这一差异值得分析。

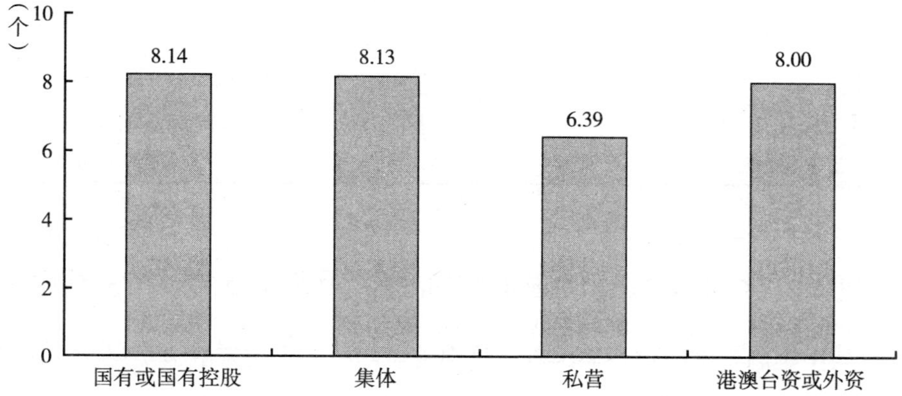

图5　成都市不同企业性质平均建档困难职工人数

另外，此次调查仅仅体现了城市企业困难职工与企业所有制之间的关联性。其实，政府机关、事业单位以及参公单位同样存在困难职工的现象。虽然这个职工群体的社会保障体系相对健全，但因病致贫、因病长期未能脱贫的情况也是不可忽视的现象。

（四）困难职工月收入差异较大

总体来说，不同单位性质的困难职工月收入差异较大，且大多数困难职工的人均月收入低于2800元。具体来看，国有企业困难职工月收入差距较大，但相对最高，其中超过一半的困难职工月收入在1381～2800元，其次是1380元及以下，约有32.6%，超过2801元的人数只有11.7%，4301元及以上的人数更少，仅4.7%；集体性质企业困难职工月收入均在2800元以下，且超过3/4的困难职工月收入在1381～2800元；私营企业的困难职工月收入最低，将近一半人数的月收入在1380元及以下；港澳台资或外资企业困难职工月收入较高，均在1381元以上，80%的困难职工月收入维持在1381～2800元（见表1）。

表 1　不同单位困难职工人均月收入占比

单位：%

单位性质	1380 元及以下	1381 ~ 2800 元	2801 ~ 4300 元	4301 元及以上
国有或国有控股	32.6	55.8	7.0	4.7
集体	21.4	78.6	0.0	0.0
私营	46.9	53.1	0.0	0.0
港澳台资或外资	0.0	80.0	20.0	0.0

（五）大病医疗和单亲家庭成为成都市困难职工致贫的主要原因

从困难职工家庭致贫原因看，排在首位的是本人或家庭成员患大病医疗自费部分高、单亲家庭负担重 2 项内容，占首要问题数的 51.4%，原因重要程度的分布情况（见表 2）。

表 2　困难职工家庭致贫原因排序

贫穷主要原因	首要原因	第二原因	第三原因	第四原因	第五原因	第六原因	总计
下岗再就业难或收入低	36	0	1	0	2	0	39
单亲家庭负担重	40	18	4	3	3	1	69
子女教育费用高	24	25	15	4	0	0	68
本人或家庭成员患大病医疗自费部分高	88	22	23	9	0	0	142
本人或家庭成员因病因残疾丧失工作能力	25	12	14	13	6	2	72
除自己外，家庭其他成员无收入来源	36	9	11	18	11	4	89
其他	0	1	1	0	1	0	3
总　计	249	87	69	47	23	7	482

就企业对职工家庭致贫原因的排序来看，医疗自费部分高、无收入来源、因病因残疾丧失工作能力成为职工家庭致贫的重要原因，而下岗再就业难或收入低则被认为并不是家庭致贫的主要原因，其他特殊的原因则包括自然灾害。

三　成都市困难职工帮扶面临的新考验

（一）“暂时性困境”有滑向“长期性困境”的新可能

那么，曾经针对“暂时性经济生活困境”问题的城市困难职工帮扶制度如何继续发挥作用，成为问题。调查显示，困难职工的工作年限成为其困难问题的伴随因素。可以看出，工作年限在21年以上的职工较多，为443人，占受访者的65.6%以上，工作年限在16~20年的职工次之，工作年限在5年以内的职工人数较少（见图6）。

如果加总工作年限在21年以上和16~20年这两项，比例高达78%。这意味着，随着工作年限的增加，不但没有解决“暂时性困境”，反而滑向了“长期性困境”，这极大地考验着我们的政策设置。

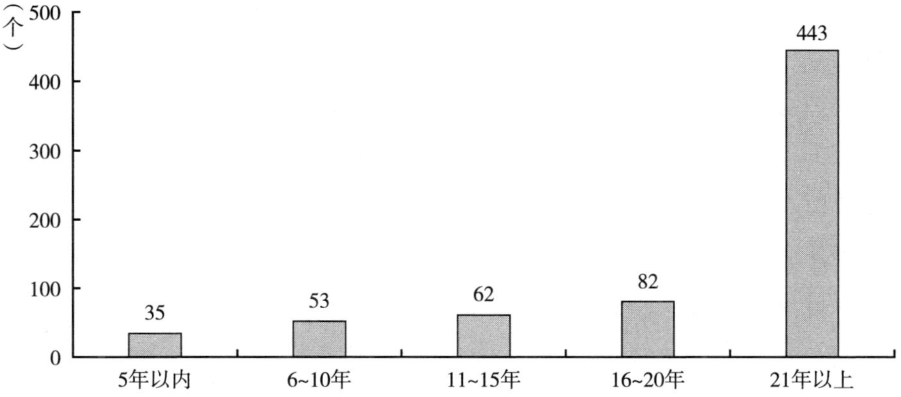

图6　困难职工工作年限分布

（二）“保障性质”的帮扶制度如何向发展性质的帮扶制度转变，是城市治理的新考验

困难职工帮扶制度是基本社会保障的有益补充，这隐含着帮扶制度的保障性质。这一保障性质，一方面事实上考验着帮扶对象是否全覆盖，帮扶程

度是否恰当，帮扶方式是否有效，帮扶对象是否满意等问题，另一方面也提出了底线保障之后的发展问题。城市困难职工的发展问题如果不是第一位的，那也应成为制度的长远关照。

（三）如何从简单、可操作性强的经济帮扶转变为持久有效的上层建筑帮扶是未来城市发展的新要求

以提高收入为主的困难职工帮扶类型是目前帮扶政策的主要类型，也是易于操作的类型。不过，未来城市生活和城市发展，不仅仅是经济的竞争，也是文化的竞争、生活方式的竞争、思想的竞争和教育的竞争。总之，城市的生活是多元的生活。困难职工如何走出一元的困境，迈向多元的丰富，既是多年的理想也是未来的要求。

（四）如何摆脱中等收入陷阱是城市困难职工帮扶的新压力

为何在加大扶贫力度的同时，城市困难职工仍然存在且有增加的趋势；不仅企业没有消除困难职工，而且政府机关、事业单位等经济收入较多、社会声望较高的部门也不断涌现困难职工。这为城市困难职工帮扶提出了新的压力。不少的研究者将这一问题归纳为中等收入陷阱。对家庭而言，若收入长期停留在社会中等水平，风险却随着时间而不断积累。一旦维系这一平衡的局面被巨额医疗费用、重大事故等打破，家庭将在极短的时期内消耗掉之前的经济积累而陷入困顿。随着城市化的深化，这种陷阱出现的可能性将大大增加。

（五）如何引导困难职工将外归因变为内归因，是摆在制度设计、政策制定面前的新问题

根据此次调查统计，受访职工希望政府改进困难职工帮扶的各项政策排序中，84.5%的职工提及希望改进的帮扶政策来源于：提高最低工资、完善医保政策、提高送温暖帮扶慰问标准、减免教育费用、改进社保政策这五项（见图7）。

另外，2008 年调查数据显示，17% 的受访者表示希望政府提供就业、创业扶持，而如今调查该项下降到 10% 以下。这些数据表明，困难职工在不能脱贫的归因上是外部性归因，并没有从自身上寻找返贫或脱贫失败的原因。也就是说，职工将自身的困难归因为外部因素，如政府政策、经济环境等，而较少归因为自身努力的方法和力度。

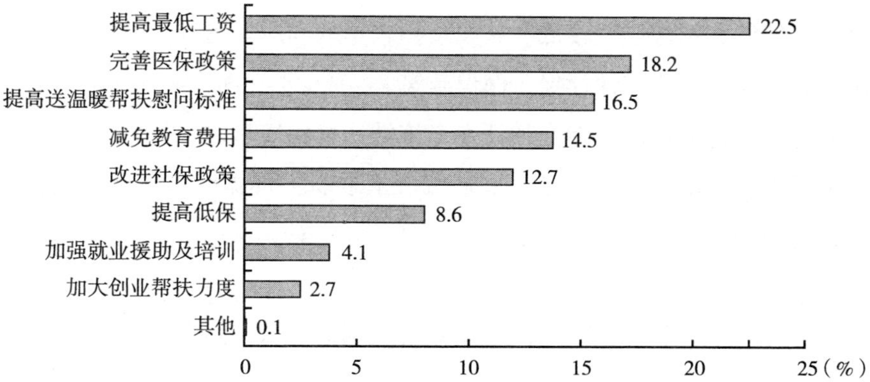

图 7　职工希望政府改进帮扶政策情况

事实上，工龄 21 年以上的困难职工和初高中文化程度的困难职工占据相当高的比例说明，城市职工致贫、返贫是内外因素综合导致的。既有经济结构调整、产业升级等客观外在因素的存在，也有职工自身长期缺乏业务学习、技能培训和接受新事物的开放性等内在的原因。

（六）市场原则和受者尊严是困难职工帮扶政策制定的新领域

城市困难职工帮扶的制度设计和执行过程中，往往表现为无偿性地提供社会资源，对困难职工进行物质资助或无偿服务时并没有体现市场原则和回馈需求。这一方面容易形成不劳而获、坐享其成的“等、靠、要”思想和惰性思维的蔓延，另一方面也强化了困难职工弱势群体的角色身份，事实上，磨灭了进取精神，堕入受助者的习惯性思维比摆脱困难更难。

因此，城市困难职工帮扶如何通过项目设计，充分发挥困难职工的优势与特长，通过劳动报酬的方式进行帮扶是摆在政策制定工作者面前的新领域。

（七）城市民工可能成为未来成都市困难职工群体的新来源

伴随着城市化进程和国家中心城市建设，成都将出现更多的城市民工（占成都市人口的10%～20%）。这些城市职工普遍存在“两低一重”，即文化程度较低、工作职位较低、家庭负担较重的问题。另外，有些城市民工无法及时享受城市职工的社保、医保政策。

因此，这批城市民工在面临社会经济结构再次转型时，将不可避免地面临下岗或失业，他们很有可能在未来城市困难职工群体中占据更大的比例。目前，这个新来源还没有新的制度和政策设计应对。

四　成都市困难职工帮扶工作现状

进入21世纪，成都市总工会严格按照中华全国总工会以及四川省总工会的指导和要求，组织下属各级工会围绕“春送岗位、夏送清凉、秋送助学、冬送温暖”的要求，逐步形成四季有活动、月月有项目，集生活、医疗、就业等“六位一体”的困难职工帮扶救助新机制。

总体而言，成都市严格执行了扶困工作要求，把“保障困难职工基本生活，帮助困难职工脱贫脱困”作为帮扶工作的立足点，合格地完成了前一阶段帮扶任务。具体而言成都市当前扶困政策有以下四个基本特征：

（一）建立了完整的困难职工帮扶体系

政府和工会认真研读上级指示文件，严格遵照并实事求是地执行上级下达的指标。成都市总工会根据对困难职工致困原因的分析和研究，将低收入致困、重大疾病致困、子女入学致困、失业致困、重大意外事故致困和维权致困等种种困难情况进行了分类，形成了生活救助、医疗救助、入学救助、就业援助、法律援助以及困难劳模救助“六位一体”困难帮扶救助机制，切实提高了帮扶救助的针对性和实效性。

（二）政策上加大力度，投入上逐年上升

从2014年到2016年，成都市总工会每年慰问帮扶困难职工（含农民工）都超过3万人次，发放送温暖资金在1500万元以上，且每年投入都在稳步增加（见图8）。

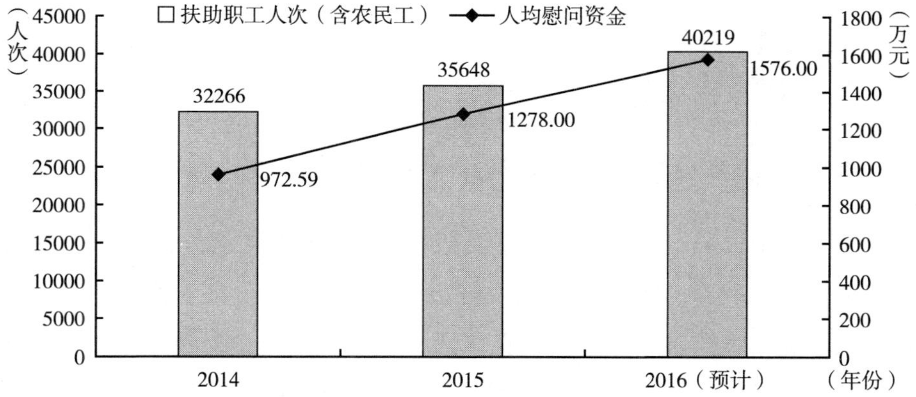

图8　近三年成都市总工会慰问困难职工力度

以“金秋助学”为例。2016年成都市将远郊区工会的补助标准提高到800元，近郊区则提高到600元。制定了符合条件的困难职工（农民工）子女按照3000元/人的标准给予入学救助；制定了助学资金配套制度，要求区（市）、县总工会安排好助学资金，每人资助总金额不低于1000元。通过各种途径筹措资金，2015年“金秋助学”行动全市共资助超过2000名困难职工和农民工子女，发放金额超过300万元；2016年在此基础上有了大幅度提高。

（三）以提高收入类政策为主，其他类政策为辅

总体来说，成都市总工会推行的城市困难职工帮扶政策以提高收入类政

策为主。这些政策包括“两节送温暖”“不定期走访慰问”“节日慰问”“金秋助学”“生活困难救助”“医疗救助”。总工会筹备的资源绝大多数都用于此类帮扶政策。

除了直接发放钱物，成都市总工会还大力开展困难职工、失业人员就业培训工作，增强他们就业择业的能力素质；开展创客空间、小额贷款贴息工作，帮助有意愿自行创业的人员找好路、起好步；开展免费健康体检工作，让困难职工更加关注身体健康，更好投入工作生活等。

不过，与华东地区拥有四类帮扶政策体系的南京、杭州、宁波等城市相比，成都除提高收入类政策之外，其他帮扶政策还相对滞后，有研究制定适合本市实际情况和发展要求的帮扶政策的必要。

（四）以节日为重要时间节点开展帮扶工作

除“两节送温暖”外，成都总工会在5月“全国助残日”期间集中对建档困难职工中的残疾职工进行困难帮扶；在“七一”前夕集中对建档困难职工中的困难党员进行帮扶；在“八一”前夕，集中对建档困难职工中的复转军人进行帮扶；在重阳节期间对家庭困难的退休老龄人员给予生活困难帮扶或慰问性帮扶。

这些围绕节日进行的帮扶活动构成了成都市总工会帮扶活动的主要部分。除此之外，开展“春送岗位、夏送清凉、秋送助学、冬送温暖”的“四送”活动，也是以时间为路线实现工会送温暖帮扶工作的常态化和制度化。

总体来看，成都市在城市困难职工帮扶方面具有自身的特色和优势，但是减免费用类和提供服务类等两个类型的政策较为薄弱。同时，政策类型的多样性相对不足，帮扶效率和帮扶效果还有待提高。

B.12

政府购买社会组织服务调研报告*

——以 W 区为例

金小琴**

摘　要：推行政府向社会力量购买服务是新时期转变政府职能、创新社会治理、改进政府公共服务提供方式的重要举措。本研究结合 W 区政府购买服务实际，通过系统调研与分析，总结和反思 W 区政府购买服务的主要做法，及时评估其实施效果，以期为下一步积极稳妥地推进该项工作提供决策参考。

关键词：政府购买服务　社会组织　W 区

一　引言

（一）研究背景

W 区地处成都平原腹地，是成都市九城区之一和七大卫星城之一；同时也是中小城市综合改革试点的城市、中央政法委直接联系点和四川省社会管理改革创新试点区。该区下辖 6 个镇 4 个街道，8 个城市社区，71 个涉农社区，35 个农村社区，社区类型复杂。按照中央和四川省委加

* 本文为四川省社会科学院 2015 年院级青年课题“政府购买服务的效果评价研究”（项目编号：2015QN07）阶段性成果。

** 金小琴，四川省社会科学院社会学研究所助理研究员、博士，主要研究方向为社会治理。

强政府向社会力量购买公共服务的精神，W 区结合自身实际，围绕“如何转变政府职能、创新公共服务提供方式，实现社区减负增能、激活社区活力，探索社区精细化治理的有效路径”为主题，于 2014 年 8 月 1 日召开了政府向社会力量购买服务专题会议，成立了以区委副书记、区政府区长为组长，区委常委、区政府副区长和区委政法委书记为副组长的“政府向社会力量购买区级部门下沉村（社区）服务”工作领导小组；明确提出以区级政府部门向社会力量购买下沉村（社区）行政服务为改革突破口，由此正式拉开了 W 区政府购买服务工作的序幕。经过近两年的探索与实践，W 区政府购买服务工作进展如何，成效怎么样，这些问题都需要进行深入调研与思考。

（二）研究方法

（1）文献研究。通过查阅相关书籍、电子图书、学术期刊论文数据库、互联网等，收集国内外相关研究的重点文献和前沿动态，以实现对本研究的理论支撑，同时结合各地推进政府向社会力量购买服务工作的做法，比较分析突出 W 区优势与特点。

（2）实证研究。本研究从区级部门、镇（街道）、村（社区）三个层次切入，通过与区级部门、镇（街）、村（社区）干部、社会组织、社区居民进行集体座谈、个别访谈、问卷调查等方式，全面了解和掌握区级部门、镇（街道）和村（社区）在政府购买工作推进中的主要做法、取得成效、遇到的问题及解决办法。

二 W 区政府向社会组织购买服务的具体实践

（一）试点社区情况

W 区政府在购买服务工作推进过程中，主要采取先行先试、自下而上、上下结合的方式，明确提出以各镇（街）为本次购买服务的主体，在全区

10个乡镇（街道）同步推行，并初步在每个乡镇（街道）选择一个社区开展试点工作。

从表1可以看出，本次试点社区既有纯农村社区、城市社区，也有失地农民集中安置区或涉农社区等，社区类型比较复杂多样，基本能涵盖该区的社区发展实际情况。

表1　W区政府购买服务的试点村（社区）情况

镇(街道)	试点村(社区)	社区类型
涌泉街道	凤凰社区	城市新型社区
公平街道	正宗社区	失地农民集中安置区
和盛镇	临江村	农村社区
万春镇	天乡路社区	新型城镇化社区
永宁镇	八角社区	农村社区
天府街道	海科社区	城市社区
金马镇	兴元社区	农村社区
寿安镇	东岳社区	农村社区
柳城街道	西街社区	城市社区
永盛镇	永盛场社区	涉农社区

（二）承接服务社会组织情况

据统计，温江区现有社会组织790家（其中注册社会团体96家，注册民办非企业单位247家，备案447家），年均增长12%以上，社会组织已成为社会治理中的新生力量。但从试点社区实际情况来看，不同社区社会组织发育差异比较大，有的社区已经具备专业的承接主体，有的社区还需要孵化、培育或引进。

从表2可以看出，本次承接政府购买服务的社会组织中，大部分为本土培育的社会组织，但专业社会组织处于领跑地位，在试点的10个社区中，仅众力社会服务中心就承接了4个试点社区服务；而且有的社区因为缺乏承接主体，只好动员社区专干转岗进入或孵化成立社会组织，比如天合、致惠等社会组织，从而导致这些社会组织面临专业人才缺乏、发展后劲不足等瓶颈。

表2　W区承接政府购买服务的社会组织情况

试点村(社区)	承接社会组织名称	是否本土
凤凰社区	众力社会服务中心	否
正宗社区	志豪社会工作服务中心	是
临江村	众力社会服务中心	否
天乡路社区	天合社会组织服务中心	是
八角社区	致惠社会组织服务中心	是
海科社区	幸福生活服务中心	是
兴元社区	众力社会服务中心	否
东岳社区	众力社会服务中心	否
西街社区	众益生活服务中心	是
永盛场社区	惠邻生活服务中心	是

（三）购买服务事项

本次纳入政府购买服务清单目录主要涉及就业、社会保障、医疗卫生等18个大领域，共计113个小项。其中，位居前四位的分别是区民政局27项，区残联24项，区人社局20项，区人口和计生局14项，约占全部购买服务事项的75%。除了目录规定内容外，社会组织还有很多临时交办任务，实际工作已远远超出所承接服务的113项清单目录范围。下一步如何对购买内容进行动态调整并切实反映社区居民突出需求值得思考（见表3）。

表3　W区纳入政府购买服务清单事项

涉及部门	购买服务事项(件)	所占比例(%)
区民政局	27	24
区残联	24	21
区人社局	20	18
区人口和计生局	14	12
其他	28	25
合　计	113	100

（四）购买服务的方式

由于不同社区社会组织发育程度有差异，本次试点社区政府购买服务的购买方式比较多样，既有公开招标、竞争性磋商谈判、单一来源采购，也有比选、协议、购买等方式。部分社区由于缺乏真正有能力的承接政府购买服务的主体，在有的社区甚至只有唯一的供给主体可以承接政府的购买服务，一定程度上存在政府主导色彩，导致未能真正体现政府购买服务的竞争性、公平性（见表4）。

表4　W区试点村（社区）政府购买服务方式

试点村(社区)	承接社会组织名称	承接服务方式
凤凰社区	众力社会服务中心	单一来源采购
正宗社区	志豪社会工作服务中心	竞争性磋商谈判
临江村	众力社会服务中心	投标
天乡路社区	天合社会组织服务中心	由专干新成立
八角社区	致惠社会组织服务中心	竞争性磋商谈判
海科社区	幸福生活服务中心	按政府采购程序
兴元社区	众力社会服务中心	单一来源采购
东岳社区	众力社会服务中心	购买
西街社区	众益生活服务中心	协议
永盛场社区	惠邻生活服务中心	竞争性磋商谈判

（五）专干分流情况

专干作为社区工作人员，由于长期扎根基层，社区工作经验比较丰富。为了继续发挥这部分人员服务社区的热情，W区政府鼓励试点社区承接购买服务的社会组织，积极主动地吸纳原有社区的劳保、计生、民政等专干。从试点社区吸纳专干情况统计看，除了临江村本来就没有专干以外，大部分社会组织在自身人员配备的时候也愿意优先考虑专干加入。而专干自愿把劳务关系转入所承接服务的社会组织以后，专干就与原来的社区“脱钩”，实行社会化管理。通过深度访谈可知，专干进入社会组织以后，普遍反映待遇略有提升，但由于工作不再局限于以前的单一的领域，社区事务繁杂且工作量增大，“一专多能”的更高要求与自身能力不足导致社会组织留不住人，部分专干甚至有返岗意愿（见表5）。

表5 W区承接服务社会组织吸纳专干情况

单位：人

试点村(社区)	承接社会组织名称	社会组织吸纳专干人数
凤凰社区	众力社会服务中心	3
正宗社区	志豪社会工作服务中心	3
临江村	众力社会服务中心	无
天乡路社区	天合社会组织服务中心	4
八角社区	致惠社会组织服务中心	3
海科社区	幸福生活服务中心	0
兴元社区	众力社会服务中心	4
东岳社区	众力社会服务中心	3
西街社区	众益生活服务中心	2
永盛场社区	惠邻生活服务中心	4

三 W区政府购买社会组织服务的效果评价

由于政府购买服务行为的最终目的是为了更好地服务于群众，因此社区居民对购买服务工作的效果评价至关重要。为了更好地了解W区政府购买服务运行效果，本研究通过问卷方式对社区居民进行调查。在每个试点社区发放20份问卷，总共发放问卷200份，回收有效问卷160份，总体上来说样本代表性较好。

（一）调查样本的个体特征

在调查样本中，男性68人，占样本总数的42.5%；女性92人，占57.5%。年龄在18~30岁的38人，占调查样本总数的23.8%；31~45岁的有63人，占样本总数的39.4%；46~60岁的有39人，占样本总数的24.4%；60岁以上的有20人，占样本总数的12.5%。被调查者文化程度在小学及以下的有30人，占调查样本总数的18.8%；初中46人，占28.8%；高中32人，占20.0%；大专35人，占21.9%；本科及以上17人，占10.6%（见表6、表7）。

表6 年龄分布特征

年　龄(岁)	18～30	31～45	46～60	60以上	合计
样本数(人)	38	63	39	20	160
比　例(%)	23.8	39.4	24.4	12.5	100

表7 受访者文化程度

文化程度	小学及以下	初中	高中	大专	本科及以上	合计
样本数(人)	30	46	32	35	17	160
比　例(%)	18.8	28.8	20.0	21.9	10.6	100

此外，受访者户口所在地为本地的142人，占调查样本总数的88.8%；户口所在地为外地的有18人，占11.3%。居住时间在1年以下的有5人，约占3.1%；居住时间在1～3年的有20人，约占12.5%；居住时间在3～5年的有19人，占11.9%；居住时间在5年以上的有116人，占调查样本总数的72.5%（见表8）。

表8 户口所在地与居住时间交叉

单位：人

项　目		居住时间				合计
		1年以下	1～3年	3～5年	5年以上	
户口所在地	本地	4	14	13	111	142
	外地	1	6	6	5	18
合　计		5	20	19	116	160

（二）受访者对试点工作的知晓情况

虽然W区政府在正式推进政务服务购买以前，对试点社区有关情况进行了摸底调查，但从受访者情况看，21.9%表示没有听说过政府购买服务，约60%的社区居民表示不知道自己所在社区正在进行政府购买服务试点（见表9）。

表9　试点知晓情况

单位：%

	频数	百分比	有效百分比	累积百分比
知　道	64	40.0	40.0	40.0
不知道	96	60.0	60.0	100.0
合　计	160	100.0	100.0	—

从获取政府购买服务有关政策信息来源渠道看，通过政府宣传了解的有40人，仅占调查样本总数的25%；通过社会组织告知的有45人，占28.1%。由此可见，下一步应继续加强有关政策的宣传力度，借助互联网平台，如微信、微博、QQ等媒介，采取传统与现代相结合的多种推广方式，以扩大政府购买服务试点工作在社区居民中的知晓度和影响力（见表10）。

表10　了解信息渠道

单位：%

	频数	百分比	有效百分比	累积百分比
报纸	3	1.9	1.9	1.9
电视	8	5.0	5.0	6.9
网络	17	10.6	10.6	17.5
政府宣传	40	25.0	25.0	42.5
听亲友说起	14	8.8	8.8	51.3
社会组织告知	45	28.1	28.1	79.4
其他	33	20.6	20.6	100.0
合　计	160	100.0	100.0	—

（三）受访者对社会组织了解情况

调查结果显示，70.6%的受访者表示没有社会组织联系方式，高达

65%社区居民表示平时如果需要办理业务，首先想到的仍然是去找两委干部。由于社区居民缺乏对外来社会组织身份的认同，社区依然是第一责任主体。此外，由于部分试点社区承接服务的社会组织办公场所没有与其他服务窗口分开，导致社会组织在社区可识别性差，也影响了承接服务的社会组织发挥作用和政府购买服务试点工作在社区居民中的知晓度（见表11、表12）。

表11　办理业务找谁

单位：%

	频数	百分比	有效百分比	累积百分比
两委干部	104	65.0	65.0	65.0
社会组织	52	32.5	32.5	97.5
其　他	4	2.5	2.5	100.0
合　计	160	100.0	100.0	—

表12　是否有社会组织联系方式

单位：%

	频数	百分比	有效百分比	累积百分比
有	47	29.4	29.4	29.4
没　有	113	70.6	70.6	100.0
合　计	160	100.0	100.0	—

（四）受访者对购买社会组织服务评价

为了更好地了解社区居民对政府购买社会组织服务的评价，本研究从业务办理的便捷性、业务办理工作环境、工作人员服务态度、事项的办结速度以及对办理事项的总体满意度等几个维度设计了评价指标体系。

从表13可以看出，在有办理业务经历的123名受访者中，60.98%对业务办理的便捷性表示非常满意，34.95%表示比较满意，4.07%表示一般，说明政府试点购买社会组织服务以后，社区居民办理业务比以前更方便的设想基本得到实现。业务办理工作环境方面，有 47.97% 表示非常满意，34.98% 表示比较满意，15.45% 表示一般，分别有 1 人表示不满意或者非常不满意（究其原因，主要是当事人分不清办事窗口），说明社区居民对办理业务环境比较认可，但也进一步印证了社会组织在窗口的可识别性方面还有待改善。工作人员服务态度方面，56.91% 表示非常满意，39.02% 表示比较满意，4.07% 表示一般，说明社区居民对社会组织工作人员服务态度反应不错；事项的办结速度方面，57.72% 表示非常满意，33.33% 表示比较满意，8.95% 表示一般，说明试点后在办理业务的速度方面也有提升。从总体满意度上看，58.54% 表示非常满意，33.33% 表示比较满意，8.13% 表示一般，没有不满意或者非常不满意情况，说明社区居民对政府购买社会组织服务试点总体上得到认同。

表 13　社区居民对购买社会组织服务的评价

单位：人，%

	非常满意		比较满意		一般		不满意		非常不满意	
	人数	比例	人数	比例	人数	比例	人数	比例	人数	比例
业务办理的便捷性	75	60.98	43	34.95	5	4.07	0	0	0	0
业务办理工作环境	59	47.97	43	34.98	19	15.45	1	0.8	1	0.8
工作人员服务态度	70	56.91	48	39.02	5	4.07	0	0	0	0
事项的办结速度	71	57.72	41	33.33	11	8.95	0	0	0	0
总体满意度	72	58.54	41	33.33	10	8.13	0	0	0	0

（五）受访者对购买社会组织服务态度

为了了解社区居民对政府购买社会组织服务的态度，本研究设计了政府有没有必要向社会组织购买服务选项。从反馈信息看，51.3% 受访者表示非常有必要，40.0% 表示无所谓，8.8% 表示没有必要。说明大多数社区居民都比较支持政府向社会组织购买服务，这也有利于该项工作的进一步可持续推进（见表 14）。

表 14　社区居民对购买社会组织服务的态度

单位：%

	频数	百分比	有效百分比	累积百分比
非常有必要	82	51.3	51.3	51.3
无所谓	64	40.0	40.0	91.3
没有必要	14	8.8	8.8	100.0
合　计	160	100.0	100.0	

四　结语

从 W 区政府购买服务实践的调查来看，虽然在购买内容、购买方式、承接主体培育等顶层设计方面还有待改进或完善，但从社区居民办理业务的便捷性、社会组织工作人员服务态度、办理业务的速度以及总体满意度评价等方面来看还是基本实现了政府改革初衷。下一步如何切实厘清相关利益主体的职责边界，保证购买方式和购买内容的科学性和合理性，如何培育社会组织并提升社会组织在社区居民中的知晓度和影响力更值得期待。

参考文献

胡春华：《地方政府购买公共服务效果研究——以江西省份为例》，湖南师范大学硕士学位论文，2014。

贺巧知：《政府购买公共服务研究》，财政部财政科学研究所博士学位论文，2014。

黄花：《政府购买社会组织公共服务的现实困境及对策》，《金陵科技学院学报》（社会科学版）2016 年第 1 期。

刘振国：《关于成都市政府向社会组织购买服务工作调研报告》，《社团管理研究》2012 年第 10 期。

金小琴、王海蓉：《四川社会发展报告：政府向社会力量购买公共服务的地方经验》，社会科学文献出版社，2016。

B.13 四川儿童社会工作新模式

——以四川群团中心“童伴计划”项目为例

王海蓉　胡 勇*

摘　要：　根据2016年四川共青团省委的统计数据，目前四川留守儿童数量占全国的10%，留守儿童依然是一个亟待解决的问题。四川省群团服务中心充分发挥群团优势、整合社会力量、服务社会组织，积极开展社会活动。“童伴计划”项目针对近年来留守儿童安全事故频发，监护人缺位问题，以村0～18岁儿童为服务对象，以留守儿童为关注重点，从10个县的100个村分别选聘、培训一名“童伴妈妈”，每人负责一个村的留守儿童，目的是弥补留守儿童的亲情缺失。项目开展以来，制度机制基本完善，关爱保护初见成效，政策推广稳步进行，为参与关爱儿童社会工作提供了治理新模式。

关键词：　留守儿童　群团组织　“童伴计划”

一　调研情况

（一）研究背景

全国农村留守儿童数量为902万人，超过90%分布在中西部省份，东

* 王海蓉，四川省社会科学院社会学研究所助理研究员；胡勇，四川省社会科学院社会学研究所助理研究员。

部省份农村留守儿童87万人，占全国总数的9.65%；中部省份农村留守儿童463万人，占全国总数的51.33%；西部省份352万人，占全国总数的39.02%。其中四川省留守儿童占全国留守儿童的10%。从省份来看，江西、四川、贵州、安徽、河南、湖南和湖北等省的农村留守儿童数量都在70万人以上，因此留守儿童是一个亟待解决的问题。①

（二）研究内容、研究对象

1. 研究内容

根据本报告研究的目的，研究内容主要包括三个方面：一是“童伴计划”项目的基本情况；二是“童伴计划”项目的机构设置、基本做法、工作路径、获得效果；三是“童伴计划”项目经验总结；四是“童伴计划”项目带来的社会治理经验分析。

2. 研究对象

根据本报告研究内容，本报告调查对象为四川省群团服务中心工作人员、群团部门工作人员、“童伴计划”项目负责人员、“童伴妈妈”代表、“童伴计划”项目受益全体（留守儿童）。

二 项目介绍

针对近年来留守儿童安全事故频发、监护人缺位问题，2015年10月28日，四川启动“童伴计划”项目，该项目周期3年，覆盖7个市州10个县100个村。“童伴计划”以村0～18岁儿童为服务对象，以留守儿童为关注重点，从10个县的100个村分别选聘、培训一名“童伴妈妈”，每人负责一个村的留守儿童，目的是弥补留守儿童的亲情缺失。项目实施以来，“童伴计划”已经形成了“一个人、一个家、一套工作体系”的模式，即一个“童伴之家”一个“童伴妈妈”一套留守儿童需求收集和服务反馈机制和政

① http：//mt. sohu. com/20161110/n472825299. shtml。

府、学校、群团、社会的资源整合机制，推动党政、群团和社会的跨界合作，通过“童伴计划”实现基层党政领导，民政、卫生、教育、公安等行政部门与共青团、社会组织坐在一起协商工作解决问题。“童伴计划”不仅仅是简单的“爱心”行动，还体现出更深远的意义。

三　项目实施

“童伴计划”启动以来，四川省7市（州）、10县（区）、100村纳入试点，各项目办聚焦目标抓落实，把“童伴计划”定位于关爱留守儿童工作举措上的重大创新，注重模式突破、注重服务基础、注重关爱实效，试点工作有序推开。

（一）项目管理

1．“童伴妈妈”人员管理

“童伴计划”将“童伴妈妈”视为保障留守儿童权益的最重要因素，切实加强管理。第一，在选配条件上，将有爱心、有时间、有责任心作为首要标准，具有高中及以上学历，年龄在19～55周岁，无犯罪记录，能够掌握汉语及当地少数民族语言，了解当地文化，能保证合理的工作时间，村书记、主任、文书和大学生村官不做推荐，村委委员、团支部书记、妇女主任、村小老师和医生等可纳入推荐范围，最好是专职人员。在工资发放上，严格按照项目实施方案，按月足额发放工资和补贴。在绩效考核上，将考评结果与绩效工资挂钩，作为奖优罚劣的重要依据。每年评出1名优秀“童伴妈妈”，给予一定表彰和奖励；对表现不合格的，给予适当的处罚，并实行末位淘汰制。第二，确定流程。“童伴妈妈”由项目地区村委员会推荐或个人申请，通过笔试和面试等方式进行选拔，经项目区县级执行机构审核后，报上一级主管部门备案。第三，“童伴妈妈”的培训和督导。“童伴妈妈”要由了解项目地区儿童福利状况和特点的儿童社会工作领域的专家进行培训。培训内容包括：项目管理人员（儿童相关知识和儿童权利公约）；

“童伴妈妈”入职培训；基础儿童工作者要求；儿童工作的方式方法，儿童权利公约的具体落实体现；儿童福利、儿童权利、儿童社会工作理论及实务等方面的内容；项目反馈的要求和执行要点等内容。

2．“童伴之家”管理

第一，童伴之家定位。童伴之家是所有儿童参与游戏及获得儿童福利服务的地方，也是“童伴妈妈”工作的主要场所。“童伴妈妈”可以利用童伴之家的空间和设施开展各类儿童福利服务或活动。

第二，童伴之家选择。童伴之家应选在村中心位置，便于儿童或家庭参加活动。童伴之家应包括室内空间（不少于20平方米）及室外空间两部分（不少于80平方米），可选取村中已有房屋进行修缮（主体结构不是危房），节约成本。

第三，童伴之家设备配置及布置标准。童伴之家需要配置三类设施，即保证童伴之家正常运转的基础设施，如供电设施等；保证“童伴妈妈”正常开展工作的设施，如基本办公设施等；适合儿童活动使用的玩教具、图书及体育活动器材等（基本配置为：一批青少年读物、一批体育用品、一批儿童玩具、一台电视机、一台视频播放器）。

第四，童伴之家活动管理。每个童伴之家每周至少开放2天（每周不少于16个小时），每月至少组织一次主题活动。主题活动包括：针对儿童存在的问题开展特定的主题活动，以纠正或改善不良状况；纪念日、节假日时候，可以结合节日（如母亲节、儿童节、感恩节等）开展一定的主题活动；普及知识、教授方法；以主题游戏的方式进行项目宣传；培养儿童良好品质。

（二）项目职责

“童伴计划”中项目主任的主要职责：第一，村级儿童福利工作人力资源管理；第二，制订村级儿童福利工作年度计划并指导落实工作计划；第三，指导、协助童伴主任提供儿童福利服务；第四，项目财务管理。

“童伴计划”中对“童伴妈妈”的主要工作职责有以下方面：第一，建立儿童档案，实行对留守儿童档案动态管理；第二，甄别儿童需求，尽可能地找到儿童需要帮助的困难，协助帮助留守儿童；第三，定期进行家访，关爱陪伴；第四，管理童伴之家，维护阵地建设，丰富童伴之家活动。

（三）考核方案

“童伴计划”项目秉承公开透明、客观公正的原则，每月对各县（区）项目执行机构进行考核，每一季度的第一个月份对上一季度的考核结果进行汇总通报，年末根据全年月度考核结果和全年项目实施情况进行年度总评。

具体的考核共分为月度考核和年度考核。第一，月度考核。“童伴妈妈”按月将项目执行情况通过乡团上报县青年志愿者协会。青年志愿者协会按照项目要求对“童伴妈妈”进行月度考核。第二，年度考核。在项目年度结束后，由县青年志愿者协会对各村“童伴妈妈”的工作情况进行考核。各“童伴妈妈”应对本年度的工作情况进行总结和述职。县青年志愿者协会根据其述职情况、月度考核和日常工作情况及项目反馈情况，对“童伴妈妈”工作进行等级评定，经团县委审核后，进行相应的奖惩。

具体的考核和考核评分方式，按照“童伴计划”项目工作内容，进行综合评分考核。

第一，人员管理（25 分）：县（区）项目执行机构和“童伴妈妈”协议签订、档案管理，入岗离职和人员变动；按照《“童伴妈妈”工作考核方案》每月按时发放“童伴妈妈”的基本补助和特殊补贴，年终按时发放年终绩效；“童伴妈妈”保险相关事宜。

第二，阵地建设（15 分）：监督“童伴之家”的物质设备管理、安全管理、卫生管理；监督“童伴之家”按时开放、保证开放时长；“童伴之家”宣传栏的维护和更新。

第三，活动开展（15 分）：按照省项目办的要求统一指导开展主题活动；指导监督“童伴妈妈”每月自主设计并开展一次活动；指导监督“童伴妈妈”日常开展一般活动。

第四，培训督导（15 分）：每月定期组织开展“童伴妈妈”培训；每月定期对“童伴妈妈”的日常工作进行督导，按照《“童伴妈妈”工作考核方案》对“童伴妈妈”工作进行考核；定期组织“童伴妈妈”工作交流、沟通。

第五，财务管理（10 分）。

第六，信息整理报送（20 分）：指导和监督“童伴妈妈”进行儿童信息的更新汇总；收集整理各村工作开展情况、重点收集整理在项目实施过程中的创新性做法和工作探索。于每月 5 日、20 日按要求向省项目办报送工作简报；每个月及时递交《“童伴计划”项目工作手册》规定的《督导记录表》《项目主任月工作记录表》《县儿童福利信息统计表》等相关信息；横向协调民政、教育、公安、卫生等部门，纵向与省项目办、乡镇、村、“童伴妈妈”联动解决儿童情况问题。

第七，等级评定：省项目办公室在月初根据各项考核方案对各县（区）项目执行机构上一月工作情况进行公开考核评比，评定为三个等级，优秀 80 分以上，合格 60 ~ 80 分，不合格 60 分以下。“童伴计划”的考核结果纳入权益统战重点工作考核。每个季度的第一个月份对上一季度的“童伴计划”项目考核结果进行通报，对于连续三个月考核优秀的县（区）项目执行机构进行表扬，并由省项目办公室优先为当地对接公益项目资源，对有考核不及格的县（区）项目执行机构进行批评。

四 项目成效

“童伴计划”项目已实施一年，如今社会认可度较高，群众反响较好。该项目受到县委、县政府的高度重视，通过各部门联动，整合资源，通力合作，大力推动了儿童特别是困境儿童关爱帮扶工作。

（一）顶层设计不断完善

抓住国务院《关于加强农村留守儿童关爱保护的工作意见》下发的有力契机，已争取省民政厅作为主办单位，与团省委共同实施“童伴计划”，更好地整合行政资源，加强工作指导。团省委明确“市州督导、县级为主”的基本原则，对县上提出了“五个一”的具体工作要求。即团县委要“向党委、政府分管领导做一次专题汇报，向试点乡镇党委、政府领导和村两委做一次工作对接，拟订一份年度工作计划报备，召开一次“童伴妈妈”座谈会，召开一次民政、公安、教育、卫生以及镇、村共同参与的工作会”。同时，加强相关制度建设，设计制作了工作服、工作牌、徽章和宣传海报。目前，“童伴妈妈”工作考核方案、项目县工作考核方案，“童伴妈妈”服务细则、“童伴之家”安全管理制度，“童伴计划”信息报送机制等工作制度已分别下发，进一步推动“童伴计划”规范化、标准化运行。

（二）关爱保护初见成效

在集中力量完成建立完善工作制度、建设重点儿童数据库的前期基础上，近半年时间，通过线上举办“非常6+1”“快乐童伴3+2”等主题活动，线下主动介入、整合资源，积极探索精准服务。截至目前，3.5万余份建档立卡中，已分类识别孤儿、病残、留守儿童、服刑人员子女、建档贫困户子女等特殊困难青少年群体3000余例，协助解决210多名未上户口儿童的户籍，落实9名事实孤儿民政救助，对接政策资源帮扶病残儿童53户，帮助辍学失学儿童返校12例，心理亚健康状态儿童心理干预120例。①

（三）政策推广稳步进行

项目启动至今不到1年的时间，但在试点地区受到党政的高度关注和重视。四川省民政厅与我们密切配合，积极推广“童伴计划”的关爱模式。没有纳入首批试点地区的市（州）党政也希望通过配套资金和资源，开展相关工作。很多非试点地区主动到试点地区学习“童伴计划”的实施模式及相关做法，为下一步的扩面推广打下扎实基础。②

① 中青宇：《“童伴计划”：群团组织参与社会治理新尝试》，《探索》2016年第9期。

② 中青宇：《“童伴计划”：群团组织参与社会治理新尝试》，《探索》2016年第9期。

（四）横向联动普遍建立

项目试点县都成立了“童伴计划”项目领导小组，由县区党委、政府分管领导出任组长，团委、民政、公安、教育、卫计、司法、残联、妇联、项目乡镇及青年志愿者协会作为成员单位，构建起了市州督导、县区为主、镇村实施、部门联动的协同机制。县级团委进一步增派了工作力量，乡镇党委、政府列入重点工作，村两委主要负责人直接参与，形成了上下一体工作格局。①

五 “童伴计划”项目治理经验

“童伴计划”力争通过“本土化”力量培育和相关制度建设，打通关爱保护的“最后一公里”。在具体的实施方式上做到党政、群团和社会的跨界合作，实现资源的整合和再分配。

（一）体现在柔性治理上

“童伴计划”的推进更多是以社会组织的名义，通过志愿服务、法律援助、综合协调等服务性手段，与群众沟通协商，推动工作，一方面方式灵活，另一方面实际上成为党政直接面向群众的缓冲空间或弹性空间，发挥了“减压阀”和“预警器”作用。同时，还充分激发了群众的内生动力，避免群众产生“靠政府”的消极思想。在实践中可以看到，“童伴妈妈”在工作中广泛动员了当地务农群众、返乡大学生、中学生等本村本土的力量，共同服务孩子。

（二）体现在跨界合作上

群团组织熟悉党政运作方式，在组织架构上有类似党政成型的工作网络

---

① 《“童伴计划”项目在四川省各地扎实推进》，http：//www. ccyl. org. cn/place/news/sichuan/201604/t20160422_ 757419. htm。

和组织体系，基层组织遍布各个领域，可以借助多年来自上而下的工作网络和成型的平台阵地；同时，群众性的特点又帮助群团组织适应社会组织的运作和话语体系，能够发挥枢纽作用，推动党政、群团和社会的跨界合作。通过“童伴计划”实现了基层党政领导，民政、卫生、教育、公安等行政部门与共青团、社会组织坐在一起协商工作、解决问题。

（三）体现在资源链接上

资源链接主要体现在资源的整合和再分配上。过去大多以“条”为主进行资源分配，从而一定程度上存在资源分配不均或者错配等情况。目前，通过“童伴妈妈”这个村级平台，基本实现了行政、群团和社会资源在最基层的整合和再分配，确保资源更有效率地配置，而高效、公平的资源配置又进一步吸引更多资源的参与，形成良性循环。

B.14

成都女性就业现状、就业意愿与社会支持调查

新常态下成都女性就业创业问题与对策研究课题组*

摘　要：　女性在就业市场处于弱势地位，经济下行压力与结构调整、产业转型升级等共振叠加，既拓展了女性就业创业空间，也强化了女性在就业市场的弱势地位，女性就业压力、就业风险、就业脆弱性增大。而女性作为社会、家庭双重半边天，女性就业关系家庭稳定、子女教育、女性尊严、社会发展。本报告采用问卷调查和统计数据分析，重点阐述成都市女性就业行业和就业结构的轻质型变化特点和压力，分析了传统劳动密集型行业女性就业特点和就业愿望，以及就业市场求职女性的从业愿望和需求，展示了女性对新型服务行业的认同与求职需求，提出了促进女性就业的社会制度支持。

关键词：　就业现状　就业意愿　社会支持

一　研究背景

国际经济形势错综复杂，国内经济形势下行压力继续加大，就业形势不

* 课题组负责人：沈茂英，四川省社会科学院经济研究所研究员；课题组成员：张小华、万将军、龙涛、郭世优、徐知之（摘要翻译）。

容乐观。与全国一样，成都经济增速明显放缓，从2011的15.2%逐年下降到2014年的8.2%，2015年进一步下降到7.9[①]，经济增速五年下降7.3个百分点。2016年上半年，经济增速进一步降至7.8%，全市经济增长速度从高速增长回调到中高速增长平台上，经济下行压力持续加大。伴随着经济增长速度的趋缓，经济结构调整效应显现，产业结构转型升级加速，产业结构持续改善，传统产业发展动力减弱，部分企业生产经济困难增多，结构调整阵痛开始显现，对新增就业岗位、保持劳动力市场稳定等形成巨大压力。据调查，2015年第二季度成都市人力资源市场的求人倍率从第一季度的1.77陡降至0.91，为2011年以来的最低值。其中，第二产业岗位需求较第一季度下降38.7%，第三产业岗位需求下降12.8%，第一产业岗位需求量下降5.6%[②]。以制造业为主的第二产业岗位持续减少，第三产业岗位萎缩，重点群体的就业形势严峻。到2016年，成都市人力资源市场的求人倍率同样出现了下降，从第一季度的1.75下降到第二季度的1.46。女性在就业市场处于弱势地位，经济下行压力与结构调整、产业转型升级等共振叠加，既拓展了女性就业创业空间，也强化了女性在就业市场的弱势地位，女性就业压力、就业风险、就业脆弱性增大。

女性作为社会、家庭双重半边天，女性就业关系家庭稳定、子女教育、女性尊严、社会发展。因此，面对持续的经济下行压力、经济结构调整和产业转型升级的叠加效应，降低乃至化解女性就业的脆弱性，拓展女性的就业创业空间，是成都市女性就业创业工作的重要领域。为此，成都市妇女联合会、成都市就业局与四川省社会科学院联合开展了成都女性就业创业调研课题。本次调研发放问卷450份、回收有效问卷439份（有效问卷回收率97.5%）[③]，

① 根据统计资料的梳理，2011～2015年，成都市经济增长速度分别为15.2%、13%、10.2%、8.2%和7.8%。

② 《成都市2015年二季度公共人力资源市场职业供求状况分析报告》，成都市人社局网站，http://www.cdhrss.gov.cn/detail.jsp?id=663605。

③ 问卷由企业问卷、就业问卷和求职问卷组成。其中，回收企业问卷38份、中低端女性就业问卷220份、人力资源市场求职女性问卷181份。女性就业群体主要分布在加工制造、批发零售、餐饮住宿、居民服务、养老、灵活就业等。

课题重点了解在业女性就业现状、求职女性就业创业意愿、就业困境与就业创业社会支持，结合成都市经济结构调整与产业发展趋势，提出针对低端女性就业群体的就业创业帮扶政策，以减缓经济下行对中低端女性就业群体的负面冲击，实现中低端女性群体更充分、更稳定、更高质量地就业创业。

二　成都女性就业向第三产业轻型化转变

（1）成都女性就业优势行业逐渐集聚到服务和轻工。研究表明，全国就业市场上女性就业出现三产化和轻质化，但职业性别构成出现随职位、技术含量、职级和收入的增加而女性人数占比下降现象。从“五普”和“六普”数据来看，成都女性就业优势行业逐渐向服务业和轻工业集聚，城镇乡又呈现明显的区域差异。一是城市女性劳动力明显从农业、制造业、交通运输、科学研究、电力煤气、卫生体育等行业退出，逐渐向教育、水利环保、批发零售、房地产、社会服务等聚集。其中，女性就业优势明显的前五大行业分别为卫生、教育、批发零售与餐饮、金融、社会服务等。二是镇区女性就业优势行业向服务经济和农业集聚。镇区[①]女性逐渐退出房地产、电力燃气、交通运输、农业等领域，在水利环保、卫生、教育、公共管理等行业有明显提升。镇区女性劳动力就业前六大优势行业排序为卫生、教育、批发零售与住宿、金融、农业、社会服务。三是乡村女性就业的农业化特征显现。乡村是指除城市和镇以外的广大农村地区。乡村女性劳动力就业主要集中在农业，前五大优势行业分别是卫生、批发零售与住宿、金融、农业、水利环保。

（2）成都女性就业结构改善但城镇乡差异明显。就业结构是经济结构的反映，女性就业结构是指各个行业为女性劳动力提供的工作岗位数量及其比例关系。从“五普”到“六普”，成都女性就业结构改善但城镇乡差异明

---

① 镇区是指在城区以外的县人民政府驻地和其他镇，政府驻地的实际建设连接到的居民委员会和其他区域。与政府驻地的实际建设不连接，且常住人口在3000人以上的独立的工矿区、开发区、科研单位、大专院校等特殊区域及农场、林场的场部驻地视为镇区。

显。一是城市女性就业结构变化明显，一、二产业的就业主体地位快速下降。城市女性逐渐从农业和制造业中退出，在一、二、三产业的就业比从2000年的20.7∶26.4∶52.9调整为2010年的1.7∶22.8∶75.5，女性向劳动密集型的批发零售餐饮、制造业、卫生教育、社会服务等聚集，批发零售餐饮为女性提供了38.1%的就业岗位，制造业提供16.8%，卫生与教育提供11.5%，社会服务业提供8.4%。二是镇区女性向二、三产业聚集。镇区女性在一、二、三产业间的就业结构从2000年的45.3∶16.5∶38.2调整为2010年的11∶31.5∶57.5。女性劳动力进一步向批发零售餐饮住宿、制造业、农业、社会服务、教育卫生等集聚，批零餐饮住宿提供了30.1%的岗位，制造业提供了25.5%，农业提供11%，教育卫生提供8.2%，社会服务提供6.3%①。三是乡村女性农业化就业有所减弱。乡村女性在一、二、三产业的就业比从2000年的88.7∶5.9∶5.4调整为2010年的71∶13.5∶15.5，从农业退出的趋势较为明显，但农业化就业依然存在。

（3）成都女性就业的机遇与挑战并存。经济结构决定就业结构，就业结构反过来影响经济结构。成都市经济结构不断优化，第三产业占比超过第一、二产值总和，第三产业成为就业带动能力最强劲的领域。第三产业是女性就业优势最明显的行业，女性越来越多聚集在城市服务业以及轻工（家具制造、家纺服装与制鞋、印务包装等）、食品饮料等领域。技术进步、产业转型、结构调整等所引发的转型阵痛，既是女性就业结构优化的重大机遇，也是女性就业创业面临的重大挑战。技术进步克服女性体能上的竞争劣势，产业转型升级为女性就业创业提供了新的平台，新兴服务业、新兴业态可适应不同女性的就业创业需求。未来，女性就业创业的优势行业将进一步趋向现代服务业、新兴服务业以及居民服务业。但就业市场中的弱势女性群体，持续受产业转型升级、经济结构调整、技术进步的综合冲击，面临就业再失业、离岗再就业、下岗等问题。另外，新兴服务业（如健康服务、

① 沈茂英：《成都女性就业变动态势及其政策含义——基于“五普”与“六普”数据的比较分析》，《西北人口》2015年第6期。

科技服务、信息服务等）和现代服务业的快速发展，使低技能女性又缺乏从业能力；再者，以居民服务为主的大量岗位需求与女性求职群体的就业需求不匹配，使低技能女性的就业脆弱性增加。

三　成都女性就业现状与就业意愿

女性就业群体既在教育、卫生、金融、社会保障和社会福利机构等占据半壁江山，也大量聚集于批发零售、餐饮住宿、居民服务等传统劳动密集型行业，出现两极化趋势。集聚在传统劳动密集型行业的女性，受教育水平较低、就业技能与就业竞争力偏弱，对结构调整和产业转型升级影响更敏感。人力资源市场的女性求职群体，人员构成复杂多样，对宏观经济形势变化和就业市场压力感受最直接。

（1）传统劳动密集型行业女性就业现状。问卷涉及的传统劳动密集型行业是指批发零售、餐饮住宿、养老服务、手工编织、服装加工、食品加工、制鞋、瓷砖生产等，问卷对象为女性就业者。其基本现状概括为"三低一强一乐观两保障"："三低"是指就业层次低、流动低、工资水平低。样本群体以生产一线或服务一线的女性员工为主，就业层次偏低；近六成女性的现有岗位缺乏上升空间，有近七成女性希望长期服务于现有岗位，表明就业女性的流动性低；有九成以上女性的月工资在4000元以下（其中3000元以下占了75.9%），明显低于2014年成都市月均工资水平，与住宿餐饮、批发零售、居民服务业、制造业、农业等相当①。"一强"是指女性创业意愿比较强，有近三成女性希望自己当老板，创业意愿较强。"一乐观"是指女性对所在行业的发展前景持乐观态度，样本中有近七成女性对所在行业的发展前景持相对乐观的态度。"两保障"是指就业女性的休息时间和工作环境有保障，超八成女性能够每周休息一天，近八成女性对工作环境比较满

① 根据成都市统计局发布，2014年成都市城镇工资水平为51681元（月均4300元），其中，月工资最低的行业分别是居民服务业（2660元）、住宿餐饮业（2840元）、农林牧渔业（2703元）、批发零售业（3630元）、制造业（3800元）、建筑业（3630元）。

意，近七成女性享受到单位购买的“五险”。

（2）人力资源市场求职女性就业意愿。一是求职女性对求职单位的要求多样，但集中在事业单位、外企私企股份制企业、国有企业乃至于国家机关，也有相当比例的求职者将求职单位定位于个体私营企业。二是求职者期望的工资水平较在业女性的实际工资水平偏高，期望月工资水平在2000元以下的占2.8%，期望工资在2000~3000元的占32.0%，在3000~4000元的占38.1%，6000元以上的占12.7%。有61.9%的求职者要求用人单位购买“五险一金”，对工作地点的要求则集中在下班后能够回家，兼顾家庭是求职者与在业者共同的特点。三是在服务行业的求职意愿较为分散。期望在金融、教育等服务领域从业的占23.3%；选择家政、养老、美容美发、快递等居民服务业的占28.7%；期望在批发零售、餐饮住宿等的占26.5%；期望从事电子商务等新业态的占13.3%。四是加工制造业的求职意愿集中于轻工，以服装加工、食品加工、制鞋、家具制造、手工编织等为主。五是求职女性的创业意愿较高。有33.1%的希望自主创业。

四　成都女性就业困境与社会支持现状

（1）劳动力市场存在着各种隐性歧视。尽管各级政府在消除就业歧视方面出台了大量政策和制度，女性就业水平大幅度提高，但在市场经济条件下，用工单位从用工成本角度出发，在招聘时设置年龄、学历、户籍等就业准入门槛。无论是在业女性还是求职女性，在求职和就业过程中均遭遇过不同程度的隐性歧视（或准入门槛）。最常见的入职门槛是年龄、性别、生育、学历以及农村户籍等。一是年龄限制，是较普遍的入职门槛，有四成左右的样本女性在求职过程中遭遇过年龄门槛，年龄越大遇到年龄限制的概率越高。二是未生育门槛。受教育程度高和青年女性是“未生育门槛”的主要群体，本科、专科和研究生教育背景的求职女性遭遇“未生育门槛”的比例分别为42.3%、35.3%、18.2%。21~25岁、26~30岁、31~35岁三个年龄段的女性遭遇的“未生育门槛”占比分别为66.7%、45%和31%。

三是性别门槛。求职和就业中的性别门槛仍然有所表现，在业女性和求职女性遭遇的比例分别为27%和23%。四是“农村户籍门槛”，有80%的农村户籍女性在求职过程中遭遇过。劳动力市场各种隐性歧视的原因在于市场用工单位基于用工成本和员工稳定性考虑，企业普遍认为已婚生子的女员工更稳定，“三期”女员工的用工成本高。

（2）女性就业创业能力偏弱，存在家庭与岗位的角色冲突。一是女性就业技能和就业适应能力较弱，普遍存在“缺乏一技之长”和“文化水平低”等择业困境。调研样本中，“初中及以下”文化程度女性、高龄女性劳动力（50岁及以上）和女性农业转移劳动力等群体比重偏高，在就业市场缺乏竞争能力和岗位适应能力，低技能求职女性向上择业缺技能、向下择业缺内在动力。二是存在家庭与岗位的角色冲突。女性的家庭角色是妻子、母亲、儿媳、女儿，传统的“女主内、男主外”家庭分工模式并未发生明显变化，成都灵活就业女性日常家务劳动时间在2～3小时[①]。家庭角色定位下的女性面临着来自男性的竞争压力和用工单位的选择，将家庭角色分工内化为已婚女性就业的个人就业困境。

（3）女性就业创业的非正式支持与正式支持并存。非正式社会网络是女性劳动力获得的重要支持，以亲缘、血缘、地缘、业缘等为主，在女性求职与就业中发挥着重要作用。家人与朋友是极重要的非正式社会网络，给予的支持主要表现在“口头鼓励、经济供给、介绍工作以及预留工作岗位”等。正式的社会网络支持来源于社区、基层政府。成都市高度重视女性就业创业问题，出台了较为完善的制度措施，开辟了针对居家女性和就业困难女性的灵活就业工作坊、社会公益岗位等。社区支持集中表现在“信息登记、就业培训、帮助介绍工作、协助开专场招聘会”等。其中，在业女性获得的支持以“信息登记”“就业培训”为主，求职女性获得的支持以“介绍工作”“专场招聘会”为主。

---

① 沈茂英、李雪梅：《女性灵活就业群体的就业生态与就业实现机制研究》，《农村经济》2010年第6期。

五 成都女性对新型传统服务业的认知

女性劳动力是服务经济的主力军，在生产性服务业、生活性服务业、现代服务业等诸多领域均有就业创业优势。以家政服务、养老服务以及新兴健康养生服务等为主的新型居民服务业因城镇人口规模的扩大、家庭结构的小型化、生活水平的提高而成为城市最具发展前景的产业之一，也是成都市重点发展的城市服务业。

（1）女性对新型居民服务业发展前景预判为中性偏乐观。家政、健康养生、养老服务是城市极为重要的新型居民服务业，女性对这类产业的发展前景持中型偏乐观态度。其中，求职女性以中性态度为主，在业女性以乐观态度为主。求职女性与在业女性在家政服务业发展前景的选项上，非常看好选项相差24.1个百分点，谨慎看好选项相差2个百分点；对养老服务业的选项类似，在业女性对养老服务业发展前景持积极乐观态度，求职女性则持中性态度。数字背后的原因在于求职女性对自身的市场定位偏高，对家政服务、养老服务的认同度偏低。

（2）女性对新型居民服务业的从业意愿谨慎偏乐观。尽管家政服务、健康养生、养老服务业是女性就业优势行业，但女性的从业意愿较前景预判要低许多，从业意愿却是谨慎偏乐观且呈现一定差异。求职女性的家政服务从业意愿是谨慎偏乐观（较在业女性低8.5个百分点）。求职女性非常愿意从事健康养生、养老服务业的意愿大幅低于在业女性，对新型居民服务业的从业认可度较低。

（3）女性看好灵活就业发展前景并具有较强的灵活就业意愿。灵活就业是女性实现就业创业的重要手段，尤其适合哺乳期、抚育期和高龄劳动力。从调研数据来看，女性对灵活就业前景的认可度与从业意愿均较强，对创业类灵活就业有较高期待。但在业女性与求职女性对灵活就业发展前景的判断上存在较大差异，在业女性较求职女性更加乐观，求职女性趋中性偏悲观，两者在“积极看好选项”上相差19个百分点、在“比较看好”上相差

9.2 个百分点。在从业意愿上，求职女性较在业女性在“非常愿意”上相差 8.5 个百分点。就业女性的灵活就业创业意愿更强。

六　研究结论与政策建议

（一）调研结论

（1）成都女性就业越来越向第三产业和特色优势产业集聚。成都女性劳动力逐渐退出了偏男性职业的行业并集聚到偏女性职业的行业。其中，城市女性逐渐退出制造业、采矿等第二产业，集聚在餐饮住宿、批发零售、文化教育、科技、金融等领域。镇区女性在退出农业的同时，逐渐聚集到加工制造业领域，镇区女工数量呈增加态势。乡村女性劳动力则从农业逐渐转向加工制造、餐饮住宿、乡村旅游等领域。

（2）新常态下成都女性就业创业机遇与挑战并存。随着经济增速放缓、结构调整加速、产业转型升级，成都战略性新兴产业、特色优势产业、先导服务业、支柱服务业和新兴服务业等①稳步发展，以服务经济为主的第三产业成功超越一、二产业总和而成为城市经济的基础。服务经济就业容量大、就业形势预期向好，而女性是服务经济的主力军。无论是在传统服务业、现代服务业还是新兴服务业中，女性均具有明显的就业优势。另外，聚集于传统服务经济（如批发零售、居民服务等）与传统轻工食品加工（如服装加工、鞋业、食品等）等领域的女性，将承受传统产业发展动力减弱、就业容量增长减弱甚至萎缩的挑战。

---

① 根据成都市工业发展“十二五”规划，战略性新兴产业主要是指新一代信息技术、新能源、生物医药、高端装备制造、节能环保、新能源汽车等七大行业；特色优势产业为电子信息制造、汽车、机械、石化、食品、冶金、建材、轻工等八大行业。轻工主要包括家具制造、制鞋、印务包装和家纺服装。根据成都市服务业发展“十二五”规划，先导服务业主要是指现代物流、商务服务、会展、文化产业、信息服务；支柱服务业是指商贸业（含家政服务业）、金融业、旅游业；新兴服务业是指电子商务、数字新媒体、健康产业和环保服务。

（3）就业市场结构性矛盾突出，女性就业稳定性偏低。毋庸置疑，成都经济体量大、回旋余地大、就业容量大，就业形势预期向好。但就业市场结构性矛盾突出，在需求缺口较大（求人倍率较高）的职业中，仅保洁/清洁、家政等适合女性；在需求量较小的职业中，大部分是女性就业优势职业，女性就业压力增大。边缘群体（50 岁以上高龄劳动力、初中以下文化水平、农村到城镇且年龄偏大、丧偶女性、家庭照料任务重）在劳动力市场的弱势地位明显，就业压力大、择业空间有限。

（4）就业女性“穷忙活”，求职女性高期望。“穷忙活”[①] 是指有工作但收入远低于社会平均工资的群体。样本女性工资水平处于 2014 年成都市主要行业工资水平的低端，工作时间长但收入水平低，是典型的“穷忙活”。尽管政府不断提高最低工资水平，大部分调研企业也建立了工资逐年增长机制，但女性就业集中行业属于完全竞争市场，工资更多受市场供求关系影响，行业工资水平长期偏低，女性又缺乏工资议价能力，就业女性“穷忙活”。求职女性期望工资水平明显高于在业女性的实际工资分布，期望工资与现实工资存在较大落差，对求职女性的择业形成一定压力。

（5）女性就业创业面临各种隐性歧视。女性就业歧视是世界性问题，女性在劳动力市场普遍处于弱势。成都城市经济发展为女性提供了较多就业创业选择，女性就业保障制度的日渐完善在一定程度上消除了显性就业歧视，但市场用工单位对用工成本与经营效益的追逐反映到劳动力市场表现为各种隐性就业歧视。市场用工单位设置的年龄、学历、职业资格证书、户籍等门槛普遍存在，女性还面临着性别、未生育等门槛设置。

（6）社会支持助推提升女性就业创业。正式和非正式社会网络对女性就业创业提供了多种支持，是女性就业创业实现的重要条件。非正式社会网络以家人和朋友为主，正式社会网络以基层政府和社区为主。女性社会组织

---

① “穷忙活”或“穷忙族”是英文“working poor”的翻译，原指有工作但工资远低于社会平均工资水平的群体，后被网络引申为白领阶层收入不菲却陷入拼命赚钱满足各种消费欲望、消费过后重返穷忙的怪圈。这里是指就业层次较低，女性整日劳累却只能获得低于社会平均工资水平的报酬。

不断发展，在促进女性就业创业方面也发挥了积极作用。

（7）看好新型居民服务产业但从业意愿偏弱。家政服务、健康养生服务、养老服务是城市经济的重要组成部分，也是成都市重点发展的服务产业之一。随着人口老龄化进程的加速、城镇化水平的不断提高，家庭规模呈现小型化，家务劳动和家庭养老社会化，健康养生产业化，社会对家政服务、养老、健康养生等服务业的需求不断增加，发展前景好、市场潜力大、女性就业优势明显。对此，样本女性看好这类产业的发展前景，但样本女性的从业意愿却非常谨慎，乐观的前景判断与谨慎的从业意愿间存在较大差异。

（8）灵活就业发展前景好且从业意愿偏强。成都女性灵活就业工作起步早、灵活就业形式多样，形成了以居家灵活就业、社区灵活就业工作坊等特色灵活就业类型。女性的家庭角色定位、技术进步以及个性化就业需求等，使女性灵活就业的优势明显，灵活就业也成为女性就业的重要形式。对此，样本女性对灵活就业发展前景高度认可，从业灵活就业的意愿较强，创业型灵活就业更受女性青睐。

（二）几点建议

（1）立足新常态，抓住新机遇，化解新挑战。新常态下，伴随着经济结构调整和产业转型升级，成都经济增速从高速换挡进入中高速增长，第三产业超越一、二产业成为城市经济的基础，为女性就业创业带来新机遇与新挑战。为此，应充分立足新常态，抓住经济结构调整和产业转型升级机遇，以提升女性人力资本为重点，以提高女性就业适应能力为目标，以培育女性就业创业优势行业为载体，完善女性就业创业产业体系，提高女性在整体就业结构中的层次，化解结构调整和产业升级所带来的就业阵痛。一是提高传统产业的文化创意价值，将传统产业（食品、轻纺等）与文化旅游产业相结合，提升传统产业的价值含量与就业空间；二是加大对女性就业群体的培训力度，提高女性在高端服务业和新兴服务业中的就业参与率；三是完善和拓宽女性就业创业社会支持网络体系，培育女性社会组织、志愿者组织并发挥其引领带动女性就业创业的作用；四是充分发挥女企业家和女能人的示范带动效应，鼓励女企业家致力于女性就业创业工作；五是逐步提高生活服务行业工资水平，引导女性从事新型生活服务业。

（2）立足社区就业创业，培育和孵化女性社会组织。女性社会组织正成为促进社区女性就业创业的重要载体，在社区养老托幼、家政服务、便民服务等适合女性就业创业的项目中发挥着积极带动作用。一是建立与政府、民政、妇联合作促进妇女就业创业的协同机制；二是相关部门发挥枢纽作用，为女性就业创业社会组织的孵化培育、合作共享、指导服务搭建平台，在经济新常态下努力提升妇女群众参与意识、不断增强妇女就业创业能力；三是加强对女性社会组织负责人、女性群体领袖的培训，提升社会组织成员的社会化工作专业素养，不断适应外界环境的变化和妇女群体就业创业需求的提高；四是发挥引导成都女性企业家的带动引领作用，鼓励女企业家积极参与女性社会组织的培育和孵化工作；五是依托农村社区，开展回乡女性农民工和女企业家创业带就业工作，发挥回乡女工和女企业家的创业带就业示范效应。

（3）依托各级妇联组织，维护和提升女性就业创业品牌。各级妇联组织在服务妇女就业创业方面发挥了重要作用，不仅是女性维权的重要组织保障，还服务于女性就业创业，引导女性创立了地域特色鲜明的巾帼示范基地、家政服务基地、灵活就业基地，成为引领女性就业创业的重要载体。新常态下，面对女性就业创业的挑战，应进一步依托妇联组织维护和提升女性就业创业品牌。一是全面总结全市女性就业创业示范基地经验，提升示范基地品牌效应，进一步发挥巾帼示范基地、巾帼家政基地、居家灵活就业基地的服务引领和阵地作用。二是做好女性就业创业品牌宣传。成都女性就业创业成功品牌资源丰富，“川妹子”、龙泉“阳光月嫂”、“一针一线”作坊、郫县“蜀绣”、新繁“棕编”等社会知名度高，具有良好的就业示范带动作用。不仅应加大宣传力度，还应将品牌基地打造成文化旅游参观接待点，以提升女性就业创业品牌的社会影响力。三是培育和完善互联网就业服务体系。针对女性就业生命周期和丰富多样的互联网资源，开展针对性更强、灵活多样的互联网就业服务。四是完善妇女小额担保贷款服务，用好用活小额担保贷款资源。五是建立市级各部门的女性就业创业联动机制，对妇联组织的女性就业创业给予资金、项目等方面的支持。

（4）加大宣传引导力度，转变就业择业创业观念。女性就业创业问题关系家庭稳定、子女教育、小康社会建设目标和女性全面发展，是各级政府和职能部门就业创业工作的重点。一是营造职业不分贵贱高低的社会舆论氛围。针对女性普遍看好新型居民服务业（家政服务、养老服务、健康服务等）和从业意愿偏低的社会现状，政府和社会各界应加强舆论宣传引导，营造职业不分贵贱高低的社会氛围，对从事这类服务业的女性给予政策支持。二是给新型生活服务业发展应有地位。包括家政在内的新型居民服务业是城市经济发展的重要组成部分，也是中低端女性群体就业创业相对集中的领域。政府应加大新型居民服务业的宣传引导力度，组织编制包括家政服务业在内的新型居民服务业中长期发展规划。三是创新宣传手段，发掘各行各业的鲜活典型，开展女性就业创业大比拼，转变女性就业创业择业观念，拓宽就业创业空间。

（5）建立完善女性培训机制，提高女性就业创业技能。女性劳动力特别是边缘劳动力群体，普遍存在着文化水平低、就业技能缺乏问题，大部分群体还缺乏集中学习和培训时间。为提高女性就业创业技能和就业适应能力，建议实施针对性更强、更灵活的女性就业培训。一是建立差异化的女性培训机制。女性劳动力年龄、文化水平、职业以及从业意愿等跨度大、培训需求差异明显，单一的培训形式难以满足女性群体的需求。应根据女性的年龄特征、职业特征、区域特征以及就业意愿等，提供差异化的培训服务。二是提供线上与线下培训相结合的培训支持。互联网已实现家庭全覆盖，电视、手机、电脑等互联网手段多样，完全解决了线上培训服务的阵地问题。应鼓励和支持各类巾帼示范基地、蜀绣示范基地、家政示范基地等将线下培训逐步转移到线上培训，实现“线上”培训与“线下”示范的有效结合，解决女性难以在固定时间、固定地点接受培训问题。三是依托社区女性灵活就业基地，建立社区灵活就业培训中心。女性具有较强的灵活就业创业意愿，成都也成功培育孵化出了一批社区灵活就业创业基地。可依托社区灵活就业创业基地，建立灵活就业创业培训中心，为社区女性群体提供培训支持。四是编制成都女性灵活就业创业培训发展规划，提高女性灵活就业创业水平。针对女性看好灵活就业创业发展前景且从业意愿强的特点，结合成都市城市服务业发展、非物质文化产业发展、养老产业发展等，编制成都市女性灵活就业创业发展和培训规划，提高女性灵活就业创业水平。

（6）建立女性就业创业政策资源平台，用好用活存量与增量政策资源。面对严峻的就业形势，2015 年 4 月 21 日国务院常务会议出台“采取更加积极的就业政策，大力支持‘大众创业、万众创新’，把创业和就业结合起来，以创业创新带动就业”等五大措施，制定并出台了《关于支持农民工等返乡创业的意见》；四川先后出台了若干灵活就业政策如《关于促进残疾人居家灵活就业的意见》（川残发〔2013〕1 号）和《四川省残疾人居家灵活就业（创业）直补项目实施办法》（川残办〔2014〕114 号）的政策。一是建立女性就业创业政策资源共享平台，便于群众随时查阅相关政策、解读相关政策；二是组织专家对政策措施进行解读，让政策措施进社区进家庭，是政策措施转化为女性就业创业的资源；三是做好政策资源平台的维护工作，及时更新平台内容，及时组织专家在线解读和回答问题；四是将群众留言和政策建议转送相关部门，做好政策调整反馈工作。

（7）积极拓展女性就业创业空间，着力解决边缘群体的就业创业。随着社会消费方式逐渐转向个性化、多样化消费，随着人口老龄化日趋发展，劳动力市场进一步细分，将为女性就业创业提供更多样的发展空间。一是顺应城镇居民个性化消费需求，积极拓展高端居民服务业，鼓励女性创办服务于高端居民的服务组织。二是鼓励女性积极占据养老服务业和健康养生服务业市场。女性在养老服务业和健康养生服务业中具有绝对的就业优势，可承担养老服务产业中的陪护照料服务、饮食加工和老年饰品供给等服务，承担健康养生服务业中的身体维护保养、健康咨询、保健与理疗等。鼓励女性积极参与养老服务、健康养生等相关产业的发展，对创办养老服务机构（站点）、健康咨询服务等的女性给予相应的支持。三是积极开发社区公益就业岗位。社区公益就业岗位涵盖面广，在社区建设中承担着重要作用，包括社区医疗服务、社区卫生保洁、社区治安、社区停车等，解决边缘女性的就业问题。四是扶持女性在居民服务业中实现就业创业。居民服务业包括家庭服务、洗染服务、理发及美容保健服务、洗浴服务、婚介服务、殡葬服务、摄影服务等，其他服务则是指维修与维护、清洁服务等。居民服务业是城市经济的基础行业，具有就业容量大、创业成本小、创业风险低等特点，是女性创业参与率较高的行业。可设立居民服务业创业发展基金，引导女性从事居民服务业创业就业。五是进一步提高女性在食品、服装、皮具等加工制造业中的就业比例，特别是青年女性的就业比例，为青年女性的未来创业积累经验。

（8）开发农村就业空间，发挥农业的就业保障功能。农业的就业托底已被无数次证明，农业就业保障还将持续相当长时期。农业就业不仅限于农业生产，还包括农产品加工与流动、小村旅游休闲等，是乡村女性就业的主要产业。一是鼓励发展多种经营形态并存的新型农业经营模式，提高农村女性农业就业参与率。二是大力发展有机农业与循环农业。有机农业是用工量大、农产品价值高、市场前景广的产业，代表着未来农产品的消费方向。农户家庭是有机农业发展的最好载体，农业女性化与农业经营家庭化不仅有利于有机农业发展，更有利于提升农村女性的收入水平。三是积极拓展农业的休闲与文化功能，发展观光农业与体验农业，实现农业与旅游、休闲、文化的有机融合，巩固农业就业保障功能。四是发挥农村女能人的带动作用，为农村巾帼基地建设提供相应的资金和培训支持。

B.15
四川高校女大学生的政治、社交和社团参与调查研究

张雪梅　方璐堃*

摘　要： 本文通过对四川省22所高校女大学生的抽样调查，对她们在政治参与、社交参与和社团参与上的现状进行了描述，并对相关问题产生的原因进行了分析。研究发现，来自农村、父亲学历较低、非独生子女的女大学生比来自城市、父亲学历较高、独生的女大学生有着更高的社交障碍情况。鼓励女大学生关心政治、积极参加社会活动、提升校园社团活动水平，对提升女大学生公民素质和意识有积极的作用。

关键词： 女大学生　政治参与　社交参与　社团参与　公民素养

女性的社会角色发展状况是衡量一个社会开放、文明程度的重要指标，尤其是作为代表先进知识传承的女大学生的社会角色发展更具有标志性意义。2015年《中国统计年鉴》数据显示，全国普通本专科女大学生占大学生总数比例达到52.12%，超过男生108.02万人。现有的大学生相关研究、特别是针对社会角色发展的调查，多为全国性普查，针对西部高校女大学生的专项调查仍然较少。在西部非重点院校为主的高校中，女大学生的思想态度、价值观念的现状和发展趋势如何，他们的社交情况和政治参与情况如

* 张雪梅，女，四川省社会科学院副研究员，博士，硕士生导师；方璐堃，女，四川省社会科学院研究生。

何，与其社会性别角色的形成有什么关系，以及是否表现出更多的西部特点的城乡差别，是本文希望探索的问题。因此，本文通过政治参与、社交参与和社团参与三个维度对目前四川高校女大学生的思想态度和价值观念进行分析，研究新时期女大学生的综合能力素质和实际发展状况。

一 政治、社交、社团参与的文献综述

马克思曾指出，人“天生是社会的动物”，每个社会群体的内部成员间都有着共同的价值观念和基本的行为方式。学校作为一种具体的社会存在，在学校里个人通过知识和技能的接收，完成重要的社会化过程。大学生作为一个重要的过渡性群体，他们的身份虽然只存在几年时间，但其在学校培养的行为态度、价值观念将直接影响到他们进入社会后的生活方式。而政治参与、社交参与和社团参与的不同程度将作为其表现方式呈现出来。

（一）政治参与是大学生重要的社会化过程

本文把大学生的政治参与界定为：对国家的政治、社会生活现状的基本了解、认识，并在此基础上通过各种途径的实际行为投入。大学生的政治参与是整个公民社会政治参与的重要组成部分。大学生公民意识的形成是在他们的不同形式的政治参与过程中逐渐培养起来的。同时，从五四运动以来的学生运动也可看到，大学生作为青年中坚群体，始终走在时代的前列，他们对政治的参与，往往带来一个社会的思想意识启蒙和社会制度的变迁。顾晓英认为，政治参与是大学生政治素质的重要组成部分，对大学生开展政治和法律教育，能够有效地促进他们对政治权威的意识和认同。① 许浩认为，大学生作为公民成员，其政治参与由宪法规定和保障，政治参与对大学生的政治观念起到规范化作用。同时，他们的知识水平、思想意识和行为准则仍将

① 顾晓英：《上海当代大学生政治参与现状及对策》，《思想·理论·教育》2003 年第 6 期。

对社会其他群体产生重要影响。[①] 陈流汀认为，参与学校教育管理增强了大学生的责任意识、主人翁意识和自律意识。[②] 张建奇认为，大学生校园参与不仅包括学校组织的公益活动及社团活动，还包括参与学校的科研、教学和管理活动。[③] 李军认为，高校学生参与管理是现代大学内部管理体制改革的一种发展趋势。[④]

（二）社交参与是影响大学生学业成就的重要因素

国外关于本科生的学业成就研究中，美国学者奥斯汀提出了经典的“I－E－O”模型，该模型认为高等教育的“产出”是“投入”与“环境”相互作用的结果。学生的学习成果包括：学生的个性、知识、技能、态度、价值观、信念、行为；学生投入包括：家庭背景、学术成绩、社会经历、入学前经历；院校环境包括：大学政策文化、大学里的经历，如课程、院校环境、教学设施、教学风格、同伴、课外活动等。[⑤] 在此之后，奥斯汀又进一步提出了“学生参与”的概念，他认为，学生需积极参与大学各项活动才能学得更好，学生学习就是学生参与的整个过程。学生在有意义的活动中投入时间越长，付出的努力和精力越多，收获就越大。衡量大学教育质量的重要尺度在于其能否有效提高学生参与的程度。国内学者利用类似方法，对该问题进行了多角度分析。朱红和阿诺德检验了不同类型的学生参与度（学习行为、学习情感、课余活动和社会情感）对学生成长发展的直接、间接影响。研究发现，课余活动参与度是影响学生发展的重要因素，课余活动会积极地、显著地影响学生在课堂和课外的学习行为。[⑥] 鲍威采用SEM结构方程模

① 许浩：《大学生政治参与对策研究》，《理论月刊》2006年第9期。

② 陈流汀：《大学生能把参与学校教育管理工作做好吗》，《中国高等教育》1998年第10期。

③ 张建奇：《大学生参与与权益保障》，《吉林教育科学（高教研究）》2000年第6期。

④ 李军：《美国高校学生参与管理的历史、现状与启示》，《中国高教研究》2003年第10期。

⑤ Astin, A. W., “Student Involvement: A Developmental Theory for Higher Education,” *Journal of College Student Personnel*, 1984, 25 (4): 297－308.

⑥ Zhu, Arnold K., “How Mult-I variables Impact Student Achievement in Chinese Colleges?” Presented at the 2010 Annual Conference for Association for the Study of Higher Education on November 17－20, 2010, Indianapolis, USA, 2010.

型，对中国高校学生参与的影响机制进行建模，结果显示，高校大学生在家庭经济背景、学业资质、学习投入以及学习行为中出现多元化和异质化趋势；高校大学生的学业成就不仅取决于所在高等院校的组织特性、高校教学质量、学生基本特征以及他们与教师、同学之间的互动和学生本人学习投入程度都会对学生学业成就产生影响。①

（三）社团参与是培养学生社会活动能力的主要途径

大学校园文化的能力培养功能就是培养学生适应社会的能力，帮助学生学会与社会相适应的各种规范、知识、技能和生活方式，使之在各方面得到协调发展，并与社会环境之间达成一种动态的平衡与协调。高校学生社团以其独具的群众性、民主性、多样性、实践性等特点吸引着广大青年学生，成为共青团、学生会组织推动校园文化建设和拓展大学生综合素质的重要抓手和阵地，帮助大学生掌握适应社会的知识技能，帮助大学生掌握社会行为规范、社会特定角色和为人处世的行为规范，为大学生走向社会做好准备。培养创新精神和创新能力需要鼓励学生的个性发展，但也要处理好个性发展和社会责任的关系。高校学生社团帮助大学生把个性的发展与所处的社会历史使命联系起来，把时代要求内化为自我意识。并且，高校学生社团是促进学生身心和谐发展的重要载体。高校学生社团能帮助大学生形成优良的个性品质和良好积极的心理状态。大学生一般处于 18～23 岁，这一时期的青年人好奇、好动、参与意识强烈、文化需求广泛，表现出不同层次的文化消费。丰富多彩的校园文化生活，以其固有的娱乐性和欢快性，丰富了学生的精神生活，使其在紧张的学习之余，感到心情愉快、精力旺盛、情绪高涨。高校学生社团发展的状况直接影响到学生良好心理过程与心理状态的形成。高校学生社团能帮助大学生树立崇高的审美理想、正确的审美观念和健康的审美情趣。

---

① 鲍威：《未完成的转型——普及化阶段首都高等教育的人才培养与学生发展》，《北京大学教育评论》2010 年第 1 期。

二　研究内容和方法

（一）研究内容

大学生是社会中最积极、最活跃、最有生气的一个群体，他们的政治素质和参与程度代表了高知识青年群体的一般情况。特别是对于大学生中的女性，即女大学生，在政治参与、社交参与和社团参与方面的现状进行的研究仍然很少。为了进一步了解女大学生在政治参与、社交参与和社团参与方面的情况及特征，笔者于2015年10月对西南交通大学、四川传媒学院、川南幼儿师范高等专科学校、西华师范大学、阿坝师范学院等22所四川省高校在校女大学生进行了问卷调查和个案访谈。

（二）研究方法

1. 抽样方法

首先，在四川省内选择20~25所院校，要求涵盖全省各市（州）高等院校的不同分布和类别情况，包括不要都集中在成都市、要覆盖至少一所民族地区院校、覆盖不同院校类型，如国家统招高校、民办大学、职业技术学院、高职学院以及不同等级，如重点本科、一本、二本、三本等。最后抽中四川省22所高等院校。

其次，各院校需按比例抽样，共抽取3000个女生样本。每所院校抽取的样本数量计算方式为：3000×该院校女生总数/20所院校女生总数。例如，20所院校女生总数为100000人，院校A女生数为5000人，则院校A需要抽取的女生样本数为3000×（5000/100000）=150人。

再次，在每所选中院校中，按年级、专业分布抽取。

（1）在年级分布上，按照各年级女生数量比例计算每个年级样本数量。如：上述院校A确定样本为150人，该院校共有女生5000人，其中大一占20%，大二占20%，大三占25%，大四占35%，则各年级样本数量为：大一：150×20%＝30人；大二：150×20%＝30人；大三：150×25%＝38人；大四：150×35%＝52人。

（2）在专业分布上，需要搭配文、理、农、工、医的大类专业。

（3）对于有硕士、博士研究生的院校，请将硕士研究生和博士研究生纳入抽样范围，抽样比例与本科一样按各年级比例计。如：上述院校A确定样本为150人，该院校共有女生5000人，其中大一至大四4个年级各占17.5%，研一至博三6个年级各占5%，则各年级样本数量为：大一：150×17.5%＝26人；大二：150×17.5%＝26人；大三：150×17.5%＝26人；大四：150×17.5%＝26人；研一：150×5%＝7人；研二：150×5%＝7人；研三：150×5%＝7人；博一：150×5%＝7人；博二：150×5%＝7人；博三：150×5%＝7人。

最后，所有样本对象以全日制在读女生为限。在职学生、网络/远程教育学生、自考学生均不在抽样范围内。

根据抽样设计，共发放3000份问卷，回收有效问卷2991份，有效率为99.7%。

2. 问卷调查

以年级为单位，由经过专门培训的调查员统一发放问卷。为保证调查数据的真实性和可靠性，调查过程中使用统一指导语，匿名"自愿填写问卷"，并当场回收。一般情况调查问卷：内容包括基本人口学特征"年龄""学历""父母学历、工作""独生子女情况"及每月支出数额等。政治参与、社交参与和社团参与问卷为自编，包括社会认知、价值取向等方面。

3. 统计分析

采用SPSS 23对回收数据进行统计分析。接受问卷调查的四川省女大学生中，按不同专业划分，文科生占总人数的54.3%；按学历层次划分，专科生与本科生共占95.2%；硕士、博士研究生共占4.8%；按政治面貌划分，中共党员占7%。现将人口学信息基本调查结果分析如下（见表1）。

表 1　调查对象基本情况

单位：人，%

变量项	分类	人数	比例
学历	专科	668	23.4
	本科	2048	71.8
	硕士研究生	120	4.2
	博士研究生	17	0.6
年级	大一	1216	50.7
	大二	721	30.1
	大三	295	12.3
	大四	157	6.5
	大五	9	0.4
专业	文科	1587	54.3
	理科	536	18.3
	工科	469	16.0
	农科	91	3.1
	医科	241	8.2
民族	汉族	2738	91.5
	彝族	62	2.1
	回族	38	1.3
	藏族	36	1.2
	羌族	23	0.8
	其他	96	3.2
出身	城镇户口	1273	42.6
	农村户口	1712	57.3
父母婚姻情况	再婚	2671	89.4
	离异	226	7.6
	丧偶	58	1.9
	其他	33	1.1
是否独生子女	独生子女	1212	40.5
	非独生子女	1779	59.5

注明：部分缺失值未在表中显示。

三　四川高校女大学生政治、社交和社团参与基本情况

（一）政治参与的基本情况

1. 政治参与态度比较积极

女大学生在加入政治社团方面表现比较踊跃。研究以是否申请加入中国共产党作为指标，数据显示，申请加入共产党的女大学生占女生总人数的53%，已经是党员的女大学生中入党原因为“思想上积极要求进步”者占总人数的83%。同时，在各专业、各年级中申请入党的女大学生占本专业、本年级的比重相对稳定（40%～50%）。

另一项政治参与的指标设定为对时政要闻的关心。数据显示，对于是否关注“2015年反法西斯战争胜利70周年的相关纪念活动”，86%的女大学生表示关注和比较关注，其中党员大学生对国家时政要闻的关注度相对比普通大学生高。总体来看，女大学生表现出比较关心国家命运和民族兴衰，具有较高的政治责任感的特质。

2. 互联网、电视和报纸是获取政治信息的主要渠道

数据显示，通过互联网或电视获取国家政治信息的大学生占了大部分，分别为59.8%和35.28%；其次为报纸杂志，以此为获取信息渠道的大学生占总人数的2.78%，人际交往（别人转述）和其他渠道则分别各占1.87%和0.27%。

3. 校园事务的参与意识较高

参与校园公共事务和管理事务是大学生政治参与的典型方式。数据显示，183名学生表示不会关注学生管理和服务的相关信息，其他2808名学生都不同程度地表示非常关注或比较关注学生管理和服务的相关信息，其中关注渠道多为QQ或微信群。

（二）社交参与的基本情况

1. 社会支持主要来自朋友和家人

大学阶段是青年发展的重要阶段，也是从家庭进入社会的重要转折期，甚至被称为“第三次断乳期”。在这个转折期中，积极的社会关系——社会支持是一个重要影响因素。国内外有关社会支持的研究也表明，社会支持对身心健康有显著影响，良好的社会支持有利于健康，而不良社会关系的存在则损害身心健康。[①] 调查数据显示，“当你在学校遇到自己无法解决的困难时，第一时间向谁求助”时，66.23%的人选择了好朋友，14.74%的人选择了父母家人，14.38%的人选择了辅导员或班主任，选择班级干部的人占3.11%。可见，在社会支持上，朋友和家人仍然是大学生最重要的社会支持网络成员；而学校中制度化的设置，如辅导员和班干部等，并非他们社会支持网络的主要成员。

2. 社交焦虑一定程度上存在

以往的研究表明，社交焦虑或恐怖多起于青春期，25岁以后较少见。而且在亚洲国家这一现象特别严重。[②] 本次调查中，50.95%的学生觉得自己在社会交往上有一定障碍，2.24%的学生表示自己在社会交往上有很大障碍。从文献的观点来分析这一数据，我们认为，这并非表示存在现实的社交障碍，而是女大学生社交焦虑和社交自我效能感较低的一种表现，换句话说，被调查的女大学生有对自己的社交表现不自信的倾向。

（三）社团参与的基本情况

1. 社团参与程度较高

本文的社团是指学生社团，即根据学校的规定和相关章程，按照兴趣爱

---

① 王艳芝：《大学生社交回避及苦恼与领悟社会支持状况分析》，《中国学校卫生》2007年第3期。

② 李玲玉：《大学生社交焦虑、依恋与心理健康的关系研究》，《中国健康心理学杂志》2010年第2期。

好等自愿组成、自主开展活动的学生组织。社团参与是提高学生校园认同感、归属感的重要途径。

从表 2 可以看出，被调查者中大多数人都认为大学社团有结交朋友、提高能力、启发思维、开阔视野等积极作用，并有 74.5% 的表示已经加入了某个社团。可见，被调查大学生对社团的认知是比较正面的，参与程度也是比较高的。

表 2　大学社团的作用

作用	个案数(个)	个案百分比(%)
结交朋友	2295	76.80
寻找有共同兴趣爱好的人	1945	65.10
启发思维、开阔视野	2110	70.60
提高能力	2215	74.10
没作用,都是形式主义	99	3.30

2. 校园活动社交性和社会性突出

数据显示，被调查者中一个月至少参加一次校园活动的人数占总人数的 75.9%，其中最喜欢的校园活动类型排在前三位的依次是文体娱乐类、公益爱心类、思想交流类（见表 3）。从这些受欢迎的活动类型来看，都属于社交性和社会性更加突出的活动，而不是学业或专业类的活动。这也表明女大学生对社交的需求是极高的。

表 3　你最喜欢的校园活动是什么类型

	个案数(个)	百分比(%)
思想交流类活动	996	33.30
科技发明创造类活动	709	23.70
理论研究类活动	332	11.10
文体娱乐类活动	1946	65.10
文学类活动	839	28.10
公益爱心类活动	1774	59.40
其他活动类型	51	1.70

3. 宗教信仰的潜在影响较大

在本次被调查的对象中，有 207 人表示有宗教信仰，约占 7%；其中 62% 表示信仰佛教。表示目前没有宗教信仰，但对宗教有兴趣，将来可能会信教的有 1159 人，约占 39%。可见，宗教信仰对大学生存在一定的吸引力，虽然大部分大学生对宗教信仰的认识是模糊的，但对人生的困惑、对神秘事物的好奇仍然不同程度地存在。宗教信仰对大学生思想的塑造有较大的潜在影响，而目前学校开设的通识性课程中，宗教教育仍然是个空白。

四　不同特征的差异性分析

（一）城乡差异下女大学生的政治、社交和社团参与情况

本文的“户口”是指女大学生入学前户口的情况。在本次调查对象中，城镇户口占 42%，农村户口占 58%。本文通过统计“是否关注国家纪念活动”和“是否是党员”来考察城乡不同背景下的学生政治参与情况。对于社交参与情况，通过统计“是否关注学生管理”和“社交障碍自我评估”来考察。在社团参与的变量中，通过统计“参与校园活动频率”、“是否参与社团”和“宗教信仰”来考察城乡不同背景下的学生社团参与情况。数据显示（见表 4），被调查的女大学生中“是否关注国家纪念活动”的城镇户口学生有 1113 人，占城镇户口总数的 87.5%，“是否关注国家纪念活动”的农村户口学生有 1458 人，占农村户口总数的 85.3%；党员中城镇户口的有 106 人，占城镇户口总数 8.3%，农村户口的有 103 人，占农村户口总数的 6.0%。在其他变量中，城镇户口比重和农村户口比重大体一致。比较不同的在于，“社交障碍自我评估”中，城镇户口的有 579 人表示自己有社交障碍，占城镇户口总数的 45.5%，农村户口的有 1006 人表示自己有社交障碍，占农村户口总数的 58.9%。

由此可见，在政治参与和社团参与中，城乡差异对女大学生的参与情况

并无明显影响，但是在社交参与中，来自农村的学生比来自城镇的学生更容易产生心理焦虑和社交障碍。

表 4　城乡差异下的女大学生政治、社交和社团参与情况

变量项	城乡	城镇户口		农村户口	
	个案总数	1272 人		1709 人	
		个案数(个)	比重(%)	个案数(个)	比重(%)
国家纪念活动	关注	1113	87.5	1458	85.3
党员	是	106	8.3	103	6.0
学生管理	关注	1190	93.6	1608	94.1
社交障碍自我评估	有	579	45.5	1006	58.9
校园活动	一月至少一次	994	78.1	1244	72.8
社团	是	966	75.9	1253	73.3
宗教信仰	是	87	6.8	120	7.0

注：部分缺失值未在表中显示。

（二）家庭背景差异下的政治、社交、社团参与情况

在本次调查中，通过“父亲学历情况”和“是否是独生子女”两个变量来考察女大学生的政治、社交、社团参与情况，发现父亲的学历情况不同，学生入党的积极性、社交障碍自我评估、宗教信仰等表现也有所不同。数据显示（见表5），被调查者中父亲学历在初中及以下的有 1591 人，在本科及以上的只有 312 人。其中，父亲学历在初中及以下的学生中党员有 84 人，占该部分学生的 5.3%，父亲学历在本科及以上的学生中党员有 35 人，占该部分学生的 11.2%。由此可见，女大学生的父亲学历情况普遍偏低，并且父亲学历情况会影响学生的政治参与倾向。在“社交障碍自我评估”这一变量中，父亲学历在初中及以下的学生中有 936 人表示存在社交障碍，占该部分学生的 58.8%，而父亲学历在本科及以上的学生中有 123 人表示存在社交障碍，占该部分学生的 39.4%，可见父亲学历越高对学生社交参与有一定积极作用。

在“是否是独生子女”与女大学生的政治、社交、社团参与情况的研

究中，我们发现女大学生中独生子女有 1212 人，非独生子女有 1779 人。数据显示，在政治参与、社团参与中“是否是独生子女”对于被调查者的参与倾向及意愿没有明显差别，但是在社交参与中，独生子女表示有社交障碍的有 572 人，占独生子女人数的 47.2%，非独生子女中表示有社交障碍的有 1017 人，占非独生子女人数的 57.2%，由此可见，“是否是独生子女”对女大学生的社交参与存在一定影响作用（见表 6）。

表 5　父亲学历与女大学生政治、社交和社团参与情况

变量项	父亲学历	初中及以下		本科及以上	
	个案总数	1591 人		312 人	
		个案数(个)	比重(%)	个案数(个)	比重(%)
相关纪念活动	关注	1367	85.9	272	87.2
党员	是	84	5.3	35	11.2
社团	是	1160	72.9	241	77.2
学生管理	关注	1490	93.7	298	95.5
校园活动	一月至少一次	1142	71.8	256	82.1
社交障碍自我评估	有	936	58.8	123	39.4
宗教信仰	是	103	6.5	23	7.4

注：部分缺失值未在表中显示。

表 6　独生子女与女大学生政治、社交和社团参与情况

变量项	独生子女	是		否	
	个案总数	1212 人		1779 人	
		个案数(个)	比重(%)	个案数(个)	比重(%)
相关纪念活动	关注	1052	86.8	1523	85.6
党员	是	94	7.8	115	6.5
社团	是	924	76.2	1301	73.1
学生管理	关注	1134	93.6	1672	94.0
校园活动	一月至少一次	929	76.7	1317	74.0
社交障碍自我评估	有	572	47.2	1017	57.2
宗教信仰	是	64	5.3	143	8.0

注：部分缺失值未在表中显示。

五　结论与讨论

在对四川省高校女大学生的调查研究中，我们发现，大学校园就像一个大熔炉，不管是来自农村还是城镇，无论是汉族还是少数民族，在这里个人的异质性都显得大同小异，校园文化熏陶感染着每一个人，总体上，从政治参与、社交参与和社团参与的情况来看，四川省高校女大学生的思想状况都积极、健康、向上，充满着积极的因素。同时，女大学生对社交和社会性活动表现出较高的需求，这也表明目前的校园生活在这方面仍有拓展的空间。

但是在差异性比较中我们发现，来自农村、父亲学历较低、家里有兄弟姊妹的女大学生比来自城市、父亲学历较高、独生的女大学生有着不同程度的社交焦虑和社交障碍情况，即：城乡背景和家庭背景对女大学生的社交存在一定影响。我们认为，城乡差别和家庭背景的差别，在大学阶段更多地表现为个体学生形成和发展自己社交网络能力上的差别。而从四川 22 所高校女大学生的情况来看，她们对自己这方面的能力具有较明显的焦虑和自信不足。

由于条件和经费所限，本文也存在明显的不足，没有对男大学生的相关情况加以对照，因此在和社会角色有关的数据中，相关结论的得出不够有力和充分，因此在文中没能充分展开分析。从研究的角度来说，这个报告只是一个开始，有待后续研究完善和补充。

B.16

转型期《未成年人保护法》刑责减免问题的社会学分析

——以“四川青少年纵火烧人案”为例

刘易平　卢立昕*

摘　要：　本文从“四川青少年纵火烧人案”为例追溯未成年人刑责减免的理念与制度的历史回溯、当代实践、困境及其化解之道。首先，自周代以降中国一贯采取“德主刑辅”的社会控制。其中，青少年刑罚减免原则便是周礼以教化为主刑罚为辅的表现。旧时代青少年虽可能减免国之罚，但不免予乡治之“礼法”。其次，当前中国处于转型背景下，一方面，基层空心化甚至暴力化导致价值失范；另一方面，青少年提前成熟的身体欲望未经规训而趋于泛滥甚至暴力化。若不顾教化缺失的实情而继续听任青少年免予处罚，无异于养虎为患。最后，化解之道在于，一方面，短时间宜“以刑止刑”；另一方面，长远看，从人性流品不齐与教化重建看，宜教与罚并行不悖，且差异对待，先教而后罚，加强感化以及学校人格教育等，不迷信教化万能，而当对不可教化者辅之以刑。

关键词：　未成年人　失范　德主刑辅　以刑止刑

* 刘易平，社会学博士，近年主要研究方向为生育与教育问题等，工作于四川省社会科学院社会学研究所；卢立昕，中国社会科学院研究生院农村发展系博士研究生。

一 《未成年人保护法》养虎遗患？——从四川青少年纵火烧人案件说起

2016年8月发生于四川阿坝州的13岁少年焚烧年轻女老师，致其全身大面积烧伤。这名少年之所以纵火，仅仅是因为抢劫一部手机而已。该抢劫惨剧发生之后立即引起大家关注。据调查，该肇事者幼小之时母亲出走，父亲疏于管教，从而沦为无法无天的社会边缘分子。而今，在他沦为纵火抢劫犯罪者之后，并未勒马，甚至还继续作奸犯科。尽管其行为后果一贯不良，尽管此次纵火造成他人重伤，甚至毁人一生，可是，肇事者仅由于“不满十四周岁”而被免予刑责。此外，缘于该县并无青少年管教机构，只得责令其父在家看管，而其父亲本来就不是个有教育意识与能力的人。先失于教，后免予罚，何异于放虎归山？何异于将一条小蛇养成毒龙？这种情况促使律师呼吁亟待将未成年人刑责年龄降至12周岁①。这类案例并非绝无仅有。2016年7月还发生女孩捂死男童而免责的事件。② 2016年9月，又有男孩掐死幼女的残暴事件。③

追根溯源，《未成年人保护法》之初衷主要旨在减免14周岁以下的未成年犯罪者的刑罚，且试图代之以家庭、社区或管教机构的补偿性教育措施，将其改造或挽救为合乎社会生活的人。可是，近几年来，四川青少年纵火烧人之类案件使许多人质疑《未成年人保护法》。

历史上中国社会是不是也饱尝未成年人犯罪之害？古人如何教育未成年者，如何惩戒？为什么当前社会校园暴力之类未成年案件不绝于耳？提前未成年人刑责年龄或加重处罚，就可以促成未成年的健康成长吗？此外，巨变时代针对未成年的教育何为？下面依次分述之。

---

① 《13岁少年火烧女教师　律师建议刑责降龄至12周岁》，《华西都市报》2016年8月12日。
② 《男童被邻家女孩用被子捂死　凶手不满14岁无责》，《都市时报》2016年7月11日。
③ 《11岁男孩因发生口角掐死7岁女孩　事后照常上学》，《京华时报》2016年9月26日。

二　德主刑辅：重视基层教化的传统时期青少年刑罚减免原则的历史考察

（一）明德慎罚：周公制礼与后世未成年人刑罚减免原则的历史回顾

1. 周公制礼与秩序的人文化

周代开始对未成年人实行刑罚减免原则。这是中国进入农业时代的人类学自觉的人文产物。历史地看，夏商以前的中国社会尚处于游牧的部落社会阶段。在氏族社会里，刑始于兵①。这时期对于犯罪的处罚更多是针对异族的敌人，并且，缘于部落社会的共同体特征，其对于本部落的人亲爱有加，而对于敌对部落则仇视不已。于是，对敌人的处罚往往非杀戮可以止恨。

周代伊始，中国社会与游牧部落制揖别而进入农业时代。与此同时，这也是周公制礼作乐而促成中国完成文明构架的“轴心时代”。自是，中国社会从殷商的重神鬼权威而进入圣人制礼作乐的人文自觉的时代。这是对人性的知觉与肯定，社会秩序自是不依赖于外在于人的神鬼或其他强力。这是“明德慎罚”的礼治的发源阶段：“西周时期逐步确立了以德为核心的法律思想和礼为内容的法律制度。”②《周礼 · 秋官 · 大司寇》中论及体恤包含未成年人在内的“穷民”刑罚原则如下：“以肺石达穷民，凡远近茕独、老幼之欲有复于上，而其长弗达者，立于肺石三日，士听其辞，以告于上，而罪其长。”③ 再如，《礼记》：“悼与耄虽有罪不加刑。”④ 也即八十岁以上及七岁以下之人免予刑事处罚。

---

① 殷啸虎：《中国法制史话》，黄山书社，1997，第 8 页。
② 殷啸虎：《中国法制史话》，黄山书社，1997，第 1 页。
③ 徐正英等译注：《周礼（下）》，中华书局，2015，第 738 页。
④ 龙汉宸编著《礼记》，北京燕山出版社，1995，第 10 页。

2. 西周以来未成年人刑责减免原则的回顾

从思想上看，儒家重于德，慎于刑。西周奠定了中国封建社会一贯实行的德主刑辅的社会控制原则。西周初在明德慎罚原则指导下实行“矜老恤幼、刑罚适中”的法律：“老幼不加刑的原则。七岁以下……其行为构成犯罪，也不加以处罚。”① 实际上，不仅包含此处的老或“幼”，而且，残疾与妇女也享有刑罚减免的照顾。孔子一生梦周。究其实，周公重在制礼，而孔子进而发掘礼的内部之仁。与此同时，孔子也深知人性之“上智与下愚之不可移”，因此依据人性差异而采取不同的治理原则。这就是孔子何以坚持“宽猛相济”的根据。董仲舒在阴阳框架下纳入儒家思想，因此是儒家体系的完成者，他终于提出“德主刑辅”原则：“一方面将道德教化放在首要位置……另一方面将刑罚作为推行教化的辅助手段。”孔子所强调的“猛”与董仲舒的“刑辅”，一贯为迷信“教化万能”而片面鼓吹“德治”的人所忽视。究其实，儒家法律之集大成者《唐律》明言刑罚之威对于秩序的必要性：“以刑止刑，以杀止杀，刑罚不可驰于国，笞捶不可废于家。”自汉代到清末，中国法制基本一以贯之地秉承“德主刑辅”的治理精神。

再从制度上看，秦代有未成年减免刑责的制度规定。据秦简《法律问答》可知：未成年者“盗牛时六尺”② 只囚禁而不判处，直到身高六尺七寸才请示论处办法。身高与年龄有所对应。据《周礼》“七尺谓年二十，六尺谓年十五”之说可推知，秦代15岁以下犯罪可减免刑责。汉代法律明文规定对于未成年的刑罚减免原则：“汉初曾规定……不满七岁的小孩如果犯罪当处肉刑，一律以耐刑来代替。”③ “幼童犯死罪，可减免其死罪。”④ 魏晋南北朝时期对未成年犯罪实行“收赎”或“上请”制度。《唐律》规定：“15岁以下，犯流刑以下的可以用铜赎罪；10岁以下，犯谋反大逆及杀人当死者，上请，盗及伤害他人的可赎铜，其余犯罪一律不予处罚；7岁以

---

① 刘英奎：《历代刑法》，辽海出版社，2001，第13页。

② 刘英奎：《历代刑法》，辽海出版社，2001，第37页。

③ 殷啸虎：《中国法制史话》，黄山书社，1997，第73页。

④ 刘英奎：《历代刑法》，辽海出版社，2001，第48页。

下，即使犯死罪，也不追究刑事责任。"① 宋随唐制，元代蒙古族素有"天饶他一下，地饶他一下，我饶他一下"的习惯法而宽恕杖责，每十杖减一次。"十五岁以下……经不起杖责者，则容许他们用至元钞 200 文赎一杖。"② 明清法律对"老幼废疾"予以禁止刑讯的照顾："15 岁以下的小孩……都禁止刑讯。"③《大清律》规定：谋反、大逆等重罪，16 岁以上皆斩，而"十五岁以下……付功臣之家为奴，财产如官"。④ 1935 年，民国时期颁布的《中华民国刑法》规定："未满 13 周岁的不罚，但因其行为施以感化……13 岁以上未满 16 岁的行为，得减轻本刑的二分之一。"⑤ 2012 年修订的《中华人民共和国未成年人保护法》第 54 条规定："对违法犯罪的未成年人，实行教育、感化、挽救的方针，坚持教育为主、惩罚为辅的原则。对违法犯罪的未成年人，应当依法从轻、减轻或者免除处罚。"

（二）温馨的锁链：礼教背景下基层的教与罚

1. 家教族规：血缘关系下的师保

（1）家教

人之初，亲为师。秦代以降，"皇权不下郡县"赖于基层自治而不需下放到底。基层自治体系是由家教、族规以及地方习惯法等自然生长的控制措施所构成的疏而不漏的治理之网。

至于家规，它十分重视在财产、生产方式、家族文化、血缘等方面的传家。"务先王之道，绍家世之业"是家教的根本宗旨。实现这个宗旨务必从基本的学做人着手。颜之推在《颜氏家训》中说："自古明王圣帝，尤须勤学，况凡庶乎！"⑥ 这是说，人当重学。古人之学首先是做人——尤其是做

---

① 殷啸虎：《中国法制史话》，黄山书社，1997，第 73、74 页。
② 刘英奎：《历代刑法》，辽海出版社，2001，第 80 页。
③ 殷啸虎：《中国法制史话》，黄山书社，1997，第 102 页。
④ 刘英奎：《历代刑法》，辽海出版社，2001，第 102 页。
⑤ 卢宝媛：《成都市 30 个犯罪儿童的研究》，引自《民国时期社会调查丛编　底边社会卷》，福建教育出版社，2005，第 146 页。
⑥ 冯瑞龙主编《华夏家训》，天地出版社，1995，第 56 页。

家庭的人——的实践性人伦知识。家教不是空谈道德，它还包含营生之道。颜之推说："敦厉风俗，犹为一艺，得以自资。"① 这里的艺指的是营生之技能：劳心者以舌耕，劳力者则用双手耕。

古代家教有其明确的性别意识，班昭在《女戒》中说："阴阳殊性，男女异行。阳以刚为德，阴以柔为用……敬顺之道，妇人之大礼也。"② 古人注意到两性之自然差异，基于此而设定性别之文化，相反相成而达到男女工作上的分工与人际的不同而和。并且，此与近代以降的女权主义所强加的不平等风马牛不相及！

需要注意的是，家庭教育的实际承担者更多是"主内"的母亲的责任。一方面，缘于男主外女主内的家庭性别分工之故，男性更多在家庭之外从事收入性劳作，因此可能无暇管教子女；另一方面，人生所需的最主要的营养是情感，并且情感最好由家里的母亲为之："生物学者谓母性为本能之一种，称之曰慈爱本能……社会学者又谓母性为利他心之源泉。"③ 基于此，母亲是儿童最早的管教的师保。费孝通对于幼儿的母亲关怀的描述如下："村里的孩子整天依恋着他们的母亲。只要有可能，孩子就被抱在手里，很少用摇篮。"④ 一般情况下，孩子直到五六岁以后，再逐渐跟随父亲。实际上，中国的家是社会的缩影和细胞，父母是社会价值的代言者，他们将孩子今后适合社会所必需的价值、知识与技能纳入到孩子身上，从而使孩子成为一个有良知的适合社会的人。相对言之，尤其是鉴于当今世界的理智过度言之，母亲给予的情感是人之初最需要的营养。可谓是：人之初，母为师。

（2）族规

族规犹国法。钟於序在《宗规》说："宗有规，犹国有律也。"⑤ 在古

---

① 冯瑞龙主编《华夏家训》，天地出版社，1995，第57页。
② 冯瑞龙主编《华夏家训》，天地出版社，1995，第22页。
③ 潘光旦：《潘光旦文集（1）》，北京大学出版社，2000，第148页。
④ 费孝通：《江村经济》，商务印书馆，2004，第48页。
⑤ 冯瑞龙主编《华夏家训》，天地出版社，1995，第343页。

代，大族若自治的小国。钟氏宗规包含如下“敦孝弟、敬尊长、和乡党、饬女妇、务读书、勤本业、崇尚节俭、急官粮、禁赌博、戒充役”等十方面内容，几乎规范了传统社会做人的所有方面。究其实，传统家族是个总体性（totality）设置，它管理家族事务的各个向度，甚至连一贯被视为仅为国家特有的司法方面，也一定程度上为家族所有。族长往往代表家族权威，为家族声望以及子孙成长之故，有义务在家庭最严肃的场所——祠堂对族内不孝之子进行管教，甚至处罚致死。对于基督教徒而言，最大的处罚莫过于死后不入上帝的怀抱。而对于传统中国人来说，最大的处罚是死后不许进入祖先所在的祠堂。

最后，慈与威不可分割。家教中的罚主要针对秉性不良分子或尚未成年而未内化文化价值而可能作乱的分子。孔子主张“宽猛并济”。治家亦然，一般情况下，家教中父母角色是“严父慈母”，也即，慈爱与威严不可或缺。基于罚的威严是家教的不可或缺的构成部分。就治国而言，赏罚不可或缺。韩非子曾经说，圣人之治也必须赏罚：“赏厚则欲之得也疾，罚重则所恶之禁也急……是故欲治甚者，其赏必厚矣；其恶乱甚者，其罚必重矣。”治家犹如治国，也必须慈威兼具。故而，家教并不总是“父慈子孝”之类温和的教诲，它还包含适度的处罚。缘于是，颜之推说：“天之凶民，乃刑戮之所乃刑戮之所摄，非训导之所移也。笞怒废于家，则竖子之过立见；刑罚不中，则民无所措手足。”

2. 地方长老：地缘上的惩教体系

在共同体中，人与人之间是互为义务的关系，而非单方面的剥削式的权力宰制关系。家长权威之实质是家长针对亲子的责任，而非只顾单方面利益的横暴权力。家为中国社会的缩影和原型，基层是家的放大与扩展。与此有关，地方长老制的是地方性的扩大的父责制。

从地方治理看，地方长老是与正式权威并行不悖的权威。传统中国的体制内权力的末端是郡县。郡县官员、地方士绅共同治理地方。其中，士绅就是地方非正式权力的承担者，是费孝通所谓的教化权威或长老权威的实行者。教化权威最可以见之于亲子的教育责任，当然也不囿于亲子关系，而是较为普遍地针对地方治安，当然也包含对本地未成年的管教义务。

再从文化继承角度言之，地方长老是本土文化价值观的担纲者，他们有义务将文化规范纳入到未成年者的心中，从而使之可以生活于文化生活之网中。与此有关，对于违背文化价值观的犯上作乱行为，地方长老义不容辞地对其进行教化，使之明晓其义务感，甚至处罚。

3. 严师如父：文化教导者的恩与威

一方面，恩的感召，使人有所为。传统中国人生存于一系列的父亲权威之中。生身之父亲外，皇帝是最大的父亲，作为“父母官”的官员自然也是百姓之父，老师被比拟为父。这些“父”都是价值与义务的化身与承担者，老师亦然。因此，所谓父权之实质乃是“父责制”。教师的责任是“身正为范，学高为师”。儒家之教育最重视道德楷模的是人格感召力。这也就是“君子德风，小人德草”。教育主旨在教人“做人”，做人最主要的任务是情感能力及其分寸的学习。而学习的最好方式是“仿效”。仿效君子所为就是教。教师之身正为范就是教之最根本宗旨。至于学高为师之学，乃是实践性的体认的德行之学，而非今日意义上的针对对象化的外在世界的客观认知的物理之学。缘于此，孔门学生一生追随孔子。孔子死后，弟子于墓前守孝三年。弟子群居于此，使之成为村落，是谓孔里。传统教育注重身教，实际上就是以老师为楷模。

另一方面，威之敬畏，使人“有所不为”。私塾教育中，师如严父，当有威严。所以威，那是为了使人有所敬畏心。清末民初，学堂代替私塾之际，学者比较新旧教育而指出，私塾“玩时较少，管理綦严”，而学堂教育则“儿童活泼，教新知识”。[①] 这里指出的私塾老师之严，是威严之严，而非苛刻之严。与此有关，私塾老师也具有父亲一样的处罚权。

---

① 蒋杰：《京郊农村社会调查》，载李文海主编《民国时期社会调查丛编　乡村社会卷》，福建教育出版社，2005，第353页。

三　失于教亦免予罚：失范背景下《未成年人保护法》养虎遗患?

（一）身心失衡：提前的青春期躁动与日益弱化的家教

1. 提前骚乱的身体

人具有二重性，因为他是“符号的动物”。一方面，文化符号规定人的精神活动，设定沟通框架，并因此而“人猿相揖别”；另一方面，人终究来源于自然世界，因此终难摆脱动物属性。唯当文化之规范嵌入物质之身体，人才是身心健全的亲社会分子。抽象地看，单纯的身体是冲动的官能之力。单纯的“自然人”指的是未受文化濡化的人，其身体充满不受规范限制的冲动。初级群体中养成的良心是驾驭身体力量的骑士。“我们的行动源自于个人官能的冲动，但实际的行动却或多或少受到公众舆论、习俗和一部法典的限制，这部法典就存在于我们身外的家庭、邻里乃至社区中。”①反之，若文化濡化落后于身体成长，则早熟的身体就像一股不受控制的黑暗力量，使人可能陷入“盲人骑瞎马，夜半临深池”的危险处境。

近年来，随着物质生活水平的逐步提高，青少年身体成熟日渐提前，这似乎是文明的成就。然而，缘于过于快速的社会变迁，青春期骚动也越来越早地困扰着未成年人及其父母。未经文化濡化的身体既可能成为为非作歹的武器，又可能沦为受侵害的牺牲品。例如，2016 年 7 月，云南昭通发生男童被邻家未成年女孩用被子捂死的惨剧②。这就是缺乏良知的身体成为杀人的武器。再如，最近发生于浙江的 10 岁女孩与成年人不当交游

① 〔美〕帕克等：《城市社会学》，宋俊岭等译，华夏出版社，1987，第 101 页。

② 引自《教育新闻》中《男童被邻家女孩用被子捂死　凶手不满 14 岁无责》，《都市时报》2016 年 7 月 11 日。

而怀孕的事件[①]，便是身体过早成熟而德行、知识滞后而成为受侵害的牺牲品。

2. 滞后的情感教育

传统社会里，孩子们大多由“严父慈母”为主的家庭教育抚养长大。这里的严父慈母属费孝通所谓的“小群负责”原则：“父母的双亲抚养形式。”[②] 其中，母亲更多促进儿童的情感发育，而父亲则更多促成孩童的理智方面的发育，二者互补而形成较为健全的人格。现代化就是哈贝马斯所谓的分化过程。分化见之于家庭中的表现之一是，曾经“主内”的女性走出家庭从事社会上的工作，与此同时，父母保育子女的功能部分地区让渡给社会上的幼儿园。晏阳初创办幼稚园时明白限定其地位为“辅家庭教育之不足”。然而，补充的东西往往喧宾夺主：“特设的教育机关时常会有去父母的责任而代之的趋势。”但是，“小群负责也许更胜任这工作，至少以家庭和保育院比较的话，大体上家庭所生长的孩子比较健全一些”[③]。潘光旦更加看重家庭教育——尤其是母育——所承载的情感功能。相对言之，社会化了的幼稚机构则难以照顾儿童的情感，也无法兼顾儿童的个性。近 30 年来，由于改革开放、工业化和城市化等因素，中国儿童的母亲愈加走出家庭，而将儿童交付给爷爷奶奶或社会化的机构。缺乏亲情抚育的孩子何异于“事实孤儿”？最近网载某女生出现严重人际交往障碍，其母试图不惜千金给她补情商[④]，然而，人格发育初期若情感发育有缺陷，后天无法补偿。

3. 无情或暴力化：人格教育的缺失

（1）情理能力的缺失

传统的中国人之“做人”，几近就是做“家的人”。可是，自近代以降，

---

① 引自中国青年网《10 岁女孩怀孕 5 个月，医生震惊，家长懵了》，2016 年 9 月 20 日。

② 费孝通：《乡土中国　生育制度》，北京大学出版社，1998，第 124 页。

③ 费孝通：《乡土中国　生育制度》，北京大学出版社，1998，第 124 页。

④ 《初三女生人际交往有障碍　母亲花近 2 万给孩子补情商》，《新闻晨报》2016 年 9 月 20 日。

“人”似乎被教育所遗忘。教育本来固有的“情理”培育任务让位于“物理”之客观学习，以至于人格教育缺失。历史地看，清末以来的教育变革之实质是，传统的儒家伦理化的教育让位于偏重现代工具性的科学知识教育。这种转变就是如柳怡徵所说“八股小楷社会中，渡到物质科学的社会”①。现代教育充满理性主义，它对于曾经的老大帝国承载着救亡使命或富国强兵的任务。可是，它也缘于缺乏文化自觉意识，甚至不惜自贬而将价值他者化，以致越是接受现代教育较多者，越是不适合过群体生活。例如，早在“五四”时期便存在教育上忽视人格的问题：“十余年前，国立学校尚有所谓的‘斋务处’的，‘五四’以后，好像学生的德育群育无形取消，人格教育有意忽视”②，以致“学校生活中情感适应不良流为精神病而自杀的青年实在太多”。民国时期的高等教育者便存在越是接受教育，越不适合于过家庭生活的趋势：“不幸之事实……教育之造诣越深，则其人对于家庭的观念与信仰越薄；换言之，今日之教育与哲学，根本不利于家庭之存在。”③ 而今更是专注于“分数之争”的中等教育更是忽视人格。当前，我们生活中的绝大多数青少年问题源自于人们的“情理能力”——梁漱溟所谓的与物理相对的情理——的欠缺，而近代以来的教育似乎看不到这一点，却去试图从认知外物的治理入手，甚至于以为物资丰富可以带来社会的救赎。此外，即便认识到情理问题，很多人误以为工具化的教育可以提升情理能力。

（2）泛滥的身体暴力

在青少年亚文化中存在的崇尚暴力的倾向。作为情理之道义缺失的地方，强权就是正义，社会上必将充满泛滥的横暴之力。当前，社会急剧变迁，习俗治理的稳定的传统社区日渐让位于潜含警惕甚至敌意的陌生人的无组织的集群。这可能会造成人际疏离的价值虚无的境地。而这种虚无状态又

① 柳怡徵：《柳怡徵自述》，安徽文艺出版社，2014，第19页。

② 周先庚：《学生“烦恼”与“心理卫生”》，载李文海主编《民国时期社会调查丛编 文教事业卷》，福建教育出版社，2004，第552页。

③ 潘光旦：《潘光旦文集（1）》，北京大学出版社，2000，第144页。

将招致合法化的缺失，而使社会上充满暴力。曾几何时，社区是人与人的情感结合关系，是“亲密地生活在一起的人情的和面对面的关系”①，社区变革和解体将让位于陌生人组成的城市之“正式的而更不亲近”组织，如教堂、学校和法庭等正式组织。帕克认为，这种正式组织无法替代家庭，并且这些组织所在的区域恰是个性化与社会解体的城市社区，这就是未成年犯罪的集中区域。

当前中国社会急剧变迁，不仅城市以单位为特征的组织让位于陌生人组成的热闹而冷峻的大街，一直以来充满田园风光的温馨农村也日渐空心化，于是乎，让充满感情的人饱尝家园失落的感伤，而让那些无情的人日益自由地无所顾忌，甚至为所欲为。无论是城市基层的价值虚无，还是空心农村的秩序紊乱，都将导致亚文化群体的暴力化。这也是当今未成年人自出生以来所面临的苦境。在暴力的亚文化环境下许多未成年者的抉择是，要么依赖暴力以自保，要么凭借暴力而侵犯他人的得利。这就是当今中国街头或校园中之所以充满未成年者暴力事件的背景及其行为倾向的原因。

（二）养虎遗患：基层教化缺失背景下越轨青少年刑罚减免的后果

早期教化缺失与倾于纵容的刑责减免政策会共同加剧未成年人犯罪事件。对于当今未成年人而言，他们几乎无法得到健全的家庭教育。对于城市的富裕阶层而言，缘于社会激发的欲望的无限制，以及现代女性追求“社会事业”成功的动机，做母亲为维持自身发展需求，或为了家庭的成功或维持成功的生活而出去追求“事业”。他们为这种事业往往将孩子交给隔代老年人或金钱雇来的保姆。农村妇女则听命于风起云涌的打工潮而背井离乡，置儿女于不顾。现代父母由于接受不含人格培养的教育，无时间或无意愿、无能力亲自抚养儿童，因此将儿童委托给营业为目的的幼稚机构。此外，伴随现代化的所谓进步还有日益增加的离婚潮。诸如此类的原因，不免

---

① 〔美〕帕克等：《城市社会学》，宋俊岭等译，华夏出版社，1987，第102、103页。

造成无数失怙的未成年者，他们就是由于缺失亲情所致的未成年犯罪者的预备分子。

本性缺陷的未成年犯罪者先失于教，因此不知仁爱，若犯罪后再免予罚，他们必将不知畏惧而无所不为，今后继续犯罪。例如，男童捂死邻家女孩而免予罚的案件①。再如，11 岁儿童掐死幼女而照常上学案件②。人们追问的是，11 岁儿童杀死他人后继续如常上学，说明其对于杀人毫无畏惧或忏悔之心。这不仅是家教缺失的结果，也许更与其本性之冷漠无情有关。再如，一个半年内先后重伤他人，继而再次杀人的不满 14 岁的未成年犯罪者③。总之，对于那些本性不可教化的未成年犯罪分子的刑责减免，无异于养虎为患。

四 教先于罚：以教与罚共同化减青少年越轨

（一）防患于未：教化体系的重建

1. “人性养育所”：家庭的情感感化

美国社会学家库利（Cooley）曾指出，家庭、邻里等充满情感的初级群体（primary group）是“人性养育所”。对于历史上一贯“以孝治天下”的中国而言，家是人格健全成长的最初的养成所。

潘光旦曾经提出，一要摒弃现代个人主义为特征的核心家庭，二要抛弃曾经压抑个人、限制社会意识的大家庭制度，而提出兼顾长幼代际关系而横向分家的“有大家庭的根干，而无其枝叶”④ 的“折中家庭”的建构，这一方面可免予历史上大家庭过分压抑个人的缺陷，另一方面，亦可免予当前家庭过分原子化、核心化乃至个人化所致的过分冷峻，个人权利意识过分发

① 《男童被邻家女孩用被子捂死　凶手不满 14 岁无责》，《教育新闻》2016 年 7 月 11 日。

② 《11 岁男孩因发生口角掐死 7 岁女孩　事后照常上学》，《京华时报》2016 年 9 月 26 日。

③ 《少年捅死同学：我想弄死他　反正我才十四岁》，中国新闻网，2016 年 9 月 25 日。

④ 潘光旦：《潘光旦文集（1）》，北京大学出版社，2000，第 134 页。

达，而情感或关爱不够充分的弊病，以至于家庭几近沦为个人的住宿之所，而人成为过分孤独而自由的“街上的人”。

尤其值得注意的是，母亲对于孩子成长具有不可或缺的意义。在女性过分“社会化”而无视或忽视家庭生活的情况下，宜适度让妻子或母亲回到家庭。与此同时，宜重估女性的家务所包含的持家、情感沟通、生育以及抚养子女对于家庭社会和谐乃至民族延续的价值。另外，从生理角度看，女性相对于男性更加适合于家庭生活。当然，上述观点并非反对女性从事社会职务，而是认为，女性在完成家庭任务的前提下，若存余力可再从事力所能及的社会工作。

2. 学以“做人”：学校教育的人文化

一方面，告别近代以降的现代教育的唯智主义，加强知识的人文化。传统教育重在启发良知，培育定国安邦的精英分子。在韦伯看来，儒家教育，其着重培养具有文化品位的闲暇之士。若从秩序角度言之，儒家重视培养具有道德感召力的君子，从而促成以教化为中心的社会秩序。现代教育过分强调专业或技术知识，而忽视做人。而今，在道术为天下裂的今天，当加强人文知识的教育。

另一方面，身正为范，促进教育过程的人文化。近代以降，教育的班级化秉承的是大工业的机械生产的逻辑，大工业化的教育无法估计受教育者的情感与个性。与此同时，现代教育设定中，教师越来越职业化，而似乎与曾经的传道授业解惑无关了，于是乎，教师们只管上好自己那门课。若是同学分数考得高，那就是优秀教师。殊不知，师生之间的人格感召由此而消失殆尽。此外，看起来学校也配有教导处，而这些设置只管学生的政治正确性之方向，而无关乎学生的个体思想。最后，学校招聘教师的时候，也只管教师的专业知识，而不问其德行。综上之故，教育应有的育人使命几近被遗忘。今后宜加强教师的道德资质考察，及其对于学生品性感化的意愿和实践。

3. 基本的社会保障，重建熟人社会，避免基层社区的暴力化

（1）通过社会保障，确保每个未成年者过上不失尊严的生活

人类的物质生活是嵌入社会文化规定的物质生活，而单纯的温饱不足

以保证“人”的生活。基于此，社会保障体系务必确保每一个人都可以过上有尊严的生活。当然，尊严的生活必须以基本的温饱需求为其前提。若无基本的温饱，人势必陷入生死抉择：要么死亡，要么犯罪而求生。严景耀早在20世纪初便指出基本保障对于遏制犯罪的意义。1925年民国大赦后不久，曾经大赦的人再回监狱，这就与出狱后的保障有关。教诲师用足全副精神讲仁义道德礼义廉耻，而犯人说：“可是我出狱以后，肚子要饿，又找不到事情，不知道老爷有什么办法可以救我。”① 在物质水平提高的情况下，人们的基本需求会加进“尊严”的需求。对于今日物质十分丰富而又存在两极分化的中国而言，确保人人都过上有尊严的生活，是减少犯罪不可或缺的措施。

（2）重建初级群体，避免基层暴力化

无数的无组织的个体是骚动不已的“孱弱的暴民”。涂尔干曾经忧虑——独自面对利维坦的无数的彼此毫无关联而又无所限制的——孤独个体的处境：“不可避免地陷入利己主义或放纵自己。”② 而试图在国家与个人之间架设“唯一可以增加共同生活中心而又不破坏国家统一的地方分权”的中间组织——同业工会。帕克曾提出基层重建之论：“我们正在鼓励一直新的地方主义观念，正在发起一场运动，以反对时下不安于内务的浪漫主义……鼓励人们在他们自己的村庄里寻找崇拜物，关注他们自己邻里间的社会问题。”③

结合中国传统的家本位的具体国情，我们以为，建构折中家庭这种初级群体是避免基层暴力化的中国式道路。在潘光旦看来，所谓折中家庭指的是保留传统家庭主干，而减少家庭结构。家和万事兴，在家庭和睦的基础上，才可以着手邻里以及社区建设，从而重建现代意义上的熟人社会。唯其如此，才可以避免基层的暴力化倾向。

---

① 严景耀：《北京犯罪的社会分析》，引自李文海主编《民国时期社会调查丛编　底边社会卷》，福建教育出版社，2005，第223页。

② 〔法〕迪尔凯姆：《自杀论》，冯韵文译，商务印书馆，2003，第428页。

③ 〔美〕帕克等：《城市社会学》，宋俊岭等译，华夏出版社，1987，第117页。

4. 人性不齐：教育与刑罚并行不悖

（1）人性不齐

人性相差悬殊，不可以单纯以善恶概言之。《孟子・滕文公上》："夫物之不齐，物之情也。或相倍蓰，或相什百，或相千万。子比而同之，是乱天下也。"关于犯罪的抽象的人性善恶之争，基本不能解释具体情境下的犯罪者个人。虽说孔子"不言性与天道"，但是，他也因材施教且指出"上智与下愚之不可移"。这就是指出人性之不齐。具体言之，人性不齐具有两方面的规定性。一方面是类型差异。例如，人文素养和科学理智素养之分类。另一方面是程度之差异。例如。同是诗人，但诗所呈现的境界很不一样。

（2）以差异对待差异：教育与刑罚并行不悖

首先要区分未成年犯罪者的本性优劣问题。例如，若是被黑社会逼迫而抢劫犯罪。若是，则要减免。因为激情犯罪可能意味着该名未成年人本质不见得真坏，只是缘于情境因此偶然犯罪。犯罪事实不可更改，但是公检法部门、社会及其家庭给予其悔改的机会。反之，若是恶意犯罪，那么确实应尽早施加监禁或重罚。因为本质坏的人，无论年长年幼，其可教育性很小。若出于妇人之仁而减免处罚，无异于养虎为患。不要忽视犯罪者的个性差别，并且还要在这种认知的基础上分别注重"教育"或"刑罚"的处理方式。

（二）以刑止刑：亡羊补牢或"扈强案"透露的消息

荀子曰："故不教而诛，则刑繁而邪不胜；教而不诛，则奸民不惩。不可教化者，当以刑罚待之。"一方面，德刑不可分割。长久以来，许多学人抽象地纠结与人性善恶之争，进而二分法对待德治、法治问题。其实，一贯重德的儒家法律之集大成者《唐律》明言："以刑止刑，以杀止杀，刑罚不可驰于国，笞捶不可废于家。"另一方面，当前中国处于亘古未有之巨变，同时也是社会严重失范而亟待价值重建阶段。在这种情况下，宜乎一方面重估传统，梳理精神资源而重建规范；另一方面也宜以刑止刑，从而促成不良未成年者出于畏惧而行善或不作恶。

对于本性邪恶的未成年犯罪者当施以严惩。以往的司法过于将未成年犯罪原因归结为“社会使然”。殊不知，很多未成年犯罪者本性邪恶，教育对于这类人几乎无能为力，这是本性恶劣所致的不可教育性的结果。“犯人个人性格，亦为犯罪的重大原因……天性狡猾好作伪，无赖喜游堕的，或欲望过奢的，或残酷阴险的……皆为犯罪的重大原因。”[①] 最近，“扈强案”[②] 的处罚结果透露出不同以往的消息。未成年者扈强第一次捅人是在 2013 年 7 月，仅仅半年后再次捅人致死。原判 17 年徒刑。检察机关鉴于其本性冷酷，可教育性极差之故，提出异议，最终改为无期。该案件透露的是，教育无能而驻足之地，就是刑罚起步之所。禁止不可教育的未成年作奸犯科，从而客观上利于社会。

参考文献

徐正英等译注：《周礼（下）》，中华书局，2015。

龙汉宸编著《礼记》，北京燕山出版社，1995。

---

① 严景耀：《北京犯罪的社会分析》，引自李文海主编《民国时期社会调查丛编　底边社会卷》，福建教育出版社，2005，第 233 页。

② 《14 岁警校生捅死同学被判无期　称就是想让他死》，《京华时报》2016 年 9 月 25 日。

借 鉴 篇

Reference Report

B.17
基层协商民主在治理中的作用：瑞士经验借鉴

胡淑云　陈 鹏　张露露*

摘　要：　随着协商民主的出现为理论研究注入活力，经验研究已为治理领域中的这种规范性研究范式开辟了一个新的研究前沿。特别是，探索基层协商民主在治理中的作用，有助于激发各种值得令人关注的见解，从而使有能力参与协商治理的普通公民更好实现其政治生活的转变。瑞士因其知名的直接民主制度及其对政治参与创新的不懈努力，为我们提供了良好的经验借鉴。因此，该研究首先寻求提供一个理论性探讨，以确立协商民主和治理之间的重要关系。接着通过对瑞士案例

* 胡淑云，瑞士苏黎世大学政治科学部讲师，博士；陈鹏，西华师范大学政治与行政学院 2016 级研究生；张露露，西华师范大学政治与行政学院 2014 级研究生。

的深入挖掘，来探讨近期出现的协商参与实践案例。通过考察基层协商民主在治理中的作用，瑞士经验对此持审慎观点，即协商民主和治理的交叉互动，是如何在改善治理的过程中，对话语参与的潜在影响做出预示的。

关键词： 基层协商民主 治理 瑞士经验

一 基本介绍

协商民主在民主理论中的出现（再现）①，不仅恢复了民主研究中规范研究的领域，而且在更实际的层次上，预示着用民主创新来深化民主的令人关注的可能性。协商民主通过“公民的权利、机会和能力以这些决定为条件，能够参与对那些决定的内容有意义和有影响力的协商”来颁布一个集体决策的更合法的制度（Tang & Dryzek，2014）。因此协商民主与公民更大的认知能力和道德潜能相符合（Rosenberg，2006），这是以协商民主的形式渗透到政治制度的各个层次，但它对基层一级的影响异常重要，因为它以公民参与的形式表现出来，既可以增强政治合法性，还能够赋予民众权力。瑞士是著名的直接民主的体现，最近十年，它在基层的市镇一级实行了协商式倡议。鉴于民主制度已经“深入”，这种倡议就成为一种令人困惑的发展，这就使揭示基层协商民主作用背后的逻辑的任务显得非常吸引人。因此，本文试图对在瑞士市镇中公民参与的作用，特别是研究基层协商民主如何发展和促进地方治理提出一些见解。鉴于治理的概念在学术环境和现实世界中都日益显现，我们集中探讨协商民主和治理之间的互动以理解二者交叉关系的

① 可以认为，协商民主背后的理念可以一直追溯到古希腊，那里的民众是协商决策的先行者。古代雅典民主被许多学者认为主要是协商和直接民主，绝大多数的决定来自“民众”（但是由相当严格和排外的方式定义）。

原因和结果，将是有所收获的。深入研究瑞士市镇的发展和创新，能够对如何在地方治理的背景下利用基层协商民主，形成更深刻的见解，这是因为地方治理正是协商民主的实践领域。

在下面几节中，本文将首先简要陈述协商民主背后的理念及其理论探讨在治理相关文献中的地位，进一步解释在基层采用协商式镜像的价值。然后将瑞士市镇的例子以一种描述性的方式突出显示，但它仍然提供了一个有意义的考察：在一个既定的民主中，基层协商民主的功能对地方治理有着重要意义。

二　理论概述：协商民主和基层治理

由于协商民主在文献中的通用，无疑使它有了过多的定义和概念，所以理解它的更有意义的方法是去掌握它的本质。协商民主的运作原则是将辩论作为“更好论证具有非强迫的力量”（Habermas，1984）。因此，它的重点是“以谈话为中心”而不是“以投票为中心”（Chambers，2003），在选举民主中，民主被视为通过公平的聚合机制来竞争固定偏好和推论的竞技场。在这个意义上，协商可以被认为是哈贝马斯所表达的一种特定形式的交往行为。根据科恩（2007），“协商民主的观点是将集体权力的行使视为理性的纪律”。同样，Gutmann 和 Thompson（2009）也强调了理性的必要条件，论证了“平等中的自由和合理的协定”。

作为一种需要相当特殊交往规则的参与式讨论形式，协商式民主首先主要显现为一种规范性理论，认为民主良好运作的理想条件是基于利用论证和讨论来解答问题和解决冲突。在世纪之交，协商民主得到“广泛认可”（Bohman，1998），随着一个明显的“实证性转变”（Bächtiger et al.，2010），协商民主离开了规范性而转向实证性领域。Chambers（2003）将这种发展归因于一种有意识的行动，即将协商民主从“理论陈述”转变为“工作原理”。这种范式转变是协商实践的经验表现，即从协商投票到民意听证会和公民高级会议，印证了在协商的规范性标准和经验性结果之间建立关系所做出的具体努力。

当协商式民主得到充满活力的复兴，治理领域的研究也随之越来越强调“从管理到治理”[①] 而得到激增和发展。治理是一种新型的决策方式，它指的是通过网络、合作伙伴关系和涉及无数行动者和利益相关者的协商实践来协调活动，超出了传统治理中集权和等级制的社团主义表现意义（Hirst，2000）。

Kooiman（2003）认为这种互动的治理理念旨在解决“社会问题或者创造社会机会，作为治理互动的背景制度，并为所有这些活动建立规范基础”。

在全球化时代，政府在国家和地方的作用相继发生了变化，治理获得了更大的共鸣（Melo&Baiocchi，2006），同时导致国家的“空洞化”（Jessop，2002）。

伴随着社会的变迁，地方政府不得不应对由此带来的各种挑战。协商民主实践，尤其是基层协商民主实践，可被视为治理的镜像并作为一种战略，来提高政策制定能力并化解民众矛盾。那些能够对日常生活中的面包和黄油问题进行深思熟虑的当地公民，他们的有效参与能够加强治理，甚至有助于减轻地方政府由于无法驾驭越来越复杂的政策局面而面临的亏损问责（Dahl，1994）。除了关于协商如何改善地方一级治理的理论阐述之外，经验的文献也产生了大量考察现实世界经验的研究成果，即鼓励公民参与的制度性建设。例如，Fung 和 Wright（2001，2003）研究了芝加哥的邻里委员会等地方倡议，巴西阿雷格里港的参与式预算程序赋权给公民，使公民在决策中发挥更直接的作用。根据 Fischer（2006），利用公民的参与能力去参与“基于理性的和以行动为导向的决策”，这代表了“朝着更民主的社会迈出的更为根本的政治步伐”。对巴西经验的系统性研究表明，参与式预算也有助于提高社会福利（Touchton & Wampler 2014）。

---

① 这种从传统的政府观念向治理的转变，意味着有意识地摆脱官方政府机构通过控制和调节社会来垄断决策（Bekke et al.，1995）。鉴于广泛存在着分担治理职责的社会参与者，政府的新角色被设想为引导者和合作伙伴。治理随之需要的是各种社会政治参与者在治理努力中的相互作用。Loughlin（2000）进行了一个全面的尝试，以区分管理和治理的特点。

三　背景:瑞士的政治体制和市镇的参与信度

要了解瑞士制度中基层协商民主的功能，需要对瑞士政治制度的独特特征有一些了解。尽管瑞士只是一个拥有830万人口的小国，仍然采用联邦制，在联邦、州（26个）以及市镇（约2400个）三级之间进行权力划分。在国际中进行比较，瑞士是一个权力很分散的国家，有着强大的州和力量相对薄弱的联邦政府，这种权力分散不仅体现在司法能力方面，也体现在财政资源和执行力方面（Braun，2003）。瑞士的自治城市也相当广泛（Sellers & Lidström，2007），这些自治城市尤其需要设定税率的能力。因此，市镇在瑞士政治中占据重要地位，正如它们“被广泛视为国家和社会的核心”（Steiner，2001）。瑞士是一个小国，所以大多数城市都很小，尽管如此，地方政府仍然拥有相当大的自主权，并在瑞士政治制度中扮演着至关重要的角色。

市政府（以及州）有自己的政治机构，每个市镇都有直接选举产生的行政部门。与联邦一级类似，不同的政党组成执行机构的成员。随着全球化的出现，瑞士社会发生了深刻的变化，涵盖着个性化、多元化和世俗化的过程，并对城市产生了深远的影响（Steiner，2001）。政策领域的治理变得更加紧迫和复杂，为了应对这种挑战，近年来地方政府实行了一些改革，不仅力图巩固市政当局，而且还要提高效率，增进财务和行政绩效（Schedler & Proeller，2000）。

此外，瑞士最著名的是它的直接民主制度，这种制度体现了“人民主权”原则，所以人民的影响（Linder，2010）是显现的，尤其是在至关重要的决定中。因此，瑞士的政治决策过程可以被认为：在输入方面，有可能通过使用公民创制直接参与政策制定;[①] 在输出方面，公民

① 瑞士公民创制的例子是“人民主权”的一个有力表现。公民可以通过18个月内收集到10万公民签名的方式，要求将宪法修正案提交给在国家层次上具有约束力的全民投票。Linder（2010）给出了一个惊人的例子，在1989年，有一项怎样去废除瑞士军队的提案，想象一下，有一群人（确切地说是至少10万瑞士公民，为了提出一个旨在改变宪法法律的议案）将有能力提出这样一个例如废除国家军队的革命性想法，这对其他国家来说绝对是难以置信的。

复决[1]作为一种政治工具，允许瑞士公民通过拒绝议会决议的可能性，来获得决议的最后决定权。直接民主制度不仅存在于国家一级，而且存在于各州和市镇——尤其体现着公民的直接参与。由于瑞士城市通常拥有显著的自主权和直接民主的传统，有充分的理由将政策制定和公民参与的地方政治过程与协商式民主联系起来。事实上，在市镇一级的直接政治参与，特别是市镇议会的议事，体现了瑞士地方政治的协商原理。事实上，Linder（2010）强调，通过政策制定中的协商民主实践，致力于“共同利益”的公众意见和个人偏好会产生可能的变化。(Cohen，1997)。

允许公民在地方政府制定过程中，通过这种话语性却实质性的参与来行使其集体意志，这将大大提高地方政府的合法性。

要更深入地了解协商民主在瑞士基层城镇中的运作，市镇议会将是一个很好的例子。虽然市镇能够选举它们的行政人员，但只有约20%的城市拥有民选议会。在大多数其他行政区[2]，最高的政治权力在于公民议会，这是市镇所有公民的集会，每年举行两到四次会议，讨论并决定当地所有的重要问题。一方面，市镇公民议会可以被看作协商式民主实践的例证，这是因为公民有权以既定的相当理性的和平等的方式来辩论和决定问题，这些问题几乎涉及所有事项，从市政法规、预算、税率到地方发展问题。但另一方面，这些市镇议会的协商信度不仅会因低投票率而遭到削减，而且更严重的是，由于在很多时候，参与似乎涉及的问题和答案都是有限的，或根本不需要进行辩论和讨论，因而在实际生活过程中并不存在真正的协商。（Kübler & Rochat，2009）。正是由于在市镇议会中协商潜在性地遭受着这种限制，该研究的关键是探索关于共同努力以引入协商参与的新形式，或许将实现市镇公民参与的复兴，并对地方治理做出重要考虑。

---

① 另一个重要的政治工具，“公民复决”存在于瑞士政治舞台上，给予瑞士公民最后决定权，这意味着他们可以决定议会提案是成为法律还是被否决。在国家层次上，有两种类型的复决投票：第一种是强制性的，规定关于宪法修正案和国家条例的所有提案都必须由人民投票；第二种是可以选择的，只有在公民希望反对议会决定的情况下才会使用这一选项。为了发动这种可选的复决投票，必须要在通过决定后的100天内收集到5万公民的签名。

② 主要是较小的地区和那些位于瑞士的德语区。

四　瑞士市镇协商创新的出现：动机

最近十年左右，瑞士基层协商参与实践案例的过量涌现，对于据称享有“深入”民主的瑞士来说，无疑是一个令人不解的现象。然而，在公民创制和复决的直接民主手段之上引入协商，这个有意识的决定或许暗示着这背后可能有着更引人注目的逻辑。有趣的是，在其他国家也出现了类似的趋势，即新的公民参与方式在当地发展起来，例如美国的协商创新，用诸如俄勒冈健康计划会议（见 Fleck，1994）来促进公民更广泛地参与关于健康这种至关重要的问题。史密斯（2005）也指出，协商原则已经适用于一些民主创新，这些创新力求为公民提供平台，让他们聚集在一起并进行政策讨论，特别是在有争议的公共问题方面。从国家问题论坛到学习圈子和民主咖啡馆，这些新颖的参与途径发挥着同样重要的教育作用，以帮助公民培养政治专长、技能和美德。由于瑞士发现自身是一种新兴的趋势的一部分，即更广泛和更具吸引力的公民参与形式，因而考察瑞士这一案例是非常值得付出努力的。这是因为它不仅标志着一个更大的运动，而且由于其特殊的政治制度，它可以对民主的发展和政治创新的协商形式如何改变地方治理形成深刻见解。

在瑞士，协商参与的新形式主要表现为公共论坛，特别是在政策规划领域（Van der Heiden&Krummenacher，2011），它为公民参与可政治化的地方发展事务的讨论和辩论提供了新的空间。在更深入的定量研究中，Kübler 等（2016）在被他们所称作“公民协商参与的新机遇”（NOPCD）及其产生的深层原因方面，构建了 5 项综合假设。这 5 个理论推导的假设可以概括在下表中。

鉴于已建立民主制度的国家由于选举投票率下降而面临的“合法性缺失”[①]（Sörensen，1997），第一个假设提出了 NOPCD 可以通过在协商式政策

① Norris（2011）也提到这是“民主的缺失”，因为低的选举投票率无法赋予代议制政府足够的合法性。

表1　在瑞士市镇引进协商民主的动机

假设	理论逻辑	结果
第一： 制度层面	参与率和投票率下降时弥补合法性的缺失 （Sørensen，1997；Klijn&Koppenjan，2002）	无统计学上的意义； 不能支持制度层面的假设
第二： 政策层面	问题压力导致需要通过将公民纳入政策制定来改进决策 （Fung&Wright,2003）	关于引入 NOPCD 的可能性,一些人支持问题压力假定是肯定的和重要的
第三： 治理能力	提高决策的可接受性和民意检测性 （Papadopoulos&Warin，2007；Key，1961）	假设成立,在这个层面上城镇中更多的政治团体(反映了分散的利益和对治理能力的挑战)看到引入 NOPCD 的更大的可能性
第四： 精英战略	改善选举战略 （Wampler,2008）	不支持。事实上,反过来才是对的,因为党的关系和人口对城市的依赖性越强(通勤者百分比越低),引入 NOPCD 的可能性越高
第五： 国家现代化与“模仿效应”	作为国家现代化的一部分的更高的改革取向 （Arnstein,1969;Ladner,2001）	认为更多的市镇人口(在文献中)与更大的改革敏感性有关。然而,模仿效应不成立,并且不具有统计学意义

资料来源：Kübler 等人，2016。

制定中赋予公民权利来解决这种民主危机的可能性（Klijn & Koppenjan，2002）。即使在瑞士这样的直接民主的文化和制度背景下，人们也注意到投票率的下降。市议会的投票率特别低，已登记选民中平均参与率不到 10%（Kübler & Rochat，2009）。

同时，强调行为者实施 NOPCD 的重要性是至关重要的，正如第二个假设强调的那样，要考虑市镇所面临的问题压力。在政策层面，政府往往面临着复杂的政治问题，因此承受着巨大的压力去寻找和实施解决方案，正如 Fung 和 Wright（2003）所指出的，因为日益复杂和广泛的政策挑战，当今许多民主国家的民主活力被明显地减弱。因此，应对这些挑战的方式是，利用普通人的能量和知识来进行创新，让公民早日参与到决策过程中来，以便当局能够接收关于具体问题的详细信息和认识，从而帮助其构想出更好的解决方案。

由于政府试图去管理各种各样的利益，导致频繁的决策阻塞和政治停滞，这就带来了治理能力的挑战。因此，NOPCD 可以通过允许具有否决权的行为者和团体进行慎思和交换观点，来增加其接受政策决定的倾向（Papadopoulos&Warin，2007），以及评估潜在意见的能力（Key，1961）从而帮助解决问题。密集的辩论和讨论可以为政府提供一个良好的平台，以了解潜在的有争议的治理问题，并制定应对措施以克服未来的任何政策阻力。因此，这一理论思路之后的第三个假设是，假定不同政治团体的数量越大①，我们越有可能找到提出 NOPCD 的可能性。

在现有文献中，一些学者如 Brian Wampler（2008）认为参与式创新可能会带来潜在的选举效益。精英可以将 NOPCD 作为策略，以增加再次竞选的机会。在瑞士的背景下，关于这一论点有两个关键考虑因素：一是假设按照惯例左派和绿党都主张扩大公民参与机会。二是鉴于弱化的党派依附，参与性创新的重要作用不仅在于激发公民和政府之间频繁和直接的互动，而且还为政府创造机会，使其与公民建立更牢固的关系和联系，并利用这种善意和关系网在选举期间进行动员。因此，第四个假设假定 NOPCD 将出现在具有高百分比的绿党和左派政党以及弱党派关系的城市。

在寻找解释 NOPCD 出现的可能因素的过程中，参与过程可能被视为专业行政实践的一个必要组成部分。Arnstein（1969）强调了将利益相关者纳入政策管理对话中的重要性。同样，我们可以推断 NOPCD 是作为国家现代化进程的一部分被引入的，在瑞士的背景下，Ladner（2001）强调了更大的瑞士城市更倾向于改革的趋势，从而引入更多的参与性程序。此外，由于行政管理者试图通过利用其他城市的积极经验来证明实施改革（例如 NOPCD）是正当的，这样的模仿效应可能会产生 NOPCD。于是第五个假说提到随着城市规模的增加，同时引入邻近城市的 NOPCD，将出现提出 NOPCD 的较高倾向。

研究结论表现出对治理能力理论的有力支持，并强调了利用公民基层协

① Kübler 等（2016）的论文将不同的政治团体的数量作为一种表现分散利益的方式，强调了对治理能力的挑战。

商参与的优越性的实际原因，即便在像瑞士一样拥有成熟的民主制度的国家。与民主衰落和合法性缺失的普遍论断相反，也许正是在更小程度上，由于在全球化背景下政策制定面临着更为复杂的压力，以及国家现代化的结果，瑞士才更多地产生了基层协商民主并为地方治理提供了更多信度。值得注意的是，被支持的假设背后的理论逻辑是相互关联的，它们可以被看作治理的多种面相。因此，用基层协商民主来改革地方治理确实有令人振奋的启示，这将在结论部分的讨论中进一步阐述。

五　结论：通过协商改善地方治理

从瑞士城市的基层协商创新的开端中可以汲取有意义的经验借鉴，无论是在科学界还是在社区政治决策中，人们都会对这些创新产生好奇心。因为它是一个反应灵敏的、复杂的政治制度，人们可以真正地从瑞士开展地方协商实践的经验中学习。显然，治理能力逻辑是引入参与式协商过程的主要驱动力。作为这种治理能力动力的支撑的是，需要理解治理的参数，其中包括各种各样的参与者、激励机制、程序和通过协商构建关系网络的可能性——因为不能低估公民的交际能力。协商民主，有赋予公民权利、培养公民并使公民能够有效进行政治参与的能力；治理，着重强调移交公民参与来承担；协商民主和治理的结合可以显著改变地方政治舞台。考虑到当地民众的观点和偏好，公共问题可以用更大的灵活性和民主的合法性来处理（Fischer，2006）。在现代化和全球化的双重力量作用下，瑞士公民的参与可能性较高，同时绝对不能忽视“超多元主义”（Judge，1995）环境（即使在地方层面）所产生的强有力的挑战，从根本上来看，这就要求用协商的这种创新的政治解决办法。

应该承认本文在范围和方法上的局限性，因为仅仅旨在强调瑞士城市的动态协商民主发展，并且也只是以肤浅的和描述性的方式去完成这个目标。但在深入探索协商民主和基层治理之间的内在关系，更多揭示行为者和行为过程的具体互动关系，以及对地方政策制定和公民参与的启示意义这些方面，本文无疑是有所收获的。沿着这种思路，推理并反思瑞士经验的启示意义，来获知学习他国经验的要点，是一种令人兴奋的期待。在公民于日常生活问题中更有可能被动员起来的地方实行基层协商民主，是基层治理可以采取的一种切实可行的办法，因此，这种对基层协商民主背后实际动机的探索，会是特别令人感兴趣的。无论政治制度如何，治理的核心都需要为公共利益服务，这就要求要了解民众的需要，即在地方治理中公民在日常生活中所产生的利益诉求。随着中国协商民主实践与探索的蓬勃发展，在基层协商民主发挥潜能以深化当地政府和治理改革中，中国是一个越发值得研究的案例。

最后，本文希望表明，瑞士是一个可以用中国著名谚语“麻雀虽小，五脏俱全”来描述的国家，它通过增强官方当局的能力和最大限度地与公众利益保持一致，加强了地方治理，从而见证了有价值的基层协商民主的发展。笔者希望能够从瑞士的经验中获得有启发性的和有价值的经验教训，以进一步丰富学术和政策制定领域。

参考文献

Arnstein, S. R. (1969). A ladder of citizen participation. *Journal of the american institute of planners*, 35 (4), pp. 216 – 224.

Bächtiger, A., Niemeyer, S., Neblo, M., Steenbergen, M. R., & Steiner, J. (2010). Disentangling diversity in deliberative democracy: Competing theories, their blind spots and complementarities. *Journal of Political Philosophy*, 18 (1), pp. 32 – 63.

Bekke, A. G. M., Kickert, W. J. M., Kooiman, J. (1995). Public Management and Governance. In J. W. M. Kickert, F. A. Vught (Eds.), *Public Policy, Administration Science in The Netherlands* (pp. 201 – 218). London: Prentice-Hall.

Bohman, J. (1998). Survey article: The coming of age of deliberative democracy. *Journal ofpoliticalphilosophy*, 6 (4), pp. 400 – 425.

Braun, D. (2003). Dezentraler und unitarischer Föderalismus. Die Schweiz und Deutschland im Vergleich. *SchweizerischeZeitschriftfürPolitikwissenschaft*, 9, pp. 57 – 89.

Chambers, S. (2003). Deliberative democratic theory. *Annual review of political science*, 6

(1), pp. 307 – 326.

Cohen, J. (1989). Deliberation and democratic legitimacy. 1997, pp. 67 – 92.

Cohen, J. (2007). Deliberative democracy. In *Deliberation, Participation and Democracy* (pp. 219 – 236). Palgrave Macmillan UK.

Dahl, R. (1994). A democratic dilemma: system effectiveness versus citizen participation. *Political Science Quarterly*, 109 (1), pp. 23 – 34.

Fischer, F. (2006). Participatory governance as deliberative empowerment the cultural politics of discursive space. *The American review of public administration*, 36 (1), pp. 19 – 40.

Fleck, L. M. (1994). Just caring: Oregon, health care rationing, and informed democratic deliberation. *Journal of medicine and philosophy*, 19 (4), pp. 367 – 388.

Fung, A., & Wright, E. O. (2001). Deepening democracy: Innovations in empowered local governance. *Politics and Society*, 29 (1), pp. 5 – 41.

Fung, A., &Wright, E. O. (Eds.). (2003). *Deepening democracy: Institutional innovations in empowered participatory governance.* New York: Verso.

Gutmann, A., & Thompson, D. (2009). *Why deliberative democracy?* Princeton University Press.

Habermas, J. (1984). The theory of communicative action, Vol. 1: Reason and the Rationalisation of Society. Boston, MA: Beacon Press

Hirst, P. (2000). Democracy and governance. *Debating governance*, pp. 13 – 35.

Jessop, B. (2002). *The future of the capitalist state.* Polity Press, Cambridge.

Judge, D. (1995). Pluralism. In D. Judge, G. Stoker & H. Wolman (Hrsg.), *Theories of urban politics* (S. 13 – 94). London: Sage.

Key, V. O. Jr. (1961). *Public Opinion and American Democracy.* Alfred Knopf.

Klijn, E. – H., &Koppenjan, J. F. M. (2002). Rediscovering the citizens: new roles for politicians in interactive policy-making. In P. McLaverty (Hrsg.), *Public participation and innovations in community governance* (pp. 141 – 164). Aldershot: Ashgate.

Kooiman, J. (2003). *Governingasgovernance.* Sage.

Kübler, D. &Rochat, P. (2009). Sind Gemeindeversammlungen noch zeitgemäss? Überlegungen ahand einer Umfrage im Kanton Zürich. *Statistik. info*, 2009, pp. 1 – 17.

Kübler, D., Rochat, P., Van de Heiden, N., &Woo, S., (2016). The cherry on top? Why do Swiss municipalities introduce new opportunities for participatory citizen deliberation? Paper presented at the *International Conference "Citizen Participation in local governance in China and beyond", Zurich, September*, 2016, pp. 8 – 9.

Ladner, A. (2010). *Switzerland: subsidiarity, power-charing, and direct democracy* (pp. 196 – 218). Oxford University Press.

Linder, W. (2010). *Swiss democracy: Possible solutions to conflict in multicultural societies*. St. Martin's Press（3rd edition）.

Ladner, A.（2009）. What explains electoral turnout in Swiss municipalities? *Paper presented at the 5th ECPR General Conference in Potsdam*, 10 to 12 September 2009.

Loughlin, J.（2000, September）. The cross-border challenges and opportunities posed by the transformation of European governance. In *International Conference on European Cross Border Cooperation: Lessons for and from Ireland, Queen's University Belfast*（Vol. 29）.

Melo, M. A., &Baiocchi, G.（2006）. Deliberative democracy and local governance: towards a new agenda. *International Journal of Urban and Regional Research*, 30（3）, pp. 587–600.

Norris, P.（2011）. *Democratic deficit: Critical citizens revisited*. Cambridge University Press.

Papadopoulos, Y., & Philippe, W.（2007）. Are innovative, participatory and deliberative procedures in policy making democratic and effective? *European Journal of Political Research*, 46（4）, pp. 445–472.

Rosenberg, S.（2006）. Human nature, communication, and culture: Rethinking democratic deliberation in China and the West. In *The search for deliberative democracy in China*（pp. 77–111）. Palgrave Macmillan US.

Schedler, K., &I. Proeller.（2000）. *New Public Management*. Berne, Stuttgart, Vienna: Haupt.

Sellers, J. M. &Lidström, A.（2007）Decentralization, local government, and the welfare state. *Governance-an International Journal of Policy and Administration*, 20, pp. 609–632.

Smith, G.（2005）. Beyond the ballot.

Sørensen, E.（1997）. Democracy and Empowerment. *Public Administration*, 75, pp. 553–567.

Steiner, R.（2001）. New public management in Swiss municipalities. *International Public Management Journal*, 3（2）, pp. 169–189.

Tang, B., &Dryzek, J. S.（2014）. Introduction: The Continuing Search for Deliberation and Participation in China. *Journal of Chinese Political Science*, 19（2）, pp. 109–114.

Touchton, M. &Wampler, B.（2014）Improving well-being through new democratic institutions. *Comparative political studies*, 47, pp. 1442–1469.

Van der Heiden, N., &Krummenacher, P.（2011）. Bringing the Backstage to the Front. The Role of Citizen Forums in Local Development Planning in Switzerland. *Interactive Policy Making, Metagovernance and Democracy*, pp. 227–42.

Wampler, B.（2008）. When does participatory democracy deepen the quality of democracy? Lessons from Brazil. *Comparative politics*, 41（1）, pp. 61–81.

B.18
澳门社会保障体系发展与改革方向

陈建新　刘昱初　李　楠*

摘　要：　民生无小事，中国大陆和澳门地区近年都致力于提升社会保障体系的质量，事实上，中国大陆和澳门地区的社会保障体系已有一定水平，但维持现有社会保障水平还存在一定困难，尤其在欧洲金融危机中，有不少欧洲国家因其过于优厚的社会保障制度导致财政危机的出现。因此，将社会保障体系过渡成长效机制是中国大陆和澳门地区共同的需求，本文以新公共管理为主要理论框架，以世界银行的多支柱养老保障为制度基础，最后以养老金融和长期照护为发展方向。本文运用定性和定量两种研究方法进行研究，定性研究以案例分析为主，主要对澳门地区的社会保障体系进行分析，分析发现社会保障体系改革渐以新公共管理学说进行，并以市场机制的完善为应对措施；再辅以定量研究，即通过在澳门开展的电话调查来搜集澳门市民对社会保障体系改革的意见，结果发现澳门市民倾向以“多缴多得”为改革方向。本文提出的建议包括以长者就业来配合延退安排、调整社会保障的基金投资效益、完善民间的养老金融体系和透过大数据及跨专业合作来发展长者照护市场。

关键词：　社会保障　养老金融　新公共管理　澳门

* 陈建新，澳门大学政府与行政学系助理教授，澳门社会保障学会理事长，香港大学秀圃老年人研究中心研究院士；刘昱初，澳门大学政府与行政学系硕士研究生；李楠，澳门大学社会学学系本科生。

一 前言

社会保障制度因其保障人群广、牵涉利益重大而一直在社会建设事业中占据重要地位。“十三五”规划纲要指出，要构建全民覆盖、保障适度、权责清晰、运行高效的社会保障制度，促使其更加公平、持续的发展，稳步提高社会保障统筹层次和水平。① 然而，现行社会保障的概念在国家还属于新生事物，较以往经验、社会投入以及公众意识来看，其既呈现多方努力共同成长的情况，也有诸多不完善和不成熟的表现。我国地域广大、人口众多、各地经济社会发展状况不一，② 以致出现包括城乡差距③、投资回报④和公平问题⑤等在内的难以解决的现实问题。近几年，中央和地方都积极努力改进社会保障体系，包括完善保障系统的覆盖率、通过“电子社保”提高体系的效率⑥、通过有效防控风险实现保值增值⑦等。近期，国际社会保障协会将“社会保障杰出成就奖”（2014～2016 年）授予中华人民共和国政府，是国际社会对中国覆盖 13 亿人口的基本医疗保险和覆盖 80% 人口的养老保险的卓越成就的表彰⑧，可见中

① 《“十三五”规划纲要》（全文），2016 年 12 月 16 日，http：//sh. xinhuanet. com/2016 - 03/18/c_ 135200400. htm。

② 郑秉文：《完善社会保障：建设和谐社会的重要手段》，《中国证券报》2006 年 10 月 17 日。

③ 杨翠迎：《中国社会保障制度的城乡差异及统筹改革思路》，《浙江大学学报》（人文社会科学版）2004 年第 34 卷第 9 期，第 12～20 页。

④ 李勇：《全国社会保障基金投资研究文献综述》，《经济问题探索》2012 年第 9 期，第152～155 页。

⑤ 郑功成、鲁全：《全面建成小康社会中的社会保障——2020 年前社会保障体系改革的主要目标与措施》，http：//www. crfoundation. org/filesCser/201104（1）. pdf，2012。

⑥ 中华人民共和国人力资源和社会保障部：《社会保障为中国发展保驾护航》，http：//www. mohrss. gov. cn/SYrlzyhshbzb/dongtaixinwen/buneiyaowen/201611/t20161121 _ 259939. html，2016。

⑦ 中华人民共和国人力资源和社会保障部：《有效防控风险 实现保值增值——〈全国社会保障基金条例〉解读》，http：//www. mohrss. gov. cn/SYrlzyhshbzb/zcfg/SYzhengcejiedu/201603/t 20160329_ 236744. html，2016。

⑧ 中华人民共和国人力资源和社会保障部：《社会保障为中国发展保驾护航》，http：//www. mohrss. gov. cn/SYrlzyhshbzb/dongtaixinwen/buneiyaowen/201611/t20161121 _ 259939. html，2016。

国大陆在发展社会保障工作方面已取得一定成果。

作为“一国两制”制度成功实践的范例，澳门回归17年来，经济发展势头强劲，多个外资企业的大型项目相继落成，龙头企业博彩业收入可观并逐步放缓步伐，以推动澳门经济适度多元。在民生方面，澳门居民健康素质指标位于全世界前列，社会服务和医疗服务的区域合作较为发达，社会保障工作成绩有目共睹。[①] 其在社会保障方面探索的实践经验和研究成果或可为大陆社会保障发展提供借鉴。目前，澳门特区政府正在着力革新社会保障制度，希望将社会保障制度重回社会保险的发展轨道上，扭转居民将之视为福利的观念。[②] 其于2008年起提出建立由第一层社会保障制度和第二层非强制性中央公积金制度构成的双层式社会保障制度的构想。在第一层社会保障制度中，2011年1月1日生效的第4/2010号法律《社会保障制度》推进了澳门社会保障的发展，其中最重要的目标是将澳门居民纳入保障范围，改变原有社会保障制度过往20多年来未实现的保障“所有澳门工人”的制度目标[③]。在第二层中央公积金制度方面，2012年生效的《公积金个人账户》取代《中央储蓄制度》，以建立包含雇主及雇员供款的非强制中央公积金制度，逐步推进双层式社会保障制度的实现。

澳门回归后社会保障制度和社会保障基金得到政府的大力支持和发展，其适当扩大了保障范围和保障给付项目，调升了相关给付金额，并致力于有序建立双层式社会保障制度。但也存在如社保基金的财政足够性、可负担性、稳健性及可持续性等种种挑战。此外，一家独大的博彩业在给澳门带来丰厚财政盈余的同时，也衍生了人力资源短缺、青少年问题、家庭问题等社会问题，对养老、医疗、房屋、教育和就业都带来一定程度的冲击，也存在

① 陈建新、伍芷蕾、冯国豪：《粤澳合作框架下的社会服务合作挑战与机遇》，《澳门蓝皮书之经济社会发展报告2014～2015》，2015。

② 陈建新、陈慧丹、伍芷蕾：《澳门社会保障基金：现状与发展》，《澳门蓝皮书之澳门经济社会发展报告2013～2014》，2014。

③ 邓玉华：《澳门社会保障改革综论》，《社会保障改革——澳门社会保障学会十周年纪念特刊》，澳门社会保障学会，2009，第95～101页。

比较强的“挤出效应”和“马太效应”①。澳门社会有诸多力量关注和帮助澳门社会保障制度发展：特区政府高调地向社保基金注资，而且不断提高其保障范围（例如容许永久性居民补供社保基金的供款，从而容许他们可以享用社保基金的养老金）和社保基金的各类保障项目的给付水平②；也有社会服务界别人士要求把社保基金保障范围扩大至先天残障人士，从而让他们可以享受社保基金的残疾金③，以及豁免残疾人士居澳限制，从而让他们可以享受中央公积金所提供的福利保障④。

本研究通过定性和定量研究方法做全面的探讨。先以案例分析方法，将澳门社会保障制度发展历史作为分析对象，总结澳门社会保障制度的经验与得失；然后采用电话调查澳门居民对于社会保障制度的重要部分——退休保障制度改革的意见并进行分析；最后综合两个研究结果提出建议，以期帮助澳门地区和中国大陆的社会保障制度朝着更为健全完善的方向发展。

二　文献回顾

社会保障通常由政府推动，在这种情况下，公共行政便与社会保障产生了很强的关系，过去有不少政府都在积极地推动行政改革，当中尤以新公共管理为主要改革方向，鉴于在澳门的社会保障体系中养老保障占极大部分，本文将视角建立于退休保障模式上，先以新公共管理带出效率和效益对社会保障的重要性；再运用世界银行提出的多支柱退休保障模式进行分析，特别提出当中原因和推行的方法；最后延伸至养老金融和对养老服务未来发展的构想。因此，本部分将包含退休保障模式、效率与效益的含义及其发展，养

① 余白、李天舒：《马太效应》，台湾智富（世贸）出版社，2004，第6页。

② 中华网：《澳门未来4年向社保基金额外注资370亿元》，2012年11月13日，http：//www. chinanews. com/ga/2012/11－13/4325451. shtml。

③ 澳门弱智人士家长协进会网：《社咨委促保障先天残疾者》，2012年9月7日，http：//www. amha. org. mo/recoverydetail. php？ nid＝164。

④ 澳门弱智人士家长协进会网：《弱智家协籲豁免残疾人士居澳183天》，2011年1月6日，http：//mcia. org. mo/home/news_ 3251。

老金融和养老服务理念三部分内容。

1. 新公共管理学中的效率与效益

一般而言，社会保障由政府提供，自从德国前首相俾斯麦引入社会保险，并以该制度统一德国后，社会保障制度便开始被看为重要的公共政策①。而国家在这方面的公共开支却衍生出国家的财政问题，例如1980年代南美洲国家的财政问题。智利模式也是由此引起，甚至近年不少欧洲国家也跌入财政危机，其中社会保障过大的公共财政开支被视为重要原因之一。事实上，新公共管理也是在1980年代用于处理大政府问题的重要改革方法之一，其原则被归纳为3E，即经济（Economic）、效率（Efficiency）和效益（Effectiveness）。②

19世纪末20世纪初，西方各国为适应工业时代的政府管理而逐步建立和发展以行政效率的实现作为最高目标的传统公共行政模式。传统公共行政的思维和逻辑是建立在政治与行政分离的基础上，追求行政效率的最大化。但随着社会结构多元化和政府管理环境日益复杂化，以官僚制为基础的传统公共行政开始显露出组织规模庞大、决策迟缓、过分强调按章办事等弊端，受到公共财政规则、统一的公务员工资制度和公众舆论等方面的约束，物质激励机制长期无法在公共部门发挥作用③，因而要求改革的呼声日渐高涨。自20世纪70年代末80年代初以来，西方国家的公共部门管理发生了重要变革，这就是“以市场为基础的、灵活的、提供响应性服务的企业化政府管理方式逐步取代了旧的、僵化的、科层制官僚体制的政府管理方式”④。这场几乎是世界范围内的政府改革运动与其理论一起被称为“新公共管理”。它致力于反思和重塑公共部门管理方式，尽可能地用市场和承包合同替代官僚体制，对政府管理理论产生了极大影响，也在实践中对改善政府绩

① 岳经纶：《社会养老保险改革的德国经验》，《公共行政评论》2014年第6期，第1~6页。

② 陈建新、陈慧丹、伍芷蕾：《从新公共管理的效率和效益看医疗改改革——以香港和澳门医疗券发展为例》，《公共管理与政策评论》2014年第2期，第67~72页。

③ 周志忍：《行政效率研究的三个发展趋势》，《中国行政管理》2000年第1期，第6页。

④ Stephen P. Osborne，“The New Governance”，*Public Management Review*，2004（3），pp. 378-379.

效做出了一定贡献，有学者称其已“成为与传统管理途径、政治途径以及法律途径并驾齐驱的新研究途径”①。

表1　传统公共行政模式与新公共管理模式比较表

	传统公共行政	新公共管理
政府模式	权威型政府	企业家政府
参与主体	政府绝对领导	以政府为主导,其他
		社会力量辅助参与
职能范围	所有职能	部分职能
		其余交给市场
治理方向	集权	分权
	等级制	市场导向
	官僚制	绩效评估
治理模式	自上而下	自上而下
	强制执行	多方参与
关注焦点	机构	结果
	过程	绩效
	程序	
公民互动程度	较少互动	注重互动

到80年代末期，改革在公共部门的经济和效率方面取得了显著成就，但同时也带来公共服务质量和公务员士气等方面的问题。于是，从90年代开始，西方行政改革由侧重于经济和效率逐渐转移到对质量和公民满意度的重视上来②。新公共管理的改革契合澳门社会保障制度的发展方向，借以市场化的运作分散来自多方的风险，追求效率与效益。政府通过建立不同层面的绩效评估机制来估计社会的实际需求以及所产生的社会经济效益，不再只重视投入，也同时对社会保障的产出提出要求③。例如香港地区以社区安老

① 张成福：《公共行政的管理主义：反思与批判》，《中国人民大学学报》2001年第1期，第15~21页。

② 周志忍：《质量与顾客满意——21世纪管理的主题》，《新视野》2000年第4期，第28~30页。

③ 陈建新、陈慧丹、伍芷蕾：《从新公共管理的效率和效益看医疗改改革——以香港和澳门医疗券发展为例》，《公共管理与政策评论》2014年第2期，第67~72页。

服务券来推动安老行业高速发展①；甚至在香港的强制性公积金制度中，香港特区政府只担当监管和政策制定角色，营运、投资和信托角色皆由私人市场运作，由此使香港特区政府来自行政方面风险得以分散。

2. 多支柱的退休保障模式

退休保障是一个由政府、社会或企业和个人等多主体共同承担的制度和系统，不应只理解为单独由政府提供的退休保障。但要制定一个符合多方（包括长者、其家人、服务提供商和政府等）需要的退休保障制度非易事，因为各利益相关者所考虑的也各有不同，因此世界银行建议各地政府以多层支柱保障模式构建养老金制度。不同的保障层次各具功能，目前世界各地的养老金制度无不参考世界银行在1994年和2005年建议的三条及五条支柱模式②，后一种模式是在前一种模式的基础上做出改良。可参考图1，两个模式中，共通点都是越低层次的保障具有较高的公平性；越高层次的保障则具有较高的效率性。世界银行于1994年提出的第一层保障主要目的是处理贫穷以及收入再分配问题，而第二层强制性职业储蓄及第三层自愿保险和储蓄则基于效率考虑。

世界银行之所以提出这个多层支柱的想法，主要是20世纪80年代南美洲国家出现大规模金融危机，迫使这些国家寻求别的方法来代替随收随支的退休保障制度，其中较为人所关注的改革是，智利引入了强制性职业储蓄计划（香港的“强积金”也以此作为蓝本），所以不少学者都以“智利模式”统称强制性职业储蓄计划。经过学者们长时间研究及比较传统的“随收随支”及“职业储蓄”养老制度后，使这两种模式的功能更为清晰，然后再配合传统自愿储蓄的做法，世界银行就将这三种不同的处理养老问题的方法

① 张瑞霖：《以社区安老服务券推动安老行业高速发展》，2016年2月6日，http://www.legco.gov.hk/yr15-16/chinese/panels/ws/papers/ws20160206cb2-781-8-c.pdf。

② Word Bank，“Avertingand Old Age Crisis：Politics to Protect The Old and Promote Growth”，*World Bank and Oxford University Press*，1994；Holzmann，R.，&Hinz，Richard P.，“Old-age Income Support in the 21th Century：An International Perspective on Pension Systems”，http://siteresources.worldbank.org/INTPENSIONS/Resources/Old_Age_Income_Support_Complete.pdf，2005.

称为“三条支柱”模式。①

但在后期，不少学者发现到“随收随支”及“职业储蓄”未必能有效解决老年贫穷问题，于是世界银行便于2005年加上第“零”层来缓减这个问题的影响。而在第二层强制性职业储蓄除了“智利模式”外，新加坡的“中央公积金”也是强制性职业储蓄一种，但两种模式的运作大有分别。一般强制性职业储蓄包括行政、信托和投资三个方面，新加坡的中央公积金制度中，政府集三种功能于一身，尽管在投资方面，新加坡政府已逐渐开放，例如容许市民利用积金户口的资金投资于购置组屋。相反，在“智利模式”中，政府只担当监察角色，行政、信托和投资多交由私人市场运作，这就是后来在这一层次中将职业储蓄再细分为两类的原因。最后一层的家庭支持可看作另一种较为常见的养老模式。不少长者仍与其家人居住，而家庭成员可以提供一些非财务性的帮助，即非正规服务（informal care）或家庭对长者支持，这都成为退休保障中不可缺少的一环，也是世界银行再加上这一层的主因。当然，世界银行提出的只是一个制度框架，以便各地在构建和完善养老金制度时有遵循原则，各国的政策仍需考虑融资、评估、营运、监察等问题，设计适合国情和区性的养老金制度。

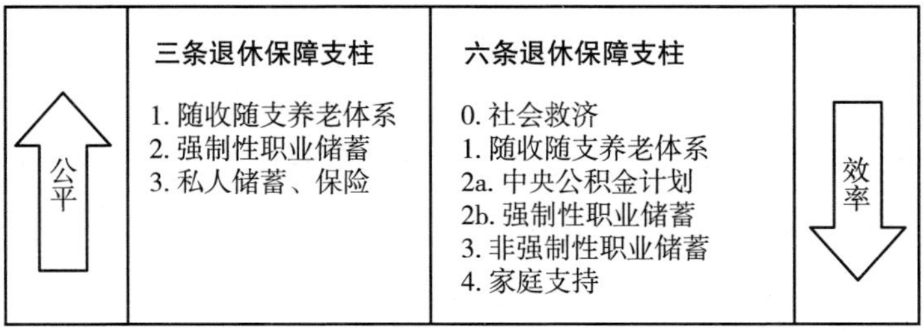

图1　多支柱的退休保障体系

① 陈慧丹、郭瑜：《港澳养老金制度比较研究》，《“一国两制”研究》2011年第8期，第147～156页。

若以现在澳门的养老保障体系来说明，澳门的最低维生指数可以看成第零条支柱，因为其指数是指出一般家庭最低用作维持生存水平的金额，如果有澳门家庭收入低于这水平，政府便要做出援助；敬老金和养老金制度则可以看成第一条支柱，敬老金主要是由澳门特区政府社会工作局提供，而养老金则由社会保障基金提供，两种体系共同提供的金额是与最低维生指数相若，即这两个制度便可以提供基本养老生活；非强制性中央公积金户口制度可以看成第二条支柱，主要是补充第一条支柱不足之处。现在这三条支柱都需要政府扮演主导的角色。而余下的两条支柱，分别是个人储蓄（第三条支柱）和家庭支持（第四条支柱）。个人储蓄可以看成因应自身的养老计划需要而进行储蓄；而家庭支持则有类似“养儿防老”的传统观念，政府在这两条支柱是较难扮演主导角色，政府较多扮演引导角色，透过市场和民间社团来提供相关服务。

3. 养老金融的出现和养老服务的市场化

随着社会少子化的趋势和核心家庭成为社会家庭结构的主流，传统孝道观念已受到相当大的冲击，变相使社会要求政府在养老保障扮演更重要角色。此外，传统华人对储蓄概念非常浓厚，所以一般华人社会的储蓄率都较西方社会高，加上过去利率长期偏低，导致不少资产特别是住房价格不断上升，且一般社会救助都会有资产审查，因此有不少长者面对“资产丰富，但缺乏现金流”（Asset Rich，Cash Poor）的困境。[①] 尽管近年不少政府都不将现居资产计算于资产审查之内，但为了更有效地处理这一问题，各地纷纷引入“养老金融”这一概念，即“以金融手段处理养老问题”，并开始进行养老金融方面的尝试，例如逆按揭（Reverse Mortgage）、年金市场（Annuity Market）和“以房养老”等。逆按揭（Reverse Mortgage），香港称之为“安老按揭计划”，台湾也有引入类似计划，而中国大陆也有不少大城市进行探讨；为了避免如学者形容为“利率派彩”（Interest Lottery）的情况，即因利率波动导致的年金价格过于波动，因此台湾地区便对年金市场（Annuity

① 徐丹：《商业银行发展养老金融策略分析》，《新金融》2013 年第 11 期，第 36 ~ 41 页。

Market）进行一定程度的干预，特别是长者比年轻人士更倾向对风险采取回避态度，使长者对年金市场缺乏信心[①]；而中国大陆针对空巢老年人的养老问题，有不少地方政府在推动“以房养老”工作，让长者可以把他们的居所用于长期照顾服务，甚至院舍服务。[②] 处于发展瓶颈的“以房养老”模式主要受市场交易风险影响，分别为长寿风险、房价风险、利率风险和政策风险影响。其中长寿风险格外重要，当养老服务评估发展未能有效预测长者健康发展趋势时，抵押给银行的房屋资产难以通过标准化获取合适的评估。

近年来，为了推动澳门产业多元化，政府又逐渐重视，早于2000年便开始探讨的离岸金融服务。[③] 由于中央政府把“一中心、一平台”定为澳门发展主轴，而金融产业的配合对“一平台”发展又至关重要，因此澳门特区政府在近期施政报告[④]和五年规划[⑤]中，都有提及金融创新。金融产业最大的特点是把风险透过市场进行分散，例如固定资产（Fixed Assets）（包括私人公司债券和个人的房屋贷款等）被金融机构进行证券化（Securitization）后，便被金融机构推出于市场让投资者进行买卖。这样的做法可以让金融机构减少因持有这类资产而带来的风险，而金融机构可透过金融创新获得相关服务酬金，政府则可以透过市场对这些产品的价格，来了解相关风险所涉及的风险溢价金，从而让政府能够更客观评估风险程度。近年来，不少的政府都积极推动以新公共管理为主的公共行政改革，如何有效透过市场去管理社会风险便成为改革方向之一，这些原因便可解释政府为何在第三支柱同样需要扮演一定角色。[⑥]

还有家庭照顾方面，除了政府在推动居家养老服务和小区养老服务外，

① 林潇：《我国金融市场企业年金研究及国际模式探索》，《软科学》2007年第21（1）期，第49～52页。

② 邹宏：《个人养老金融产品探析》，《银行家》2012年第12期，第72～75页。

③ 《澳门特别行政区2001年财政年度施政方针》（摘要），2001年2月26日，http：//portal.gov.mo/portal－frontend/loadfile？id＝/general/SAFP_ PolicyADD_ 23/2。

④ 《澳门特区政府2016财政年度施政报告》（全文），2015年11月17日，http：//images.io.gov.mo/cn/lag/RLAGA2016_ cn.pdf。

⑤ 《澳门特别行政区五年发展规划（2016～2020年）》（全文），2016年9月15日，http：//www.cccmtl.gov.mo/files/projecto_ plan_ cn.pdf。

⑥ 殷兴山：《养老金融视角下的政府职责》，《中国金融》2012年第24期，第70～72页。

资源分配也是重要发展方向，可是单纯依赖融资手段，并不能解决相关成本上涨问题，值得注意的是，医疗资源越多并不一定可以提高医疗服务的质量或响应病人的需要①②，因为医疗制度其中一个主要的问题就是资源错配③，而外国一些研究人口老化与医疗资源的关系并不如想象中强，反而其他影响善用资源的因素更值得重视④。根据欧美等西方国家经验，不少学者都指出单纯依赖融资手段只会引发（供应者引发需求问题）（Supplier Induced Demand）、（道德危机）（Moral Hazard）和（第三者付款机制）等问题⑤⑥⑦，令相关成本进一步上扬。

同时在追溯性支付制度下（Retrospective Payment System）（澳门长者服务亦使用这种支付制度），政府对医疗供应者的财政支付一般都是根据过往医疗服务数量（如住院日数）计算，因此医疗供应者为了增加收入而有动机去增加一些不必要的医疗服务⑧，他们亦会为了降低成本而倾向接受一些低风险的病人，亦即所谓的“刮脂行为”⑨，出现对其他病人不公平的现象，

---

① Rohaizat, B. Y., Mohd, I. M., & Mahani., “A. H., Managing the growth of health expenditure in an affordable and sustainable health system”, *Malaysian Journal of Public Health Medicine*, 2003 (3), pp. 1－10.

② Fiedler, J. L., Schmidt, R. M., & Wight, J. B., “Public hospital resource allocation in EI Salvador: accounting for the case mix of patients”, *Health Policy and Planning*, 1998 (13), pp. 296－310。

③ World Bank, “The World Development Report 1993”, *Investing in Health*, http://files.dcp2.org/pdf/WorldDevelopmentReport1993.pdf.

④ 区耀荣、陈建新：《人口老化与医疗融资是必然关系?》，《澳门日报》2008年7月23日。

⑤ Grytten, J., & Sørensen, R., “Type of contract and supplier-induced demand for primary physicians in Norway”, *Journal of Health Economics*, 2001 (20), pp. 379－393.

⑥ Robert S., & Berry, “Third-Party Payment Is the Main Problem Facing U.S.”, *Health Care, Health Care News*, http://www.heartland.org/Article.cfm? artId=22532, 2008－10－5.

⑦ Liebowitz, S., “Why Health Care Costs Too Much”, *Cato Policy Analysis*, http://www.cato.org/pubs/pas/pa211.htm, 1994.

⑧ Kwon, S., “Payment system reform for health care providers in Korea”, *Health policy and planning*, 2003.

⑨ Ettner, S. L., & Johnson, S., “Do Adjusted Clinical Groups Eliminate Incentives for HMOs to Avoid Substance Abusers? Evidence from the Maryland Medicaid HealthChoice Program”, *Behavioral Health Services & Research*, 2003 (30), pp. 63－77.

但成本仍然无法得到有效控制，在澳门，医疗资源分配亦缺乏明确计划，可能会出现西方社会的“刮脂行为”的问题。而美国、加拿大和一些欧洲国家都已引入资源利用组群来应付这些问题，但是现在主要应用在院舍服务层面上。

三　研究方法

本文的研究方法主要采用案例分析和电话调查。案例分析用于检视澳门社会保障体系发展得失，而电话调查则去了解澳门居民对现在养老保障体系的意见。

1. 案例分析

案例分析主要通过回顾澳门社会保障制度的发展历史来分析其发展方向。而数据只是来自官方资料和本地学术研究。分析框架则主要参考新公共管理来分析澳门社会保障发展方向。

2. 电话调查

研究方法主要分成三部分——问卷设计、资料收集和统计分析。整体调查工作流程可以归纳如图2。

图2　本研究的调查工作流程

（1）问卷设计。问卷设计主要由本研究小组商议及设计出来，问卷内容主要分成四部分：个人价值观；社会网络量度表；澳门社会保障制度的评价与未来变革取向；被访者社经背景。而这篇文章将重点表述样本状况和澳门社会保障制度的评价与未来变革取向。

（2）资料收集。资料收集主要分为两部分——前测问卷收集和电话问卷收集。前测问卷收集主要用作检视问卷的合适性和所使用量表的合适程度；而电话问卷收集则透过由前测结果所调整的问卷，然后去收集较具代表性的样本，主要用作相关检验假设。

（3）描述性统计分析。平均值主要用检视各项目的趋势和代表值；标准偏差则主要检视所使用数据的变化范围（Variation）。遗漏值则主要检视所选用的项目的合适程度，如果遗漏值高可能代表被访者不是很了解该项目，还可能导致选择性偏差（Selective Bias）。

四　案例分析——澳门社会保障制度

近年来，澳门的社会保障制度不断发展，日趋完善，其在政府架构上，主要是社保基金和社会工作局①。从社会保障体系发展阶段来看，在邓玉华博士的四阶段基础下，本文提出五个阶段：（1）社会保障制度建立前期；（2）慈善福利制度建立期；（3）社会保障制度成立与完善；（4）有序推行多层式社会保障制度；（5）养老体系引入市场管理②。

1. 社会保障制度建立前期

这一阶段，社会救助工作仍处于澳葡政府统治时期，主要靠民间的互助力量来支持，由于华人生活不能得到保障，因而华人商贾开始组织慈善团体，实施社会救助。在此阶段，由民间慈善团体代替政府的福利功能，承担起慈善救济工作③。

2. 慈善福利制度建立期

这一时期，政府开始参与社会福利体系。法律上，1930 年第 140 号法令明确规定政府有向难民、孤儿及贫困人口提供援助的义务，政府通过征收慈善印花税，对贫困人士、孤儿和难民进行经济救助，并于 1938 年成立了

---

① 叶炳权：《澳门社会保障制度》，《行政》1999 年第 46 期，第 1215 ~ 1220 页。

② 陈建新、陈慧丹、伍芷蕾：《澳门社会保障制度的发展与挑战》，《澳门蓝皮书》，社会科学文献出版社，2014。

③ 邓玉华：《澳门社会保障的演变》，《社会保障改革——澳门社会保障学会十周年纪念特刊》，2009，第 190 ~ 191 页。

慈善救济会（于1947年改名为公共救济总会），以实体机构来进行经济救助，从而大大提高了救济服务的覆盖面。[①] 由于地缘政治关系，从抗日战争开始，到解放战争乃至60年代东南亚国家的排华运动时期，均有大量人口投奔澳门并将澳门作为栖身之地[②]，自此澳门社会对社会保障的需求也迅速增长，还有澳门工人联合总会、澳门妇女联合总会、澳门母亲会、利玛窦社会服务中心（后为澳门明爱）等在内的本地民间团体和服务机构如雨后春笋般纷纷涌现，并投入于澳门社会保障事业之中。在时局压力下，澳葡政府便需要更直接介入澳门华人社会事务，也由此开启了澳门特区政府和民间共同构建社会保障体系的新阶段。

3. 社会保障制度成立与完善

1989年12月18日，根据第84/89/M号法令，公共机构“社会保障基金”得以设立，其改变了政府以往仅负责慈善救济方面的局限，通过新尝试的供款式社会保险制度用于解决本地劳工的社会保障问题。[③④] 而此制度由雇主及雇员的共同供款，政府每年预算的1%拨款，以及基金本身资产及其投资收益组成。[⑤] 早期主要保障本地长工，避免其因疾病、失业、年老及残废等原因无法维持日常生活开支。1993年10月18日，第58/93/M号法令规定社会保障基金在社会保障范围、福利项目、供款年期规限和对没有履行供款义务的雇主的处罚制度等方面进行了完善。[⑥] 2007年，社会工作局接手社会保障基金的救济金发放工作，澳门社会保障制度的社会保险的特征愈发明显，其与“社会救助”的界限也日益清晰。2008年，年满60岁至未满

① 《社会工作局历史》，2013年12月27日，http：//www. ias. gov. mo/aboutus/。

② 梁启贤：《澳门社会福利政策的变迁：一个历史的回顾》，《澳门2004》，2004，第322~333页。

③ 吴伟强：《社会保障的权利与义务》，《社会保障改革——澳门社会保障学会十周年纪念特刊》，2009，第86~94页。

④ 吴伟强：《社会保障的权利与义务二》，2012年10月25日，http：//www. fss. gov. mo/zh－hant/promotion/article？ id＝7。

⑤ 见第84/89/M号法令。

⑥ 见第228/2001号行政长官批示、第227/2002号行政长官批示、第234/2004号行政长官批示、第192/2006号行政长官批示、第229/2007号行政长官批示。

65 岁的受益人开始可按百分比提前领取养老金。2009 年，又在原有范围内新纳入了家务工作者，进一步明确了本地家务工作者同本地雇员均在社会保障范畴之内，享有同等福利。

值得留意的是回归前，澳门经济衰退严重，失业状况严重。回归初期，特区政府把施政目标定位为“固本培元，稳健发展”。在这一时期，特区政府的施政理念是确保社会的平稳过渡，体现在社保制度上就是，暂时采取众多舒解民困的短期救助措施，但是缺乏长远的规划和设计。主要以维持社会安定和补救居民生计为指导理念，优先援助失业和就业有困难人士、长者、残疾人士、新移民、边缘青年等特殊对象，审慎利用有限的公共资源[①]，特别是回归后，澳门经济也深受亚太金融危机和非典型流行感冒影响而长期经济低迷，当时失业救助占据社会保障基金较大支出。自 2003 年赌权开放后，经济持续向好，社会财富累积加速，特区政府在《2005 年财政年度施政报告》中提到“经济发展的根本目的，就是要逐步提高市民的生活质量，促进市民的全面发展”[②]，表明特区政府已关注到急剧社会变迁下所衍生的如贫富差距日益扩大等各类复杂社会问题的化解，以及居民对分享经济发展成果的各种要求。特区政府特别提出有责任在财政收入理想的情况下体现社会公平正义，强调居民福利和经济发展同步增长，提升居民综合生活素质，强化社会福利建设，在社会保障制度、社会救济和福利服务逐步加大开拓和发展力度。可见这段时间主要以传统公共行政为澳门特区政府的施政方针。

4. 有序推行多层式社会保障制度

从第三届特区政府开始，施政理念从“协调发展，和谐共进”“增进民生福祉，立足长远发展”等出发，提出持续合理关注和改善民生工程对构建和谐社会的重要性。在总结回归 10 年社会保障的施政经验基础上，特区政府提出了建设社会保障长效机制，确保机制的规范性、长期性、稳健性和

---

① 陈慧丹：《政府治理与新时期澳门社会保障的发展》，《一国两制研究》，2015，第 91 ~ 93 页。

② 《澳门特别行政区 2005 年财政年度施政方针》（摘要），2004 年 11 月 16 日，http：//library. umac. mo/ebooks/b14414880. pdf。

可预期性；以多支柱、多层次的社会保障架构，维护和保障经济发展所创造和积累的社会财富的公平分配；有意平衡居民在社会保障中的权利和义务，兼顾短期分享和长期规划，重视资源投入和效益等各种关系，为澳门社会保障制度的可持续发展奠定基础[①]。显然，特区政府更新了对社会保障的施政思维，从回归初期消极的社会援助思路转变为积极全面考虑社会保障事业的完善，强调政府、社会及个人的权利与责任相对的伦理原则，营塑预防与扶助并重的理念，建立政府与私营机构、民间社会之间合作伙伴的新型关系，开拓社会资源，实现效益与效率共存的福利供给体系，以科学地、大胆地进行各项政策调整和制度改革，建立全面长效的社会安全网[②]。

同时澳门特区政府也着手致力于社会保障制度改革，试图增加其社会保险的特征，扭转居民将之视为福利的观念[③]。从2008年起，政府提出建立由第一层社会保障制度和第二层非强制性中央公积金制度构成的双层式社会保障制度的构想。在第一层社会保障制度中，2011年1月1日生效的第4/2010号法律《社会保障制度》改变了保障“所有澳门工人”的制度目标，明确了社会保障体系中最重要的目标是将澳门居民纳入保障范围[④]，推进了澳门社会保障的发展。资金方面，雇主及雇员共同供款是主要来源，雇主和雇员每月分别供款为30元和15元，共45元，自愿供款人士须承担供款金额全额，此外，政府还将每一年度经常性收入实际决算所得的1%用于拨款。在领取养老金方面，对在60岁时提前领取的比例进行了规定。在第二层中央公积金制度方面，特区政府于2009年颁布第31/2009号行政法规《开立及管理中央储蓄制度个人账户的一般规则》用于规定政府拨款工作，

① 陈建新、陈慧丹、伍芷蕾：《澳门社会保障基金：现状与发展》，《澳门蓝皮书》，社会科学文献出版社，2014。

② 陈慧丹：《政府治理与新时期澳门社会保障的发展》，《一国两制研究》，2015，第94～98页。

③ 陈建新、陈慧丹、伍芷蕾：《澳门社会保障基金：现状与发展》，《澳门蓝皮书》，社会科学文献出版社，2014。

④ 邓玉华：《澳门社会保障改革综论》，《社会保障改革——澳门社会保障学会十周年纪念特刊》，2009，第95～101页。

政府于2010年首次向每个合资格参与人的个人账户注入10000元起步资金，2011~2013年每年又向每个合格参与人的个人账户新增注入6000元。2012年《公积金个人账户》生效并取代了《中央储蓄制度》，包含雇主及雇员供款的非强制中央公积金制度得以建立，双层式社会保障制度逐步建立和发展。2013年，特区政府的施政报告提出要建立长效机制，可持续地运营社会保障制度①。对第一层社会保障制度中社会保险功能重新认定，同时确定第二层非强制性中央公积金制度将是今后特区政府建构老年经济保障制度的主题。非强制性中央公积金制度的咨询已于2014年6月13日结束，居民对供款比例为最低5%。根据第357/2016号行政长官批示，原有的社会保障制度的供款金额将于2017年1月1日起由澳门元45元增加至澳门元90元，其中强制性制度的供款额为劳方澳门元30元，资方澳门元60元；任意性制度的供款额则为澳门元90元②。

5.养老体系引入市场管理

养老保障体系的发展可以适当发挥市场机制的调节作用，其中一点就是可以运用养老金融产品。澳门于2000年便开始探讨离岸金融服务，在近期施政报告和五年规划中，都有提及金融创新。金融产业最大特性是把风险透过市场进行分散，传统的养老金融产品主要关注保证养老金的增值问题，避免因社会的发展使养老金贬值，主要通过货币市场、证券、债券、贷款、股票、集合投资工具、信托产品以及期货等金融产品，保持养老基金的增值；同时，对养老金筹、运营和发放全过程进行有效监管。而现在，养老金融研究主要关注房屋持有人通过反向抵押实现资产补充以养老，即以房养老。养老金融产品功能的不断完善，对养老保障体系发挥了很大的作用，充足的养老金供应是保证“老有所养”的必要条件。但现在由于资产价格不断上升，特别是住房价格，因此有不少长者是面对“资产丰富，但缺乏现金流”的困境。“以房养老”使长者通过将房屋资产的持有权转让给银行以获取现金

① 崔世安：《2013年财政年度施政报告》，2012。

② 澳门社会保障基金：《社保供款额明年升至90元》，2016年10月24日，http://www.fss.gov.mo/zh-hans/newscenter/news?id=341。

流，表现出市场在资源配置中的作用，通过投入获得产出，使养老金保值增值。

6. 小结

其实澳门的社会保障发展和公共行政改革有点相近，从公共行政改革角度看，大概可以分为四个阶段：第一阶段可于回归前作划分，葡萄牙对澳门管治处于较低水平，所以社会保障功能都会由社团所承担，情况犹如新公共治理（New Public Governance），但政府只进行非常有限的参与，只是在1980年代后期，当时的澳葡政府才扮演较大角色①；第二阶段由回归后至开始研究引入第二条支柱（2009年）之间，主要由政府作主导，完善当时社会保障的公平性和覆盖面，这段时期也看成传统公共行政；第三阶段即由开始引入第二条支柱至澳门的五年规划（2016年）之间，澳门特区政府开始把各社会保障体系构建为长期机制，建立非强制中央供积金并向该机制进行注资，同时也对养老金制度进行多次精算估算，还有筹划长者服务和复康服务规划，可算是由传统公共行政转向新公共管理的时期；第四阶段则随着相关规划及准备工作已经完成，预期会依从新公共管理进行相关制度的改革工作，但是基于澳门过于细小的市场和不完善的市场，特别是澳门特区政府的五年是结合中央政府的“十三五”规划，在发展养老金融应考虑和中国大陆的新兴的金融中心如成都，因为现有的金融中心已存有其定位，并朝着深化其市场定位，而不太愿意发展其他非核心业务，随着国家期望建立不同城市群，而进行相关的政策倾斜，因此澳门特区政府应借此机会善用彼此优势。

五　电话调查——澳门社会保障改革建议

现在澳门社会保障是处于深化相关市起改革初段，特别是以新公共管理学说进行改革，市民的意见便成为改革成败的关键，所以从近期的电话调查

① 陈建新、关淑诗、伍芷蕾：《经济增长与政府规模的纵向和横向分析——以澳门为例》，《澳门研究》2016年第1期，第82～90页。

结果，或可有助于相关的改革思路。此部分先描述样本特征，因样本的社经背景是会影响调查结果，跟着便以社会保障改革三方面进行描述性统计分析，而这三方面包括领取养老金年龄、供款机制和给付机制。

1. 样本描述

在电话调查被访者的社经背景，年龄一项中可见，55～64岁年龄层的比例最高，占20.7%，而18～24岁的被访者只占14.8%。而样本的性别分布方面，较多的受访者为女性，占59.6%，而男性占40.4%。在教育程度方面，大部分样本拥有大专/大学或以上学历，相关样本占33.4%。而最少的为拥有初中学历的样本，占20.5%。

在家庭每月收入项目中，月收入为20000～39999元（澳门元）所占的比例最高，为31.2%。而低于入息中位数15000元（澳门元），月收入收为8000～13999元（澳门元）的占整体样本最少，只有11.1%。而样本中定为收入8000元（澳门元）以下为贫穷的占比为15.4%，被视为较富裕的收入40000元（澳门元）及以上则占有27.1%。

样本的就业情况，大部分样本为雇员，占有52.8%。而本小组较关注的群组分布为失业人士（1.4%）、待业（2.5%）、家庭主妇（7.2%）以及退休人士（21.1%）。而在澳门居住年期来看，90.5%的样本都居住十五年以上，占90.5%，而居住六年或以下的样本只占2.6%（见表2）。

2. 澳门的社会保障未来改革方向的意见

问卷的第四部分是本问卷的核心部分，意在了解样本对澳门的社会保障未来改革方向的意见。本部分共分为四个部分，分别为退休年龄、供款模式、给付金额调整方式及中央公积金制度的建构意向。结果可参考表3。

（一）领取年龄

被访者较高认同是“订明退休年龄（如65岁），但仍可选择提前领取养老金年龄的安排”，相反较低认同是“延迟退休年龄”。可见被访者较认同现行获取养老金的安排（或退休年龄的定义），即是定于65岁，但是可

表 2　电话调查样本描述

	样本数	%		样本数	%
年龄(岁)			就业情况		
18～24	155	14.8	雇员	552	52.8
25～34	154	14.7	雇主	21	2.0
35～44	142	13.6	待业	26	2.5
45～54	209	20.0	失业	15	1.4
55～64	216	20.7	家庭主妇	75	7.2
65 以上	169	16.2	学生	93	8.9
家庭每月收入(澳门元)			退休	220	21.1
8000 以下	161	15.4	自雇	31	3.0
8000～13999	116	11.1	其他	12	1.1
14000～19999	159	15.2	在澳门居住年期		
20000～39999	326	31.2	一年以下	2	0.2
≥40000	283	27.1	一年至六年	25	2.4
教育程度			七年至十五年	72	6.9
小学或以下	222	21.2	十五年以上	946	90.5
初中	214	20.5	性别		
高中	255	24.4	男性	422	40.4
大专/大学或以上	349	33.4	女性	623	59.6
其他	5	0.5			

跟随使用者喜好去提前 65 岁（必须年长于 60 岁）去领取养老金，但此安排也招来不少批评，特别是提前领取的给付金额是会根据精算等值（Actuarial Equivalent）的原则而有所削减，可是澳门居民却较难以理解这精算概念，所以政府应该对这概念向澳门居民进行简易说明。

弹性退休年龄排在第三位为被访者所认同但分数与前两位非常接近，原因可能是此选项和现行养老金提取给付金额安排类似，而另一个可能是现在的长者身体都较以往壮健，所以被访者都会觉得把退休年龄硬性定于 65 岁可能不是太合适，加上近年有不少澳团体提倡家庭友善政策，这或有助于澳门居民接受弹性退休年龄的安排。延迟退休年龄（或领取养老金的年龄）

是取得较少被访者认同，当然不少政府以此减轻公营退休保障的压力，但这安排却会招来当地居民不满，这一结果或可反映世界对公营退休保障的发展情况。

（二）供款安排

供款安排的选项中，以现行供款安排（即“不论收入高低的划一供款金额”）的认同感最低，而较高认同感都是累进性（Progressive）供款机制，例如“按收入而定的阶梯式划一供款金额”（主是参考中国大陆城市的社会保险的供款安排）和“与收入挂钩的累进供款比例”（则主要参考由香港大学周永新教授建议的香港退休保障的供款模式）。研究小组估计原因是澳门居民都意识到这供款机制会导致养老金的“低供款低保障”模式，同时也很困难透过现有“养老金”机制来拉近贫富悬殊距离，或提升其“财富再分配”的社会功能。

累进性供款（征税）机制是收入越高的人士需要供款（缴税）的边际比率（Marginal Rate）便越高，这安排便可拉近贫富悬殊的距离，相反现行划一供款金额的机制通常会看成累退性（Regressive）供款机制，即收入越高人士需要供款（缴税）的边际比率（Marginal Rate）便越低，这安排或者构成供款金额长期不能提升的原因之一。

（三）给付金额安排

给付金额安排的选项中，以现行给付金额安排（即“划一给付金额”）的认同感最低，较高认同感是期望金额可以与供款金额或供款比例挂钩而非与通胀相关指数挂钩。原因可能是电话调查的目标主要是全澳市民，这亦反映澳门市民仍很重视传统中国价值观，即“多劳多得”或“重视家庭功能”，故在考虑给付金额偏向较有经济能力的“与供款金额/比例挂钩，多缴多得”模式。而强制性中央公积金也存在“多缴多得”的性质，因此澳门市民对引入强制性中央公积金制度抱着较认同的态度。

表 3　澳门的社会保障未来改革方向意见的描述分析

		遗漏率(%)	平均值	标准偏差
退休年龄				
1	订明退休年龄(如 65 岁),但仍可选择提前领取养老金	2.78	5.594	1.386
2	65 岁前退休则需要按身体状况提前领取养老金	2.20	5.526	1.483
3	延迟退休年龄	3.83	3.820	1.971
4	弹性退休年龄	3.92	5.457	1.462
供款安排				
1	不论收入高低的划一供款金额	5.84	4.292	1.873
2	与给付水平挂钩的划一供款比例	19.52	4.993	1.487
3	按收入而定的阶梯式划一供款金额	11.58	5.232	1.460
4	与收入挂钩的累进供款比例	17.03	5.146	1.431
5	缴纳相等于月收入某个百分比的供款额	13.49	5.020	1.541
给付安排				
1	划一给付金额(维持现有模式)	10.24	4.803	1.602
2	与消费物价指数挂钩(如维生指数挂钩)	9.57	5.050	1.678
3	与收入中位数挂钩	14.16	4.823	1.549
4	与供款金额/比例挂钩,多缴多得	7.94	5.228	1.515
中央公积金意见				
1	有必要引入强制性中央公积金制度	11.29	5.319	1.520
2	引入强制性中央公积金会无阻个人储蓄计划	12.44	5.174	1.557

六　讨论

综合定性和定量研究结果，澳门的社会保障系统由公平转向效率和效益，而澳门居民并不只是希望完全由政府提供养老保障，也希望保障金额是与自身努力是有联系的。可能受澳门的博彩业收入不断下降的影响，只是最近两个月澳门博彩业收入才开始止跌回稳，之前澳门博彩业已经连续下跌了 26 个月，促使澳门居民更为迫切的关注保障系统的可持续性，因此澳门特区政府才可以顺利通过一系列的养老保障改革措施，包括《非强制性中央公积金制度》法案获一般性通过①，以及社会保障制度供款金额将于 2017

① 《央积金制度终一般性通过》，《澳门日报》2016 年 6 月 22 日，http：//www.macaodaily.com/html/2016－06/22/content1100688.htm。

年1月1日起由澳门元45元增加至澳门元90元[①]；还有澳门特区政府也表示会积极推动长者就业或长者再就业，相关措施包括提供针对长者的职业培训课程和职业咨询工作[②]。可见澳门在设计养老保障体系时，并不只是把长者看为受助者，更为前瞻性地把长者看为澳门人力资源的一部分。跟中国大陆学者以理性去看待延退[③]比较，澳门特区政府的做法便更为具体及贴近现实情况，应知中国大陆的人口红利正在逐步消失[④]的情况下，长者将成为中国大陆的重要人力资源。

随着中国大陆和澳门两地的社会保障的覆盖率和保障水平都已处于颇理想水平，所以两地都会从制度改革着手。例如中国大陆便强化了城镇和农村居民养老保障一体化平等保护的基本理念，并且着力解决了劳动者特别是农民工参加基本养老保险的制度衔接问题[⑤]。而澳门社会保障基金主要收入约90%是来自政府拨款和博彩拨款[⑥]，因此除了增加雇主和雇员的供款金额外，也有学者建议考虑引入主权财富基金制度，情况有如新加坡淡马锡控股公司和香港外汇基金投资组合，来改善澳门社会保障基金过于保守的投资组合[⑦]，而中国大陆也开始容许社会保障基金投资于股票。[⑧] 可是在政府层面来推动

---

① 澳门社会保障基金：《社保供款额明年起升至90元》，2016年10月24日，http://www.fss.gov.mo/zh-hant/newscenter/news? id=341。

② 澳门特别行政区政府：《养老保障机制及2016至2025年长者服务十年行动计划》，澳门特别行政区政府社会工作局，2016。

③ 中国劳动保障报：《全面兼顾理性延退——访中国社会保障学会会长郑功成》，http://www.mohrss.gov.cn/SYrlzyhshbzb/dongtaixinwen/buneiyaowen/201607/t20160727_244284.html，2016。

④ 邹士年：《及早应对我国人口红利消失带来的挑战》，2015年5月11日，http://www.sic.gov.cn/News/455/4581.htm。

⑤ 《让更多人分享改革发展的红利——专家解读〈2014年中国人权事业的进展〉白皮书》，《人民日报》2015年6月8日，http://www.gov.cn/zhengce/2015-06/09/content_2875754.htm。

⑥ 统计暨普查局：《人口老化的趋势与挑战》，澳门特别行政区政府统计暨普查局，2014。

⑦ 澳门经济学会：《澳门公共财政政策与财政储备制度研究》，澳门经济学会，2011。

⑧ 国家税务局：《关于全国社会保障基金理事会、全国社会保障基金投资管理人运用全国社会保障基金买卖证券投资基金、股票、债券取得的金融商品转让收入免征增值税优惠事项实行全市通办的通知》，2016年12月2日，http://www.bjsat.gov.cn/bjsat/qxfj/dc/sy/tztg/201612/t20161202_275364.html。

较高风险投资是面对社会的监察和投资的渠通。一般社会未必理解高回报是伴随着高风险，因此政府所投资的资产都是较为安全的，例如较多投资对象为公用类企业，因为公用事业多是电力供应或基础建设，所以公用事业的回报率是较为平稳。可惜澳门是个已发展经济地区，澳门的公用事业已经发展较为成熟，可选择的公用事业进行投资的空间较少，相反国家推动亚投行，是可以让澳门的财政储备取得更合理和平稳回报率，因此澳门特区政府和香港政府都积极参与亚投行[①]。可是境外投资通常会面临较大的风险，其中包括政治和政策风险，近期较为典型例子是中国收购美国芯片企业遭华盛顿抵制。[②]

相对来说，个人投资在一定程度上较地区政府投资敏感度低，所以积极发展养老金融体系，让民间直接参与相关市场便成为重要策略。其实国家对养老金融的关注，主要集中在养老金运作方面；现在已逐步扩展到养老的金融产品和金融服务方面，加快了国家养老金融体系的构建[③]。国家鼓励金融机构等多种社会力量进入养老服务领域，鼓励市场参与，回应日益严重的人口老龄化的挑战。但大多数养老金融机构在很大程度上关注养老产品的提供，而不是设有一个长期服务运行规划，使养老体系的运作不能持久、健康的发展。养老金的投资使用一直以来是关注的焦点，鉴于养老基金的长期性[④]，刚好可以成为市场的长期资金供应链以及稳定投资者；同时，养老金通过市场的运作，又获得较大的收益，很好地体现了新公共管理改革中效益与效率的情况。应知金融市场是具有规模效应，以香港和上海的金融中心为例，香港主要服务对象为泛珠经济区域，而上海则是长江三角洲地区区域。若以澳门的市场是很难发展金融事业，但是作为交易平台便有较大机会取得

---

① 林志军：《强化公共财政管理　支持澳门经济转型发展》，《发展策略》2015 年第 19 期，第 3 ~ 9 页。

② 孟宝勒：《中国收购美芯片企业遭华盛顿抵制》，《纽约时报》2016 年 2 月 18 日，http://cn.nytimes.com/business/20160218/c18db－chips/zh－hant/。

③ 张佩、毛茜：《中国养老金融创新发展：现实障碍、经验借鉴与应对策略》，《观察思考》2014 年第 7 期。

④ 姚余栋、王赓宇：《发展养老金融与落实供给侧改革》，《金融论坛》2016 年第 5 期。

成功，因此中央便让澳门建立中国与葡语国家经贸合作服务平台，应知不少葡语国家都是处于发展中经济，从而可以取得错位互补发展。澳门在寻求更理想发展平台的情况下，澳门特区政府或可以与较新发展经济区域进行合作，例如成渝经济圈和长江中游经济圈，从而取得更理想的虚拟经济和实体经济的整合。

养老保障另一重要挑战是来自老年人服务，特别是长期照护服务，其实长期照护管理模式多是通过跨专业综合健康评估系统来建立，以 InterRAI 模型应用原理为例[①]，该模式通过病例组合分类系统（Case Mix）、结果评估量表（Outcome Measurement Scales）和质量指标（Quality Indicators）体现了资源优化（Optimization）、筛选过滤（Screening）以及标杆管理（Benchmarking）的工作。这是一个涉及政府、公民与企业之间联动的循环过程（见图 3）：在病例组合与结果评估量表的过程中，体现了政府与公民（评估对象）之间的联动。政府通过病例组合的方法将不同类型病人采用科学的方法进行分类，得出评估对象某种病例的最小数据集（Minimum Data Set，MDS）为客观评价医疗产出提供科学依据，此可视为政府对公民（Government to Citizen，G2C）。[②] 公民愿意通过结果评估量表向政府提供个人健康信息的行为，可视为公民对政府（Citizen to Government，C2G）。在结果评估量表与质量指标的过程中，体现了企业与公民之间的联动。企业根据结果评估量表得出的临床信息，整理出临床评估协议（Clinical Assessment Protocols，CAPs）作为护理的依据（Evidence Based Care），为评估对象制订合适的照护计划（Care Plan），可视为企业对公民（Business to Citizen，B2C）。公民接受结果评估量表的测试给予企业相关的临床信息，可视为公民对企业（Citizen to Business，C2B）。在质量指标与病例组合的过程中，体现了企业与政府之间的联动。企业提供行业信息给政府，让政府成立一个标杆的管理，来评估行业的服务质量，可视

① http：//www. interrai. org/applications. html.

② 江芹、张振忠、赵颖旭、于丽华、张智国、郎婧婧、常欢欢：《试论病例组合 DRGs 与临床质量管理》，《中国卫生质量管理》2012 年第 1 期，第 2 ~6 页。

为企业对政府（Business to Government，B2G）。政府通过病例组合的信息制定质量指标，利用标杆管理帮助企业根据需要进行有针对性的研发以实现资源优化，可视为政府对企业（Government to Business，G2B）。在信息科技应用普及化和“互联网＋”趋势下，政府、机构和服务用户之间的信息协调更为流畅。

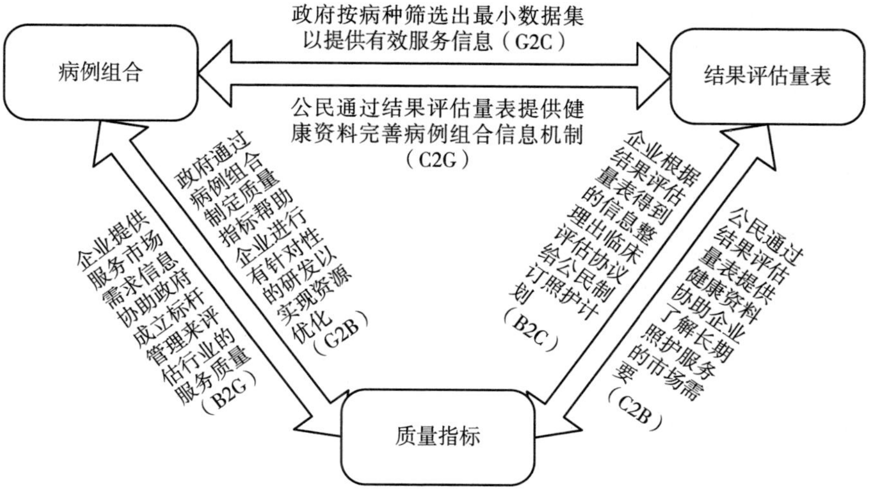

图3　政府、公民与企业在 InterRAI 评估系统之间的联动模型

国家过去在老年人服务和家庭照顾方面已经推动不少措施，例如引入大数据的公开数据库以及中国健康与养老追踪调查（简称 CHARLS）[①]，从而激发民间、学术界和商业机构进行相关研究，并促使养老服务发展。为了发展养老服务，特别是长期照护，国家已提出不少方案去应对这挑战，包括构建老年人长期照护费用保障机制和老年人长期照护服务保障措施[②]。可是澳门却受制于其细小经济体系，长期照护发展面对不少瓶颈，由于缺

① 《中国健康与养老追踪调查》，http：//charls. ccer. edu. cn/zh－CN。

② 中华人民共和国人力资源和社会保障部：《人力资源社会保障部对政协十二届全国委员会第四次会议第 4051 号（社会管理类 378 号）提案的答复》，http：//www. mohrss. gov. cn/gkml/xxgk/201611/t20161123_ 260128. html。

乏相关的数据，使老年人服务的创新不足，而长期照护保险亦因缺乏成本的有效评估而难以推动。所以让澳门和国家两地机制整合，才可以让澳门取得更为理想发展空间，情况犹如澳门的五年规划和国家“十三五”规划的结合。①

① 《澳门发布首个“五年发展规划”与“十三五”规划对接》，《中国日报》2016 年 9 月 28 日，http：//www. chinadaily. com. cn/interface/yidian/1138561/2016 - 09 - 28/cd_ 26926025. html。

B.19
2016年四川省社会治理大事记

何金苗*

1月4日 省民政厅通过省政务服务中心民政窗口为一家民办非企业单位赋予新的统一社会信用代码，发放第一张新登记证书，标志着全省社会组织统一社会信用代码工作正式实施。

1月6日 成都市民政局组织召开了2016年成都市培育发展社会组织专项资金扶持项目启动会。会议对2016年成都市培育发展社会组织专项资金扶持项目申报条件、申报程序、支持重点、资金管理和执行要求进行了系统的讲解，与会人员就做好专项资金扶持项目相关工作展开了深入的交流。来自市级各部门相关处室负责人和各区（市）县民政部门分管领导、科长共计90余人参加了此次会议。

1月11~13日 由成都市委组织部、成都市民政局主办，成都市城市社区学院承办的社区营造与基层社会治理创新专题研修班在金牛区举行。市委组织部副部长彭崇实到会致辞，国内社区治理专家以及组织部门、民政部门，街道、社区和社会组织代表共计200余人参加专题研修班。研修班针对当前全国社区治理实际问题和有效提升社区治理水平，解剖海峡两岸丰富社区治理实践案例，厘清了社区治理中基层政府、自治组织、社会组织以及其他社会成员的角色定位，为我市社区治理研究者、实践者、决策者搭建交流对话平台，为推进基层社会治理精细化，完善我市“一核多元、合作共治”基层治理机制的探索和实践打开思路。

2月29日 四川省人民政府办公厅发布《关于印发〈政府工作报告〉

* 何金苗，四川省社会科学院研究生。

重点工作任务分工方案的通知》（川办发〔2016〕13号），《政府工作报告》重点工作任务分工方案指出，加强和创新社会治理首先要创新社会治理方式，主要从以下着眼：开展信访“三无”创建活动，健全基层依法治理体系，加强社区、社会组织、社会工作者“三社联动”，支持工会、共青团、妇联等群团组织参与社会治理，积极开展政府向社会组织购买服务（责任单位：民政厅、省总工会、团省委、省妇联），稳妥推进撤乡设镇及撤镇设街道办事处（责任单位：民政厅），启动“七五”普法，深化“法律七进”，加强人民调解组织建设（责任单位：司法厅）。

3月2日 《成都市国民经济和社会发展第十三个五年规划纲要》通过，纲要主要明确未来五年经济社会发展的宏伟目标、主要任务和重大举措，是全市人民的共同愿景，是政府履行公共服务、市场监管、社会管理、环境保护职责的重要依据，是引导市场主体自主决策的重要参考。

5月3日 成都市民政局发布《成都市民政局关于开展城乡社区可持续总体营造行动的通知》，提出深化完善“一核多元、合作共治”基层治理机制和“三社联动”社区发展机制，在社区（指城乡社区）广泛开展可持续性总体营造行动。

5月5日 省委办公厅、省政府办公厅联合下发《关于开展农村社区建设试点工作的实施意见》（川委办〔2016〕17号），明确从2016年起，全省18个地级市选择2%的村，阿坝州、甘孜州、凉山州3个少数民族地区各选择5~15个村，按全省每年1000个村的规模开展农村社区建设试点工作。通过开展农村社区建设试点，努力将农村社区建成管理有序、服务完善、文明祥和的农村居民生活共同体。

6月3日 由成都市民政局、锦江区民政局、成都市锦江区社会组织发展基金会联合主办的“社区基金与社区营造”研讨会在成都合江亭瀚文酒店顺利举行。省纪委派驻省民政厅纪检组长孙文，成都市民政局党组成员、副局长叶雪梅，锦江区区委常委、政法委书记赵万松出席研讨会并致辞。来自全国的十余位特邀嘉宾以“社区基金会与社区营造”主题为基点，结合各自研究和实践成果，重点就社区基金会的作用、发展背景和政策环境、社区基金会的本土探索、慈善法下社会服务的机遇、互联网方式下社区融合的探索等方向进行了专题分享和探讨。在此次研讨会上，成都市民政局对2016年成都市城乡社区可持续总体营造进行了政策解读及项目发布。

6月19日 2016年社会工作者职业水平考试顺利结束，2016年成都市社会工作者职业水平考试全市报名人数、通过资格审查人数、实际参加考试人数均创历史新高。

6月24日 “2015年度中国社区治理十大创新成果”发布会在京召开。

7月27日 四川省人民政府办公厅转发文化厅等部门《关于做好政府向社会力量购买公共文化服务工作实施意见的通知》（川办发〔2016〕42号）。

8月31日 成都市民政局发布动态：成都开展专业社会工作服务机构志愿服务制度化建设培训。成都市民政局组织对全市社会工作服务机构进行以志愿服务记录制度为主要内容的业务培训。此次培训分为3批次，每批次约100人，来自全市近300家社会工作服务机构的相关负责人参加了培训。

9月23日 成都市城乡社区可持续总体营造行动项目正式启动，100个项目获得成都市民政局总计820万元的资金资助，全面开启营造100个“温暖社区”行动。这是成都市民政局首次在全市范围内大力推行“社区营造”。

10月13~14日 全省社区建设工作会议在攀枝花市举行。会议总结了“十二五”以来全省城乡社区建设取得的成绩，对“十三五”时期全省城乡社区建设工作任务进行了安排部署。

11月7日 首批全国社会组织教育培训基地座谈会暨签约授牌仪式在北京举行。北京社会管理职业学院、中国传媒大学、东北财经大学等19家单位入选首批全国社会组织教育培训基地。成都社会组织学院入选，有望开创全国先河，打造社会组织培育示范基地。

11月8~10日 全省加强城镇社区党的建设引领社区治理创新研讨班在成都举行。研讨班深入学习党的十八届六中全会精神，深刻领会习近平总书记系列重要讲话特别是关于加强城镇社区党的建设和社区治理的重要指示精神，准确把握中央和省委部署要求，就城镇社区党的建设、社区治理创新开展研讨。

11月18日 四川省民政厅发文《我省成功创建一批全国社会工作服务示范地区、社区和单位》，文章指出，经过自主申报、民政部门推荐、专家评审、民政部审核，成都市武侯区被命名为“全国社会工作服务综合示范地区”；成都市郫县（社会救助社会工作）被命名为“全国社会工作服务专项示范地区”；成都市成华区保和街道和顺社区、新都区木兰镇梁胜社区和攀枝花市东区红星社区等3个社区被命名为“全国社会工作服务示范社区”，四川省革命伤残军人大邑休养院、成都心家园社会工作服务中心、成都市同行社会工作服务中心、成都市朗力社工中心、成都市锦江区华仁社会工作发展中心、成都市成华区543社工中心、郫县明德社会工作服务中心、泸州市社会福利院、广元市救助管理站等9个单位（机构）被命名为“全国社会工作服务示范单位”。

11月21~25日 国家民政部在四川省成都市举办全国社区治理和服务能力建设示范培训班。四川省成都市、四川省成都市武侯区、吉林省长春市、浙江省宁波市、山东省青岛市、湖北省武汉市、广东省广州市介绍了典型经验做法；学员实地参观了成都市武侯区玉林街道玉林东路社区、锦江区水井坊街道锦官驿社区、成华区建设路街道培华路社区红光苑院落；来自中央编译局、复旦大学、华中师范大学等研究机构和高校的专家学者为学员授课。

12月1日 全省民政系统正式部署启用“四川社会组织统一社会信用代码信息系统”，这是全省社会组织登记工作首次通过网络平台实现省、市、县三级信息数据全面互联互通。

12月5日 四川省人民政府办公厅发布《关于成立政府购买服务改革工作领导小组的通知》（川办发〔2016〕100号），领导小组职责为统筹协调全省政府购买服务改革，组织拟定政府购买服务改革重要政策措施，指导各地、各部门制定改革方案、明确改革目标任务、推进改革工作，研究解决跨部门、跨领域的改革重点难点问题，督促检查重要改革事项落实情况。

12月5日 成都市民政局发布地方动态，崇州市“新荷人家”农村家庭发展项目当选全国首届“最具影响力社工项目”百强。在中国社会报社和《中国社会工作》杂志组织开展的全国首届“最具影响力社工项目”评比中，崇州市申报的“新荷人家”农村家庭发展项目从众多项目中脱颖而出，被评为全国首届“最具影响力社工项目”。

12月6日 省社会组织评估委员会在民政厅召开评审工作会议，对省社会组织评估委员会专家组的对45家符合评估条件且提出了评估申请的社会组织的评估意见进行评审，并提出评估等级意见。

12月13日 由法制日报社指导，法治周末报社主办，《民主与法制》社、中国互联网新闻中心支持协办，中视互动（北京）文化传媒有限公司承办的“平安建设，我们在行动——第二届全国创新社会治理经验交流会”在北京召开。四川省广安市和四川省资阳市雁江区入围“2016全国创新社会治理优秀案例城市”名单。

Abstract

Analysis and Forecast of Social Development of Sichuan (*2016*) is an annual series report completed by Institute of Sociology of Sichuan Academy of Social Sciences. This book is co-authored together with other experts from relevant government departments, universities, social organizations, focusing on social development and social governance in Sichuan.

This book consists of 19 articles, including four parts: a general report, Governance, Practice and Reference Chapter. The book not only discuses key issues in social development from the perspective of content and mechanism of social governance, but particularly focuses on aspects like governmental functions, purchase of public services, construction of social organizations, public health, endowment system, reform of household registration system, construction of mass organizations, minor protection, social security and grassroots' democratic consultation and etc., integrating experiences learned from domestic and international social development, and deeply explores major problems at the stage of social development. The book emphasizes case studies and deeply studies key and hot issues of social development during urbanization, like community family care f or the aged, urban compulsory education, female employment, endowment insurance and community construction.

Social development of Sichuan is a process of gradually adaptation and deep development with rich experiences of social governance. Undoubtedly, it also faces challenges in the aspects of reform of household registration system, Intensification of social stratification, insufficient urban employment, more diversified cultural concepts and institutional appeal, which greatly increases difficulties in implementing social construction and proposes greater challenges in constructing development of socioeconomic development.

"Thirteen Five-Year-Plans" proposes innovation, coordination, green, open and share development concepts, which indicate future direction. Social governance activates social development, and we look forward to better development in innovative study of social governance. We must gradually improve the way of social governance in Sichuan, continuously promote social institutional innovation.

Contents

Ⅰ General Report

Abstract: The year of 2016 is the first year of Sichuan province's "13th Five-Year-Plan". The general trend of social development is strengthening social development and deepen social reform during "13th Five-Year-Plan". In general Sichuan province achieved a lot of results such as promoted the interactive process between government and society. Promoted the level of law-based governance, deepen social credit system construction and Strengthen the left-behind children service mechanism. Moreover Sichuan province's social development presents a lot of new changes, for instance, To promote the balance of the social structure by take targeted measures to help people lift themselves out of poverty and turn into fine social administration. The construction of "Tian fu" new area created many new social governance area, family relationships became a measure indicators of Social development. The new trend of the development of Sichuan province is focus on the subdistrict service ability construction, pay more attention to social governance construction of quantitative indicators and pay more concern about people's social psychology.

Keywords: Development Results of Sichuan Province; Specialty; Tendency

Ⅱ Governance Report

B. 2 A Preliminary Study on the Medical-nursing Combined Care Mode: A Case Study of Sichuan Province

Huang Jin, He Yumei / 008

Abstract: Medical-nursing combines medical resources with endowment resources, which is an important form of innovative pension service model. The key to the medical-nursing is the policy innovation in two aspects, namely medical and support. This report describes the positive effects and problems of the policy innovation of the medical-nursing combined pension mode in Sichuan province, and puts forward suggestions for the next step of policy innovation.

Keywords: Medical-nursing Combined Care; Pension Mode; Policy Innovation

B. 3 Healthy Sichuan: a Report on Current Situation, Problems and Countermeasures in Sichuan's Public Health

Luan Rongsheng, Wang Shuguang, Zhao Jianwei, Sun Xiaomeng, ZuoMaLaCuo and He Yaping / 028

Abstract: Sichuan province has made significantly achievements in public health promotion which was benefited from the governmental practices in strengthening prevention as priority, underpin investment, and effective in controlling health-related risk factors in 2015. The progress could be presented in enhancing basic public health service, improving health condition for vulnerable populations infected and affected, effective in reducing prevalence of major disease, and implementing the Patriotic Health Campaign (PHC). Further challenges have arisen, however, including extended demands in strengthening public health service, developing institutional constructions and infrastructures, and effective in identifying and responding to emerging infectious diseases and chronic diseases. Data presented in the study will be as broad evidence for potentially greatly benefited to support policy development dealing with impact on health publication challenges.

Keywords: Sichuan Public Health; Situational Analysis; Challenge; Strategical Response

B. 4 A Report onReform Process of Household Registration System in Sichuan

Abstract: Opinions of the State Council on Further Promoting the Reform of the Household Registration System officially released on July 30, 2014. In the opinion, it clarified the policy of household registration in towns, small cities, medium cities, big cities and large cities, and established the development target of household registration system reform in 2020。

According to the deployment in the State Council "Opinion" and combining with local reality, Sichuan Province have established the overall goals compelling orderly agricultural population to urbanization and setting up basically New Household Registration System, and have carried out a series of fruitful exploration。

Keywords: Household Registration System; Reform of Household Registration System; Equalization of Public Services

B. 5 Endowment Insurance System Adapting to Ageing Population: A Practice of Chengdu City

Abstract: According to the inner demand of building national center city and the deployment of municipal party committee, municipal government.

Positioning on solving aging of population, focus on increasing the fairness and continuous, aims to improving people's livelihood and Follow the basic principles of pnension insurance. To improve and perfect the quality of pension insurance by establishing and perfecting the more sustainable and fair pension insurance system, Meanwhile to enhance the modern governance capacity by building the more perfect social insurance system

Keywords: Population Aging; Pension Insurance; The Practice of Chengdu City

Abstract: Community empowerment is the new stage of social construction and the critical stage of improve the capacity of social governance. It is not only limited to theoretical areas, but also extremely significant to practice, since the construction of community, began from advocating community services, in different phase of community services, community building, community management, community governance.

The key ofabove-mentioned changes is government took on the responsibility of providing basic public services for the people, furthermore give back autonomy to residents. And the aim of promoting community empowerment is to integrate government and social resources, Promote grass-roots social governance ability and become a link of social life community.

Keywords: Community-buiding; Life Community; Community governnance

B. 7 Uation and Challenge of Social Goverance for Township Streets in Quick Transition Period of Urbanization
—*A Case Study of H Street in Chengdu* *Liu Wei* / 083

Abstract: The report takes the H street in Chengdu as the survey point, and systematically observed the current situation and challenges of the social governance of the town in the western region during the period of rapid urbanization. The results showed that the satisfaction degree of the residents and the public service satisfaction of the H street residents were higher, but the population differentiation. To stimulate the vitality of social problems, social integration problems, in social governance has not yet cracked the new old trapped, has appeared in stage. The report puts forward the countermeasures and suggestions.

Keywords: County Town; Governance; Dilemma

B. 8 Urban and rural compulsory education reform and countermeasures of Sichuan province *Chen Xu* / 103

Abstract: Since 1986, the national implementation of nine-year compulsory education, nine-year compulsory education of Sichuan province reform effect is remarkable, has realized the province within the scope of the comprehensive popularization of nine-year compulsory education and completely free. In 2016, Sichuan province continue to consolidate the results improve compulsory education reform, promote the balanced development of the education, continue to increase investment in compulsory education finance, the key to the rural, poverty-stricken areas and ethnic minority areas and the old revolutionary base areas compulsory education tilt, to consolidate the implementation of urban and rural compulsory education teachers' wage policy, to continue to implement the elimination of large amount. According to the requirements of the central committee of the communist party of China and the state council general office, the next four years to promote balanced development of compulsory education resources between urban and rural areas is still have been the focus of the reform of compulsory education in Sichuan province, striving to achieve the compulsory education consolidation rate reached 95% and the basic education resources balance 95% of the county (city, area) by 2020.

Keywords: Compulsory Education; Universal; Free; Balanced Development

Ⅲ Practice Report

Abstract: The paper takes urban community service for home care of the aged in Sichuan province as the research object, and choose the J district of the main urban area of Chengdu city' as the sample area. With the research methods like the literature method, questionnaire survey and semi-structured interviews and focus group interview, the paper clarify the main experience and practice of community home-based care services for the aged in J district, find out the existing problems, and put forward countermeasures for it, so as to promote the establishment of the system of social services for the elderly in Sichuan province more effectively.

Keywords: Community Service for Home Care of Elderly; Community Service; Sichuan Province

B. 10 The Sichuan Practice of Mass Work Innovation

Liu Huiying, Miao Yong, Guan Lei and Liu Yong / 127

Abstract: Centered on the innovation of social governance system and realization of mass organization's political, advanced and mass nature, Sichuan provincial mass organizations carried out a series of practical exploration. The pilot city Luzhou has boldly promoted mass reform and innovation at grass-roots level, built service platform based on the needs of the people in order to provide them with accurate services. This case offers valuable experiences which are worthy to be summarized.

Keywords: Social Governance; Sichuan; Mass Organization; Political Nature Advanced Nature; Mass Nature

B. 11 Investigation on the Situation of the Urban Needy in Chengdu

Yang Huajun, Zhang Xiangrong / 135

Abstract: The research mainly aims at the present situation of the needy in Chengdu. In figuring out how much of the city's basic data of the needy, it is considered that the needy in Chengdu have three common characteristics and seven new tests. Among them, the new test of seven are: (1) A new "temporary dilemma" may lead to "long-term dilemma". (2) How to change the nature of the aid system to help the development of the nature of the system is a new test of urban governance. (3) How to make strong change of economic aid from simple exercises, lasting and effective superstructure is helping the new requirements of the future of the city development. (4) How to get rid of the middle-income trap is a new pressure of helping the needy of urban. (5) It is a new problem in the design of the system and policy that how to guide the external attribution of the needy. (6) The principle of market and the dignity of the recipient is a new field for the policy of helping the needy. (7) Urban migrant workers may become a new source of Chengdu's difficult workers. The article also briefly describes the basic situation of the needy in Chengdu.

Keywords: Chengdu; The Needy in the Urban; Aid System

Abstract: It is an important measure to change government function, innovate social governance and improve government public service provision in the new period by implementing government's purchase to society. Based on the actual government purchase of W district, this paper summarizes and reconsiders the main practices of government procurement services in W District through systematic research and analysis, and evaluates its implementation effect in time, with a view to providing decision-making reference for the next step to actively and steadily promote the work.

Keywords: Government Purchasing Services; Social Organizations; W District

Abstract: According to the statistical data of Sichuan provincial party committee of the communist youth league in 2016, the number of left-behind children in sichuan, 10% of left-behind children is still a problem to be solved. Under the service center of Sichuan province under the advantages into full play, integrate social forces, serve the society organization, actively carry out social activities. "Children with plan" project for left-behind children frequent safety accidents in recent years, the guardian absence problem, children aged 0 to 18 with the village as the service object, left-behind children as the focus, 100 villages were selected from 10 counties, training a "children with mother", a person responsible for one in the village of left-behind children, the purpose is to make up for the lack of affection of left-behind children. Project since the institutional mechanisms to improve basic, love wins initial success in protection, policy to promote steadily, to participate in the social work provides care for children to manage new pattern.

Keywords: Left-behind Children; Mass Organization; Child Companion Program

B. 14 Survey on the Situation and Will of Female's Employment as well as Social Supports

Research on the Problems and Countermeasures of Female Employment and Entrepreneurship in Chengdu Under the New Normal / 169

Abstract: Women are at an inferior position in job market. The stress caused by the unpromising economy situation, combined with the transformation of the economy structure and the escalation of industry definitely widened the boundaries of women's employment, but also magnified the limitations and obstacles. The pressure, along with the risk and vulnerability of job seeking escalated. Women's employment situation is profoundly related to the stability of their family, their children's education, their dignity, as well as the development of the society, for that women work an indispensible part in both family and society. The data and statistic results in this article were collected and supported by conducting questionnaire research in Chengdu. The article focused on the feature and pressure of women's present employment situation during present's transitional stage of employment structure, analyzed and compared the characteristics of traditional labor-oriented job positions and newly developed service-oriented job position and women's cognition and anticipation of present as well as their optimal employment scenario. Finally, it proposed some political support to improve the present situation of women's employment.

Keywords: Employment Situation; Employing Will; Social Support

Abstract: This paper examines female students' political, social and community participation situation in colleges, aiming to know what and how female students in university realizing their public life, particularly on how they concerning political issues, what kind of social relationship and social support they have, what community and society their favorite, and generally how about their value orientation on civic awareness. For this purpose, the author collected data by sampling survey from 22 universities and colleges in Sichuan province in 2015. Through the data analysis we found that the female students those who came from rural area, who's father is lower educated, and who came from non-one-child family, have higher level of social obstacles than those who came from city, who's father is higher educated, and who came from one-child family. More encouragement to female students to let them care about politic issues and actively participate social activities, and enhance the level of community's activities in campus, are considering as a positive role to improve their civic awareness and personal quality.

Keywords: Female Students in College; Political Participatory; Social Participatory; Community Participatory; Civic Awareness

B. 16 Law Sociological Analysis of the Reduction Criminal Responsibility of "Youth Protection Law" in the Transition Period

—*take the Juvenile Arson in Sichuan as an example*

Liu Yiping, *Lu Lixin* / 198

Abstract: Since Zhou-dynasty ethics has been reduced, the traditional Chinese has always taken "supplementing" social control characteristics. The juvenile penalty relief principle is the Duke of Zhou ritual contains the enlightenment to the main auxiliary performance penalty. In fact, the traditional agricultural era, although adolescents may cut in the national penalty, but the implementation of the heavy autonomous social base is both education and punishment function of "etiquette": both education than before, or after the punishment. At present, China in rural society and the background of the transformation of the city gradually fading process, on the one hand, the hollow and even violence, premature abandonment of old traditional ethics has not established new lead to value anomie, on the other hand, young people early mature body desire without discipline and tend to flood even violence. If the lack of grass-roots education regardless of the truth, and continue to let young people from punishment, is tantamount to appeasement brings disaster. Therefore, to resolve the juvenile transgression lies, on the one hand, a short period of time, should be troubled with heavy penalties "and" reduction punishment with punishment", rather than in basic education lacking background for juvenile offenders from punishment. On the other hand, the long run, the uneven flow from the human nature and the ideal of education reconstruction should be taught, and punishment and the difference to run parallel, teach first and then fine, strengthen family influence and school personality education measures such as reconstruction of education system, not superstition and universal education supplemented by punishment.

Keywords: Social Governmance Anomie; Morality Given Priority Over Penalty; Abolish Punishment with Punishment

Ⅳ Reference Report

Abstract: While the advent of deliberative democracy has rejuvenated the theoretical terrain, the empirical emergence of this normative model in the field of governance has opened up a new frontier of research. In particular, exploring the role of grassroots deliberative democracy in governance can shed interesting insights with regards to the transformation of political life for ordinary citizens who are able to participate in deliberative governance. Switzerland, with its reputable direct democratic system, and continuous pursuit of participatory political innovations would be a fascinating example to gain lessons from. This paper therefore seeks to first provide a theoretical discussion establishing the important linkage between deliberative democracy and governance, and then delves into the case of Switzerland to examine the recent emergence of deliberative participatory practices. By looking at the role of grassroots deliberative democracy in governance, the Swiss experience yields critical perspectives regarding how the intersection and interaction of deliberative democracy and governance could inform about the potential effects of discursive participation in improving governance.

Keywords: Grassroots Consultative Democracy; Governance; Swiss Experience

Abstract: The Central Government of China and Macau Government put great efforts to promote the coverage and the quality of their social security systems, so the two systems can cover most targeted population and provide reasonable benefit or protection. Under the miserable experience of European financial crisis, it is necessary for the Governments to promote the sustainability of their social security systems. The literature reviews of the paper is to introduce the principle of New Public Management, the framework of World Bank's multi-pillar pension model, as well as, the meaning of retirement related financial products and the system of elderly services. According to results of the development of Macau social security system, it is more likely for the Government to use the market system to intensify the reform of the social security system. According to the results of the telephone survey of Macau citizens' opinion on the reforms of social security system, most respondents would like to have a sustainable social security system and to make their contribution to their retirement. There are some recommendations, like facilitating elderly employment, adjusting the investment strategy of social security system, improving the efficiency of retirement related financial market, making use of big data technique and multidisciplinary approach to develop elderly service market.

Keywords: Social Security; Retirement Related Financial Market; New Public Management; Macau

皮书起源

“皮书”起源于十七、十八世纪的英国，主要指官方或社会组织正式发表的重要文件或报告，多以“白皮书”命名。在中国，“皮书”这一概念被社会广泛接受，并被成功运作、发展成为一种全新的出版形态，则源于中国社会科学院社会科学文献出版社。

皮书定义

皮书是对中国与世界发展状况和热点问题进行年度监测，以专业的角度、专家的视野和实证研究方法，针对某一领域或区域现状与发展态势展开分析和预测，具备原创性、实证性、专业性、连续性、前沿性、时效性等特点的公开出版物，由一系列权威研究报告组成。

皮书作者

皮书系列的作者以中国社会科学院、著名高校、地方社会科学院的研究人员为主，多为国内一流研究机构的权威专家学者，他们的看法和观点代表了学界对中国与世界的现实和未来最高水平的解读与分析。

皮书荣誉

皮书系列已成为社会科学文献出版社的著名图书品牌和中国社会科学院的知名学术品牌。2016 年，皮书系列正式列入“十三五”国家重点出版规划项目；2012~2016 年，重点皮书列入中国社会科学院承担的国家哲学社会科学创新工程项目；2017 年，55 种院外皮书使用“中国社会科学院创新工程学术出版项目”标识。

中国皮书网

发布皮书研创资讯，传播皮书精彩内容
引领皮书出版潮流，打造皮书服务平台

栏目设置

关于皮书：何谓皮书、皮书分类、皮书大事记、皮书荣誉、
皮书出版第一人、皮书编辑部

最新资讯：通知公告、新闻动态、媒体聚焦、网站专题、视频直播、下载专区

皮书研创：皮书规范、皮书选题、皮书出版、皮书研究、研创团队

皮书评奖评价：指标体系、皮书评价、皮书评奖

互动专区：皮书说、皮书智库、皮书微博、数据库微博

所获荣誉

2008 年、2011 年，中国皮书网均在全国新闻出版业网站荣誉评选中获得“最具商业价值网站”称号；

2012 年，获得“出版业网站百强”称号。

网库合一

2014 年，中国皮书网与皮书数据库端口合一，实现资源共享。更多详情请登录 www.pishu.cn。

S 子库介绍
Sub-Database Introduction

中国经济发展数据库

涵盖宏观经济、农业经济、工业经济、产业经济、财政金融、交通旅游、商业贸易、劳动经济、企业经济、房地产经济、城市经济、区域经济等领域，为用户实时了解经济运行态势、 把握经济发展规律、 洞察经济形势、 做出经济决策提供参考和依据。

中国社会发展数据库

全面整合国内外有关中国社会发展的统计数据、 深度分析报告、 专家解读和热点资讯构建而成的专业学术数据库。涉及宗教、社会、人口、政治、外交、法律、文化、教育、体育、文学艺术、医药卫生、资源环境等多个领域。

中国行业发展数据库

以中国国民经济行业分类为依据，跟踪分析国民经济各行业市场运行状况和政策导向，提供行业发展最前沿的资讯，为用户投资、从业及各种经济决策提供理论基础和实践指导。内容涵盖农业，能源与矿产业，交通运输业，制造业，金融业，房地产业，租赁和商务服务业，科学研究，环境和公共设施管理，居民服务业，教育，卫生和社会保障，文化、体育和娱乐业等 100 余个行业。

中国区域发展数据库

对特定区域内的经济、社会、文化、法治、资源环境等领域的现状与发展情况进行分析和预测。涵盖中部、西部、东北、西北等地区，长三角、珠三角、黄三角、京津冀、环渤海、合肥经济圈、长株潭城市群、关中—天水经济区、海峡经济区等区域经济体和城市圈，北京、上海、浙江、河南、陕西等 34 个省份及中国台湾地区 。

中国文化传媒数据库

包括文化事业、文化产业、宗教、群众文化、图书馆事业、博物馆事业、档案事业、语言文字、文学、历史地理、新闻传播、广播电视、出版事业、艺术、电影、娱乐等多个子库。

世界经济与国际关系数据库

以皮书系列中涉及世界经济与国际关系的研究成果为基础，全面整合国内外有关世界经济与国际关系的统计数据、深度分析报告、专家解读和热点资讯构建而成的专业学术数据库。包括世界经济、国际政治、世界文化与科技、全球性问题、国际组织与国际法、区域研究等多个子库。

法律声明